蒋余浩　著

批判法理与多元现代性：

罗伯托·昂格尔法学思想研究初步

当代世界出版社
THE CONTEMPORARY WORLD PRESS

前 言
Foreword

　　现代化不止当代西方一种途径，现代性亦不止一种模式。萨缪尔·N.艾森斯塔德（Shmuel N. Eisenstadt）等提出"多元现代性"（multiple modernities）范式，强调存在着"由不同的文化传统和社会政治状况所塑造的不同文化形式的现代性"[1]，开启将非西方文明因素纳入有关现代性构成之思考的路径，丰富了有关现代性多元并存的认识。但是，巴西裔思想家罗伯托·M.昂格尔（Roberto M. Unger）对此议题展现出更值得关注的理论雄心：他着力从西方思想和实践的内部入手进行批判和重构，揭示西方现代性自身蕴藏的多元可能性，由此拓展出更大的制度想象空间，为实现"人的解放"这一价值理想构设制度方案。在当前世界，一方面，社会主义建设实验在前苏联、东欧国家遭遇挫折，前苏联奉行的政治理念和政治文明在全球范围内丧失了其思想动力和政治吸引力；而另一方面，西方主流的社会民主主义政治理念和制度安排日趋保守，新自由主义在激发一轮经济增长的同时也带来了日益恶化的贫富不均及社会分裂，总之，世界既隐含着重重深层矛盾，又呈现出愈加多元化、多极化的发展特征，昂格尔试图基于西方小资产阶级生产和发展实践而综合并超越经典社会理论家以及约翰·斯图亚特·穆勒（John

---

　　[1]［德］多明尼克·萨赫森迈尔、［德］任斯·里德尔、［以］S. N. 艾森斯塔德编著：《多元现代性的反思：欧洲、中国及其他的阐释》，郭少棠、王为理译，商务印书馆2017年版，第10页。

Stuart Mill)、皮埃尔-约瑟夫·蒲鲁东（Pierre-Joseph Proudhon）等的理论努力，值得我们认真对待——这种"彻底民主化"的理论努力有可能帮助我们丰富思考，从而超越流俗的普世主义与文化相对主义之争。

从思想脉络来讲，如同佩里·安德森（Perry Anderson）敏锐指出的那样，昂格尔不能算作马克思主义传统中的思考者，但他对自由主义法治的批判的彻底性以及他对"人的解放"这一世俗事业的重视程度，使他比起西方马克思主义传统中的尤尔根·哈贝马斯（Jurgen Habermas）等来，更接近马克思本人的论述。[1]但是，安德森没有留意昂格尔与另一位德国当代重要哲学家汉斯·布鲁门伯格（Hans Blumenberg）在思想层面的亲和力。布鲁门伯格区分现代性发展历史中的"可能的进步"与"必然的进步"的观念，指出前者是启蒙运动的遗产，关注的是人的解放的努力，而后者是历史哲学在基督教世界崩溃之后宣称其"重新占据"基督教位置的产物，将历史发展视为某种前者规律支配的结果。与布鲁门伯格一样，昂格尔致力于一种反宿命论的理论阐述和制度构设，他的批判法理需要放在这样的思想传统下观察，才能展现出更深刻的意义。

本书作为一项"初步研究"，着重关注昂格尔揭示西方现代法治原理多元可能性的理论思考。昂格尔以法律不确定性问题作为起点，揭示西方现代法治（自由主义法治）的内在紧张，从而展开有利于社会主体充分发展的制度想象。

在早期著作中，昂格尔指出，在自由主义的前提之下，自由与秩序将存在一种难以消解的冲突：尊重每个个体的主观价值，势必无法为公正维持秩序建立一个客观、中立的规则框架。这种内在紧张使自由主义法治面临走向衰落的可能：它不得不在实质正义的要求下，日益走向自己的反面。实际上，在马克斯·韦伯（Max Weber）的法律社会学中，自由主义法治的这种内在紧张已经被他用实质理性对形式理性的冲击加以解释了，但韦伯从职业法律家（尤其

---

〔1〕 Perry Anderson, *A Zone of Engagement*, London & New York：Verso, 1992, pp. 143-144.

是普通法法律人）那里看到了足以维护西方形式主义法治体系不至于崩塌的力量。正如塔尔科特·帕森斯（Talcott Parsons）指出的，昂格尔早期著作虽然取得了很高的成就，但他在遵循韦伯的同时却没有着力解决韦伯指出的法律职业问题，是一个重大缺失。[1]从《批判法学运动》开始，昂格尔转而采用被查尔斯·萨贝尔（Charles Sabel）在后来称为"不妥协的实用主义哲学"的策略，把批判的矛头直接对准西方自由主义法治下的法律家群体。他强调，在主流法律叙事之外，还存在着众多有关个人特质以及社会生活联合方式的实践与想象，这些非主流的实践与想象被排挤在法律家构想秩序的素材之外，成为社会秩序边缘地带的生活方式。与米歇尔·福柯（Michel Foucault）等思想家一样，昂格尔认为，边缘对中心的攻陷是实践中时时刻刻都在发生的事情，但是与法国解构主义者不同的是，昂格尔的思考带有更多的"建构主义"色彩：他提出，通过解除法律分析设置于其自身的那些非政治性、科学性、客观性的限制，打破主流法律叙事的故步自封，把边缘化、零散化的生活方式纳入法律秩序的创建意图中，可以实现制度与人的实践之间更灵敏、更直接的回应关系。在昂格尔看来，这种把生活理念或者说意识形态争议导入法律分析的努力，将使法律制度呈现出面向未来的开放性特征，这样的法律分析可以称为"制度想象"——它保持着既不将现有法律制度视为神圣不可触动，又不轻易贬损为可任意抛弃的实用主义立场。从"法律不确定性"到"人性和社会生活的多样性"，再到"作为制度想象的法律分析"，这条分析路线贯穿在昂格尔的批判法理论述中。

　　昂格尔的批判法理思想应当放在他的整体思想构图中加以理解。现代的政治理论思想都是对"作为人造物的社会"（society as artifact）理念的推进，这也是昂格尔思考的根基所在。但昂格尔指出，在否定自然秩序的正当性之后，现代思想对于缺少一个可依靠的基础始终惴惴不安，这表现在为社会发展寻找某种决定性的规律或潜在力

---

　　[1]　Talcott Parsons, "Review of *Law in Modern Society* by Roberto Mangabeira Unger", *Law & Society Review*, Vol. 12, No. 1（Autumn, 1977）.

量（即深层结构社会理论，如流俗的马克思主义），或者将社会发展寄托于相对稳固的冲突协调机制（即实证社会科学，如当代西方大学系统中盛行的学术训练），两种理论思想都不同程度地放弃了思考个性和社会发展如何既受生发性构架制约又经常突破且变革这种架构的任务。昂格尔强调，个体具有安于既定束缚又期望摆脱这种束缚的双重冲动，谈论"人的解放"的制度方案，重要的是增强他们对于生发性构架的"否定能力"，相对化改变构架的行动（如革命）与常规行为（如日常活动）之间的差别，减弱构架的刚性，使得个体既能获取来自集体的安全和归属保障，又能不屈从于集体的压抑。昂格尔由此指出，将"作为人造物的社会"理念推到极致，就是认识到不存在"必然性"这种东西：任何社会政治的制度规范都是可变革并且一直处于变革之中的，而且进一步说，也不存在规约着这种变化的任何潜在规律。将昂格尔的这种"反必然性的社会理论"应用于法律理论，产生了一种完全不同于当代自由主义法治理论的认识，即作为制度想象的法律分析。昂格尔认为，当代西方思想学术领域与政治实践领域根深蒂固的结构拜物教和制度拜物教就是自由主义理论在推进"作为人造物的社会"理念方面不彻底性的体现，表现在政治规划方案中就是对于"民主"既推崇又恐惧的立场。昂格尔一再提醒，丰富的历史实践已经展现了突破这些思维障碍的范例，认为某些框架性因素不能被动摇，或者认为某些制度可以具备普遍适用——从而不可改变——的性质，是对丰富多样的社会生活实践以及制度形态视而不见的结果。思想学术领域的保守主义态度，是西方近现代世界不得不反复依靠革命、灾异等重大变故才得以变革的原因。昂格尔的理论努力，正是希望探讨出一种既能留下革命的变革性动力，又可摒弃其过于暴虐的危害的道路。

本书的写作，得益于我的两位老师的多年教诲：吴玉章教授为我阅读昂格尔和自由主义法理学著作提供了入门指引与悉心教导，崔之元教授的渊博学识为我不断拓进思考提供了启明星般的引领。与博士同学丁渠、罗军、王压非、邹双卫等，以及同门师兄弟张翔、成福蕊、王东宾、贾开、杨涛、董春晓等的交流和抵牾，是我读书生活中最愉悦的事情。2017 年 11 月底，昂格尔应邀访问清华大学，在清华大学人文与社会科学高等研究所、中央党校和国务院发展研究中心做学术报告，本人有幸聆听其教诲，收入本书作为附录的两篇文献，即是基于对他的访问而完成的。

蒋余浩

2021 年 4 月

目 录 CONTENTS

导　论

在当代法学理论领域里，很少有人如同罗伯托·M.昂格尔[1]一样占据特殊位置。他在美国引领批判法学运动，被认为是这股思潮的

---

[1]　罗伯托·M.昂格尔1947年3月生于巴西里约热内卢（Roi De Janeiro），父亲为德裔美国人，在纽约从事律师职业，母亲是巴西人，出版过葡文诗集。昂格尔的外祖父奥克塔维奥·曼加贝拉（Octávio Mangabeira，1880—1960）是巴西一位著名政治家，曾做过巴西政府外交部长（1926—1930），20世纪30年代后期被独裁者热利奥·巴尔加斯（Cetulio Vargas）流放。昂格尔的父母正是在奥克塔维奥·曼加贝拉被流放到美国期间结识和相恋的。昂格尔出生后，先是在纽约曼哈顿度过了他的童年，就读于私立学校艾伦-史蒂文森学校（Allen-Stevenson School），11岁那年，父亲去世，随母亲回到巴西，在当地的耶稣会学校（Jesuit School）完成中学学业，后就读于里约热内卢联邦大学法学院。1968年，由于表现优异，法学院准许昂格尔提前一学期毕业。毕业后，昂格尔进入巴西最高法院，也从事过一段时间的记者工作。丰富的想象力和创作热情使昂格尔在任何领域都能脱颖而出，巴西最高法院当时的一名法官称他是"巴西最优秀的年轻人"，葡萄牙一位诗人则赞赏他用葡萄牙语写就的政治评论和理论文章是用葡萄牙语写作的最出色的作品之一。1969年9月，哈佛大学法学院教授亨利·J.斯坦纳（Henry J. Steiner）在巴西发现了昂格尔，将他带到哈佛。3年后，25岁的昂格尔在哈佛法学院完成L.L.M课程。昂格尔原本打算回到巴西谋求教职和从政，但是当时巴西国内局势紧张，抗议者与军政府出现激烈对抗，昂格尔的姐姐因倡导女权运动和自由政治，在一次参加抗议活动之后被捕。昂格尔被迫滞留在哈佛，由于才华出众，被邀请留校任教，在以研究员身份待了一年之后，哈佛准允他进入博士课程（1976年获S.J.D），而法学院则聘他为助理教授。

昂格尔28岁时出版《知识与政治》（*Knowledge and Politics*），29岁出版《现代社会中的法律》（*Law in Modern Society: Towards a Criticism of Social Theory*），激起了北美法学界、社会理论学界的强烈反应，他本人也成为从哈佛大学获得终身教职的最年轻的学者。1976年，昂格尔获得"古根海姆学者"（Guggenheim Fellowship），成为最引人注目的青年教授之一。20世纪70年代末期，美国法学界兴起批判法学运动，昂格尔作为核心成员参与其中。在1982年召开的该学派第二届年会上，昂格尔发表长篇论文系统阐述该思想运动的宏旨，自此被视为批判法学的精神教父。通过1984年出版《激情：关于个性的论文》（*Passion: An Essay on Personality*）以及1987年的《政治学：建构性社会理论的作品》（*Politics, a Work in Constructive Social Theory*）三卷本巨著，昂格尔建立起百科全书式的思想体系。20世纪90年代之后，昂格尔把思考日益集中在现实法律制度、政治制度以及经济制度、社会制度的批判与重构上，拓展了之前提出的"赋能民主理论"，阐释和推进"民主实验主义"，引起欧美学界、政界的

精神领袖，他又与该运动其他成员研究风格大相径庭，所讨论的问题不属于同一层面。他通过对自由主义的总体批判而在理论界崭露头角，在后来的著作中又宣称要推进自由主义的理念预设。他是自由主义现代法治最重要的批评者之一，又在其母国巴西推动现代化法制建设。他被指责将法律研究导向虚无，却又提供了 20 世纪下半叶以来最具雄心的"建构性"社会理论。无论如何，昂格尔已经涉足社会理论、政治理论、法律理论、经济理论，甚至心理学、宗教学、理论物理学等诸多领域，奠定了其当代百科全书式思想巨人的地位。借用佩里·安德森在对他的鸿篇巨制《政治学：建构性社会

高度关注，多部著作被译为欧洲多种文字。2004 年，昂格尔入选美国艺术与科学院，已成为公认的当代思想巨匠。近年来，昂格尔的研究不断拓展，出版研究宗教学 [《未来的宗教》(*The Religion of the Future*，2014)]，理论物理学〔《单一宇宙与时间的实在性》[*The Singular Universe and the Reality of Time*：*A Proposal in Natural Philosophy*，与著名物理理论家李·斯莫林 (Lee Smolin) 合著，2015]]，政治经济学 [《知识经济》(*The Knowledge Economy*，2019)] 等多个领域的著作，将他关于"人的解放"和"反必然性社会理论"的理念贯彻到极致。

在学术生涯之外，昂格尔长期活跃于巴西和南美政坛，在 20 世纪 80 年代初期就开始发表巴西问题的政治言论，反对独裁的军政府，1980 年为巴西民主运动党（PMDB）起草的成立宣言在南美政坛传阅极广。数轮并不成功的支持他人从政的经验之后，昂格尔认识到，他犯了"哲学家在政治中的经典错误，即试图通过他人来实现自己的理念"。20 世纪 90 年代以后，昂格尔更直接、更积极地参加政治活动，参选过巴西议会下院的席位，谋求过圣保罗州州长的职位，并曾寻求作为候选人参选巴西总统，但当时他所在的政党最后决定不提名自己的候选人，而是支持工党的卢拉（Luis Inácio Lula da Silva）。有趣的是，昂格尔在 2005 年 11 月尖锐指责卢拉政府是"巴西史上最腐败的政府"，2007 年却接受卢拉邀请，担任巴西战略事务部长（Minister of Strategic Affairs），作为新成立的长期规划处（Long-term Planning Secretariat）的首脑，并且执掌该国重要的思想库"应用经济研究所"。2009 年，昂格尔离开巴西政坛回到哈佛，继任者是他以前在哈佛的一位巴西籍学生。2015 年，昂格尔再次受邀加入巴西新总统罗塞夫（Dilma Rousseff）的顾问组，出任战略事务部长一职直至 2016 年。

关于昂格尔的经历，他在哈佛大学东亚语言与文化系的学生为维基百科撰写的词条，有非常简洁明快的描述，该词条后又在开源协议下经过多轮共创式完善，值得参阅：http://en. wikipedia. org/wiki/Roberto_ Mangabeira_ Unger；中文维基百科（并在百度百科转载）上关于昂格尔的介绍，系笔者受托从英文词条转译过来的。中文文献多集中在昂格尔早期著述，涉及其个人经历的内容并不多，少量介绍参见於兴中：《法治与文明秩序》，中国政法大学出版社 2006 年版，第 238~239 页。崔之元的文章"超自由主义"，是了解昂格尔思想最好的入门文献，该文系作者为他所编的昂格尔文集（Cui Zhiyuan，"Editor and Introduction"，*Politics Theory against Fate by Roberto Mangabeira Unger*，London & New York：Verso，1997）所写的导言。中译文载爱思想网站，http://www. aisixiang. com/data/5503. html，最后访问日期：2021 年 5 月 13 日。

理论的作品》的评论中所言，就思想冲击力来讲，昂格尔在当代独树一帜。

一

本书以昂格尔的法理思想作为研究对象，除了纯粹知识上的吸引力之外，主要基于两个考虑。

第一，昂格尔法律理论蕴涵着政治、经济、社会、文化多个维度的因素，展现了一幅场景非常广阔的思想图景，值得深入探究。在昂格尔的论述中，始终存在着一个通过法制改革推动社会变革的宏伟构想，制度想象与关于社会生活的想象联结在一起。但是，与美国法学界六七十年代以后盛行的"法律与发展运动"（Law and Development Movement）所提倡的借鉴法制发达国家经验改革发展中国家制度的思路完全不同，昂格尔所谓的"法制改革"，首先是要从根本上重构现代法治。他把法律看作人类生活的制度形式，认为法律是利益与理性相遭遇、精神与结构相冲突的场所和产物，因此，通过法律的研究可以揭示人类社会秩序的深层秘密，可以展现那些被主流的制度结构和思想结构遮蔽住的有关丰富人性和多样社会联合方式的认识与想象。昂格尔所谓的重构现代法治，主旨在于更充分地捍卫丰富多样的个体特征，赋予普通人（个体或集体）改变制度和结构现状的能力，展开更多元、更具民主实验主义气质的未来生活。从这个意义上讲，昂格尔建立的批判法理（作为其"反必然性社会理论"的一个部分），提出了一条有关"多元现代性"的新的思想进路和制度路径，即以重构的方式重新唤起左派和自由主义等世俗思想与运动所共同倡导的"人的解放"的主题[1]，超越流俗的相对主义与普世主义的二元思维，从"蕴藏在**特殊**中的**普遍**"的角

---

[1] Roberto Unger, *Social Theory: Its Situation and Its Task*, London and New York: Verso, 2004, p.1.

度来揭示有助于"人的解放"的制度创新的无限可能性[1]。总而言之，在昂格尔的思考中，法律从来就不是一种孤立的现象，而是社会与文化的表达。

但是，与西方学术界某些庸俗化的马克思主义流派以及韦伯信徒所主张的那样不同，昂格尔反对将法律视为保护私有财产权和个人自治的经济发展必然性规律的产物。[2]他更倾向于认为：现代法治是西欧历史上在自然法理念和多元社会集团共存的条件下，特定、偶然的政治和文化发展的结果[3]，因而绝不能被赋予终极的权威性和神圣性，而是应当对之施加批判，为更多元丰富的人性和社会秩序打开通途。在这里，我们可以看到昂格尔看待历史、社会、文化等的独特立场：他既不像后现代论者那样认为历史文化传统和社会框架结构是可以被任意摒弃的"痂皮"，又拒绝将历史社会文化看作潜藏着黑格尔式的"理性的狡计"或者庸俗化的马克思主义者的经济规律。对昂格尔而言，人性是无限的，具有超越任何既定社会环境的可能性，但人性又是受限于具体社会环境的，因此，历史、文化、社会就是作为"被禁锢在有限中的无限"的人类，不断为实现这种人性的未来的可能性（futurity），不断在失败和反抗中进行争斗的产物。[4]被记载的任何既有的人性形式和社会联合方式，都是暂时的、可变革的。昂格尔由此主张，与其以事后合理化的方法（如德沃金的法律阐释学所做的一样）抹平法律实践中的种种冲突和抵牾，将人类的法律实践解释成符合某种既定原则和理念的事业，不如将法律的不确定性彻底地、政治化地展示出来，冲破传统法律分析加置于自身的限制（如科学性、客观性、法律与政治二分性等原则的限制），公开进行有关社会生活图景的意识形态争论，打破守法

---

〔1〕 Roberto Unger, *Knowledge and Politics*, 2nd ed., New York: The Free Press, 1984, p. 143; Unger, *Passion: An Essay on Personality*, New York: The Free Press, 1984.

〔2〕 道格拉斯·C. 诺斯（Douglass C. North）开启的新制度经济史学研究，明显在昂格尔的批判之列。

〔3〕 Roberto Unger, *Law in Modern Society: Towards a Criticism of Social Theory*, New York: The Free Press, 1976, pp. 66–86.

〔4〕 Roberto Unger, *The Self Awakened: Pragmatism Unbound*, Cambridge: Harvard University Press, 2007, p. 40.

与变法、法律与政治、中心与边缘、正常与反常、秩序与创新之间的隔阂，在制度的断裂处创造新制度，重新肯定民主具有的"反宿命论"的力量，以否定既有社会结构与制度结构的宪制框架（constitution-denying constitution）去保障人们挑战僵化的等级制和社会分工束缚的权力，释放左派、自由主义和后现代论者所承诺的自由与解放。在当前处于剧烈变动中的世界里，各种极端的保守主义思潮纷纷抬头，昂格尔的这些主张对于因为长期陷入思考僵局从而无法探讨这种剧烈变动的进步主义者，应当会产生强烈的激励。

第二，昂格尔丰富的制度想象与深沉的现实关怀，为我们突破思想束缚、从实践出发又不受实践及传统桎梏地探讨更多样的未来可能性，提供了鼓舞。"制度创新的无限可能性"这个主张是否会给人以空泛、夸张、怪诞的后现代主义话语游戏的感受？实际上，在20世纪90年代中国知识界围绕"第二次思想解放"的争论中，政治学者崔之元首次向中文世界的读者阐发了昂格尔的这个思考[1]，当时便有学者对该提法表现出误解和无法接受[2]。这里需要指出的是，"制度创新的无限可能性"并不是空想，当然更不是对既有制度和秩序的玩世不恭的态度，而是拒绝把既有制度和秩序当作具有终极权威的制度和秩序形式，探索更多样的新的可能性。推动实现制度创新，需要不断打破思维僵化，更需要对制度多样性的丰富认识。

---

〔1〕　崔之元的《制度创新与第二次思想解放》，以及罗伯托·M. 昂格尔、崔之元的《以俄为鉴看中国》，均载《二十一世纪》（香港中文大学中国文化研究中心）1994 年 8 月号，总第 24 期。崔之元后续对于各种批评意见的回应，见《再论"第二次思想解放"与制度创新——兼答各位评论者》，载《二十一世纪》（香港中文大学中国文化研究中心）1995 年 2 月号，总第 27 期；《三论制度创新与"第二次思想解放"——答卜悟》，载《二十一世纪》（香港中文大学中国文化研究中心）1996 年 4 月号，总第 34 期。汪晖认为，有关"制度创新与第二次思想解放"议题的提出，具有"一定程度地超越了那种在中国/西方的二元论述中讨论中国问题的启蒙主义的思想方式"的思想史意义。汪晖：《当代中国的思想状况与现代性问题》，载汪晖：《去政治化的政治——短 20 世纪的终结与 90 年代》，生活·读书·新知三联书店 2008 年版，第 84 页。

〔2〕　法学界的批评性评论，参见季卫东：《第二次思想解放还是乌托邦?》，载《二十一世纪》（香港中文大学中国文化研究中心）1994 年 10 月号，总第 25 期。另有秦晖（卜悟）的批判文章传阅甚广，见卜悟：《淮橘为枳，出局者迷》，载《二十一世纪》（香港中文大学中国文化研究中心）1996 年 2 月号，总第 33 期。

在冷战结束之后，思想界仍然长期受制于冷战思维，[1]例如对于发展路径的诸多争论，无非是关于政府与市场各应占有多大权重的争执而已。实践中，"新自由主义"的强势话语，不但左右了发展中国家的决策，也使得反对者仅仅只能停留在相对主义立场，譬如诉诸东亚历史文化传统的"强政府"（"仁政"或当前盛行的说法"贤能政治"）的想象。昂格尔从不讳言他对当代流行的新自由主义政策和话语或者所谓"华盛顿共识"的不满，他认为这种流行的政策主张典型地表现了"制度拜物教"的思维特征：把西方国家历史中偶然形成的制度（如绝对主义财产权、代议民主制度等），视为具有普遍意义的制度形态。他同样对于欧洲国家当前推行的社会民主主义改革不满意，认为这些自我修正的努力没有能力质疑造成社会问题的制度性和结构性限制。昂格尔将自己的理论构想称为"另一条道路"（a second way），而非国家主义与市场主义之间的"第三条道路"（the third way）。从这个理论视角出发，昂格尔提倡突破既有制度形态和想象对于生动的社会生活的规训和压抑，基于对实践的批判性思考进行制度创新。在他看来，西方当前盛行的第三条路式的改革，只是致力于调和市场的灵活性与社会福利的保障功能，而在经济纲领上依然以私有性财产权为根基，把特定经验的资本主义社会结构和制度视为普遍规律。昂格尔的构想是全面冲破既有结构框架，走出社会民主主义的制度想象，例如在产权系统方面倡导建立非统一性的、分散化和临时性的财产权，通过赋予大多数人以生产资料的包容性权属，实现经济民主。

值得认真对待的是，昂格尔在做出如此深广的新异的制度批判和创新时，并不是要以后现代论者的"碎片化"来取代古典社会理论的宏大叙事，他指出，理论思考的任务是既需要拒绝制度拜物教和结构拜物教导致的"宿命论"，又不能坠入不可知论调的泥泽，因

---

［1］ Stephen Holmes, "Can Weak-state Liberalism Survival?", in Dan Avnon & Avner de-Shalit ed., *Liberalism and Its Practice*, London：Routledge, 1999, p. 25. 顺便说一下，斯蒂芬·霍尔姆斯（Stephen Holmes）是北美学术界中较为着力批评昂格尔的自由主义理论家之一，本书后面还会讨论他的观点。

此必须在批判与重构之间建立可信的理论联系。昂格尔的哲学思考提出，他的理论是把"社会作为人造物"（Society as Artifact）这个观念推进到极致——"社会是被制造和想象出来的，因而是人类的造物而非潜在的自然秩序的表达"，[1]这个理念是近代以来倡导自由与解放的世俗运动和哲学共同的思想目标。他提出反对那些在推进这个理念的努力中半途而废的理论思考，因此既反对"深层结构社会理论"（即那种强调社会发展具有"终极规律"的社会理论），又反对实证社会科学（即无视结构性框架的制约作用，仅将框架下生产和再生产的行动视为研究对象的社会科学）。昂格尔提出，对社会结构和制度的安排和想象都是"政治性的"，可以通过（基于对实践中反抗行为的充分认识）有意识地批判去扩充其实现现代思想和制度设计初衷的能力。立基于这个理论构建，昂格尔认为，现有的法律理论将法律思想的工作削减为法官和公务人员如何判案、处理公务的狭隘事业，根本无法前瞻性地传递出未来制度的信息，因此，他提出要重构法律理论，使法律（昂格尔使用的概念是"法律分析"，但其宽泛的含义可以等同于我们理解的法律实践全过程）面向冲突和矛盾开放，成为拓展制度想象的公共论坛。他在法制改革方案中，为个人和集体设置"改变现状权"及一系列政治、经济、社会领域的权利，试图通过提升人们的"否定能力"来缩小"维护构架的常规行为"与"改变构架的革命行动"之间的距离，希望祛除"革命"这种巨大变革原本经常伴随着的暴虐后果，但能在有序的制度安排下和平地保留其帮助无权无势者从僵化的社会分工和等级制中解放的效果。他所倡导的制度创新，力图超越所谓公有制与私有制、国家集权与社会分权等二元对立思维，反对当前最为学者接受的"审议民主理论"的那种"温文尔雅"的民主议事方式的想象，要求恢复"民主"直接行动的权力——"民主，在其最具雄心的意义上讲，就是自由而平等的公民意志在其间选择社会生活之基本安

---

〔1〕 Unger, *Social Theory: Its Situation and Its Task*, Verso, 2004, p.1.

排的政制"[1]。同时，对日常经验和实践的高度关注，又使昂格尔的理论不同于流俗的后现代社会政治学说，后者以极端的相对主义立场拒绝信任任何正义理念、制度安排和安全网络的保护作用。[2]昂格尔在预防社会遭受覆灭性动荡的冲击方面，设置了制度防御，如他针对小商品生产者提出建立高能量的民主机制和广泛共享的财产权利系统的建设方案。[3]昂格尔丰富的理论想象和制度思考，至少可以激励人们突破既有理论的局限，去观察和关心生动多元的社会生活。

我们很容易为昂格尔富有激情的阐述而激动。从某种程度看来，我国的法学理论研究长期未能突破某些二元论述的限制：一方面，法学界主流过多地强调市场经济与法制发展的内在联系，如在法制建设经验回顾的文献中，研究者偏重于将"成绩"归因于市场化与法治化的相互促进，而严重忽视国家社会转型中的"双向运动"特征，即以非市场化的措施弥补和矫正过激市场化发展产生的负面后果[4]，使言论几乎陷入一种"僵化"的境地——对现实问题的针砭往往归结为"市场化及立法不足"或者"法律意识不强"等；另一方面，针对法学界主流言说产生的反弹，导致形成一些"去市场化"以及"去法化"（delegalization）的观点，表现为用本土经验或者民意来抗拒市场化改革与法治化治理的倡议。争执着的双方纠缠于"要市场和法治"还是"不要市场和法治"，这种"僵化思维"恰恰没有考虑造成当前状况的社会和制度结构因素：改革开放以来取得的成就以及在近年屡屡呈现的社会问题，产生自同一制度根源。[5]

---

〔1〕 Roberto Unger, *False Necessity: Anti-Necessitarian Social Theory in the Service of Radical Democracy*, London and New York: Verso, 2004, p. 373.

〔2〕 See Jacques Derrida, "Force of Law: The 'Mystical Foundation of Authority'", *Cardozo Law Review*, Vol. 11, No. 5-6 (1990), pp. 920-1045.

〔3〕 详见下文论述。

〔4〕 双向运动的概念出自［英］卡尔·波兰尼：《大转型：我们时代的政治与经济起源》，冯钢、刘阳译，浙江人民出版社 2007 年版。运用"双向运动"概念框架分析当代中国转型时期的问题和成就，参见王绍光：《大转型：1980 年代以来中国的双向运动》，载《中国社会科学》2008 年第 1 期。

〔5〕 黄宗智：《改革中的国家体制：经济奇迹与社会危机的同一根源》，载《开放时代》2009 年第 4 期。

对市场化和法治化的未经反思的推崇，将可能更加边缘化那些在此前改革中获益较小的人群，并且阻碍公共权力对于这种不平等状况实施校正的努力；同样，过激地反对市场化与法治化，则有放任公权力恣意行使的危险，而且可能压抑中国人已经蓬勃发展的个人权利意识。昂格尔的法学理论可以为深入分析中国问题提供某种思想视角，反思那种非此即彼的思维，例如，在关于大众参与和法律职业主义的争论之间，检讨是否存在着共同的制度和结构制约。这种反思能够进一步对那些要么盼望通过法律程序协调多元的个人利益参与竞争公共决策权的诉求，要么期待精英阶层（包括法律精英、政治精英、经济精英、技术精英以及其他知识精英等）对权力垄断加以制衡的主张提出深入思考的要求：这些构想是冲击了旧有的权力结构，还是仅仅局部改变了权力实施的形态，而实际上强化了此前的社会分工与等级秩序？唯有将结构性因素、实践经验以及批判意识共同纳入思考范围，我们才有可能更深刻地理解中国实践的成就以及产生的问题，前瞻性地展望中国制度的未来创新可能性。[1]

二

昂格尔试图超越相对主义与普世主义二元对立思维的理论努力，还需要放在西方思想界针对现代性反思的大语境内来加以理解。提及这一点，我们首先需要了解的是，昂格尔不是任何西方传统中的思想家，出身拉美国家、来自"第三世界"的背景，也使他的批评者充满意识形态地指责他没有可能如同韦伯那样表现出对于西方大

---

〔1〕　在北美学术界，昂格尔已故的妻子塔玛菈·洛西安（Tamara Lothian）的遗作中构设出一系列推进"民主化市场经济"的制度创新举措，为这种综合结构性因素、批判视角和实证研究的反后现代虚无主义与反必然性宿命论的理论研究提供了范例。在中文学术界，基于对其长期坚持的从中国经验实际出发认识中国的"悖论性"的研究进路的总结，黄宗智教授在近期提出"为'实践历史'加上前瞻性的道德理念"的实践社会科学研究方法，也是一项将结构性视野、批判理论与实证社会科学加以综合的理论探索。See Tamara Lothian, *Law and the Wealth of Nations: Finance, Prosperity, and Democracy*, New York: Columbia University Press, 2017；黄宗智：《总序：探寻扎根于（中国）实际的社会科学》，载黄宗智：《实践社会科学与中国研究》（第1卷），广西师范大学出版社2020年版，第1~40页。

传统的敬畏。[1]一位研究者甚至批评昂格尔的"异端"性质：

> 在推进其思想时，昂格尔采用了大量的思想模式和风格类型。这使得极难将他的思想放在特定的道德或智识传统中。罗尔斯对康德和卢梭的讨论非常直接；但昂格尔只留下关于他思想来源的诸多线索。在表示要推进马克思主义时，昂格尔还遵循了黑格尔（的某些理念），然而关注到个人关系之动力的时候，他又表现出对存在主义的亲和力。[2]

然而，与其他来自第三世界的重要思想家［如爱德华·萨义德（Edward Said）］不同，昂格尔并不愿停留在从外部对所谓"西方中心主义"加以批判从而采取文化相对主义的思想立场，他丝毫不掩饰自己对个人权利理念作为价值观理念基础的赞赏，但是他也主张，需要以极大的努力来重构基督教—浪漫主义传统的人的理念（the Christian-Romantic image of man）。事实上，昂格尔立基于"社会作为人造物"的理念构建社会理论、法律理论和实践哲学的全部工作，可以在西方思想界中不断出现的针对主流观念的挑战和反叛那里找到共鸣。认识这其中的理论关联，能够帮助我们更好地理解昂格尔的多元现代性思考进路，并为我们更深入地思考中国经验的世界史意义提供启发。

20 世纪以来人类经历的战乱、种族大屠杀、核威胁等深重灾难，使经典社会理论反复阐述的那种标榜祛魅化和民主化的现代性展露出其阴暗的面向。许多国家和地区，即使在已经相当程度地借鉴了西欧和美国的现代化经验之后，依然呈现出与其本土文化历史紧密相连的传承关系，发展出特征各异的"现代性"，那种颂扬全球西方化和同质化的论调在这个现实面前破了产。而即便是在西欧和美国，城市化和市场经济发展造成的日益增强的结构分化趋势，塑造出极

---

〔1〕 例如斯蒂芬·霍尔姆斯的批评，参见 ［美］斯蒂芬·霍尔姆斯：《反自由主义剖析》，曦中、陈兴玛、彭俊军译，中国社会科学出版社 2002 年版，第 206、238 页。

〔2〕 Cornelius F. Murphy, Jr., *Descent into Subjectivity：Studies of Rawls, Dworkin and Unger in the Context of Modern Thought*, New Hampshire：Longwood Academic, 1990, p. 131.

其复杂的类型综合体，也使得建立在宏大叙事判断上（如中产阶级增加将带来政治的民主化，市场经济的发展将导致"制度趋同"，市场社会会消灭小生产者，城市化趋势会取代乡村等）的现代化理论不再享有可信的解释力。面对这种变化，当代社会学名家、现代化理论重要代表艾森斯塔德等在新世纪前后提出"多元现代性"的理论范式，观察不同文化传统和社会政治状况塑造的不同形态的现代性，宣告"两个世纪以来得到发展的现代性规划的终结"。[1]

"多元现代性"范式的提出，将现代性历史解释为"多种多样的现代性文化规划与文化模式持续不断的构建与重建的过程"[2]，世界各文明历史因此在理论上回复了其变动不居、既相互冲突又互相渗透的本来面貌，这无疑挑战了视文明、文化、政制等"人的造物"为固定不变的实体的种种理论"神话"，如历史终结论和文明冲突论。尤其是多元现代性范式能看出，在经典社会理论分析中，一定类型的社会结构（如前工业社会、资本主义社会、社会主义社会等）被当作不可分割的整体，如认为特定社会有其内在的法律制度、政治制度和文化制度，"即便这些层面在分析的时候是各自有别的，它们在历史上也依然是不可区分的"，这种分析没有注意到，现代社会巨大的差异性在全球化进程中没有被消除，反而是越发明显了，"即便是在西方内部，在欧洲本身，尤其是在欧洲与美洲之间，也出现了影响深远的变易性（variability）"[3]。制度研究中关于资本主义世界不同市场体制类型的揭示，非常好地说明了多元现代性

---

〔1〕［德］多明尼克·萨赫森迈尔、［德］任斯·里德尔、［以］S. N. 艾森斯塔德编著：《多元现代性的反思：欧洲、中国及其他的阐释》，郭少棠、王为理译，商务印书馆2017年版，第13页。

〔2〕［以］S. N. 艾森斯塔德：《对多元现代性的几点看法》，载［德］多明尼克·萨赫森迈尔、［德］任斯·里德尔、［以］S. N. 艾森斯塔德编著：《多元现代性的反思：欧洲、中国及其他的阐释》，郭少棠、王为理译，商务印书馆2017年版，第42页。

〔3〕［以］S. N. 艾森斯塔德、［德］任斯·里德尔、［德］多明尼克·萨赫森迈尔：《多元现代性范式的背景》，载［德］多明尼克·萨赫森迈尔、［德］任斯·里德尔、［以］S. N. 艾森斯塔德编著：《多元现代性的反思：欧洲、中国及其他的阐释》，郭少棠、王为理译，商务印书馆2017年版，第12~13页。

范式这一认识的正确性。[1]昂格尔无疑会赞同艾森斯塔德等的这一洞见，因为在他关于"深层结构社会理论"的批判中，指出了经典社会理论虽然有着鲜明的结构视野（即将社会构架和制度构架等结构性因素与受结构制约的常规行为相区分），但是却认为各种构架是整体性的和不可分割的，受到潜藏于其下的某种"规律"的支配，只有通过革命、灾异等强有力的破坏手段，才能被全盘推倒。[2]昂格尔提出了和艾森斯塔德等相近的看法，即人类历史的实践史其实已经证明，无论如何坚固的构架，也经常是在各种日常的变化、反抗和挑战中被点点滴滴松动并最终发生改变的。

但是，昂格尔的多元现代性思考，较之艾森斯塔德等提出的范式，还有更显著的推进，这更值得我们留意。对艾森斯塔德等来说，将现代性的复杂性、可变性和变易性加以展现，是其理论范式的核心任务，这项任务在通过将不同国家和地区的文明转化历程以及现代化建设经验纳入观察之后，得到了很好的实施。然而，这种研究进路缺乏批判的意识，使它无法讨论不同现代性发展路径面对的问题，以及可能会生发出的应对措施，从而经常又沦为了另一种"西方化"的说辞。不妨以金耀基教授的研究为例说明这一点。金耀基认为，西方知识界在近年对现代性概念的普世主义含义进行反思，但无论是哈贝马斯提出的"现代性是未曾完成的启蒙事业"，还是后现代论者以解构的方式使这个概念碎片化，都仍然是局限于北美和西欧的经验；他观察亚洲四小龙经济腾飞经验以及迅速崛起的中国的实践，指出亚洲的本土价值理念正发生着一场深刻变化：在社会层面上东亚价值观念和传统得以复兴，在知识理念层面上现代价值观念与本土价值观念相融合。金耀基认为，这是一种"另类现代性"的兴起，即西方现代性的某些关键方面和价值观念已经成为东亚人生活的内在组成部分。金耀基进而提出："全球现代化不能仅仅被看

---

〔1〕 关于美国为"自由型市场经济体制"，德国和日本为"合作型市场经济体制"，以及两种类型的市场体制下产生的不同的科技创新模式的研究，经典文献参见 Peter A. Hall and David Soskice, *Varieties of Capitalism：The Institutional Foundations of Comparative Advantage*, Oxford：Oxford University Press, 2001.

〔2〕 Unger, *Social Theory：Its Situation and Its Task*, Verso, 2004, pp. 84–87.

作是西方现代性的结果。它也是其他文化与文明在西方与其他的地方之间发生碰撞时各种回应和反作用的结果。"[1]在一定的维度上，这样的观察增加了我们挑战西方化和同质化论调（"制度趋同论"是其典型代表）的经验材料；但是，仅看到亚洲被卷入最初由西方主导的全球化进程并做出回应和变化，却没有讨论整个世界、包括西方自身在这个过程中所发生的变动，则是这个视角的严重不足。

让我们看看当前世界正在发生的变化。[2]西方世界最发达的7个资本主义国家（G7：美、德、日、法、英、加、意）在19世纪前后获得超越古代亚洲和中东在过去四千年时间里拥有的财富积累，到20世纪90年代占全球制造业份额达2/3；而在20世纪90年代之后，G7在全球制造业中所占份额跌到50%以下，6个新兴工业国家（I6：中国、韩国、印度、波兰、印尼、泰国）所占份额升至30%，其中中国占了20%。对西方而言，更严重的问题是，由于此前全球化模式导致的研发与制造业的分离，发达国家国内出现产业空心化，日益陷入发展不平衡：无法跻身科创研发业的普通民众又无法得到制造加工等行业的就业机会，加上科创产业高度繁荣推动的金融寡头崛起，发达国家国内贫富差距急剧拉大。2014年的一项调查数据显示，意大利有60%、美国和法国有50%、日本有40%的受访者相信，是贸易全球化使他们丧失了工作机会。西方国家的"逆全球化"潮流在近年愈演愈烈，正是对其国内发展不均衡的激烈反应。[3]应该指出，发展不均衡并不能简单归咎于"全球化"，而是与各国的经济发展模式、技术研发路径、制度条件等深层次因素密切相关。昂格尔的近著论述了这

〔1〕 金耀基：《另类现代性在东亚的兴起》，载［德］多明尼克·萨赫森迈尔、［德］任斯·里德尔、［以］S. N. 艾森斯塔德编著：《多元现代性的反思：欧洲、中国及其他的阐释》，郭少棠、王为理译，商务印书馆2017年版，第195页。

〔2〕 这里引用了著名国际经济学家理查德·巴德文（Richard Baldwin）教授的研究。Richard Baldwin, *The Great Convergence*: *Information Technology and the New Globalization*, Harvard: The Belknap Press of Harvard University Press, 2016, pp. 1–4, 179–206.

〔3〕 两位经济学家甚至认为，当前出现的各种贸易摩擦、地缘政治紧张，都是根源于这种国内发展的不平衡。See Matthew C. Klein, Michael Pettis, *Trade Wars Are Class Wars*: *How Rising Inequality Distorts the Global Economy and Threatens International Peace*, New Haven & London: Yale University Press, 2020, pp. 1–2.

个观点：以硅谷为典型的新信息通信技术革命是一种先进的生产模式，但是存在大量的技术门槛和制度壁垒，导致这种先进生产模式目前仅局限于一些前沿生产领域，能直接从中受益的人群非常有限。[1]有数据证实，在过去十余年里，按照每1000人拥有专利的数量来衡量，研发能力居于前20%的国家与后20%的国家之间的差距在进一步加大；制造业集中的中等收入国家主要是为发达国家从事生产，产业依附性十分严重；在发达国家内部，高新科技制造业领域的从业人员收入增长速度是其他领域工人的数倍以上。[2]

无论如何，当前世界的现代性发展已经到了因此前累积的问题而爆发剧变的危险边界，新技术高速发展与经济领域全面金融化引发的财富高度集中、贫富悬殊日益加剧、社会文化重构和政治重组，使西方世界民粹主义抬头、保守主义情绪高涨以及宗教、家庭、性别等各方面意识剧烈变动，无不表明当前的紧迫任务是重新认识和反思所谓"西方"以及世界。此时，仅提到"西方现代性的某些关键方面和价值观念已经成为东亚人生活的内在组成部分"，对"西方"的认识仍停留在对以前那个时期的"西方"想象上，对于思考世界不断涌现的新变化有什么帮助？

昂格尔的多元现代性思考，是通过批判性地观察现代性言说与实践而探寻其新的"可能性"的思想进路。在其中，昂格尔既强调了西方政制和话语的强势影响，也不忽视各个国家和地区的本土文化、历史传统等因素以及在全球化中互动产生的相互碰撞和学习，但是他更看重的是如何形成着眼于"未来"的探索，这种探索建立在针对既有经验实际的批判性反思基础上。这一思想进路使昂格尔走得比艾森斯塔德等社会学家的现代性反思更远，不满足于停留在对西方或非西方等任何一方的固有印象上，他的超越相对主义与普世主义的努力因而依然是走在求取人类解放或者说进步主义事业的

---

〔1〕 Roberto M. Unger, *The Knowledge Economy*, Harvard University Press, 2019, p. 6.

〔2〕 Roberto Mangabeira Unger, Isaac Stanley, Madeleine Gabriel, Geoff Mulgan, *Imagination Unleashed：Democratising the Knowledge Economy*, Published by Nesta, March, 2019, https://www.oecd.org/naec/projects/Imagination_unleashed-Democratising_the_knowledge_economy.pdf, 最后访问日期：2021年5月13日。

途中。昂格尔关于小商品生产者的理论重构与制度建设方案，就是一例。而且，昂格尔的这种思想风格也并不如同他的批评者所揶揄的那样古怪和没有历史感，在西方思想界，另有一些相比起艾森斯塔德等社会学家更深厚的关于现代性的反思，昂格尔与之更为接近。

三

昂格尔思想风格表现出的超越相对主义与普世主义二元思维的激进性，使他能与欧洲思想界更深刻地反思西方现代性发展历史的那些人士产生联系。德国哲学家汉斯·布鲁门伯格通过巨著《现代的正当性》（*The Legitimacy of the Modern Age*）确立了这种深刻反思的思想家地位，昂格尔的多元现代性思考，可以在布鲁门伯格阐释的思想传统中得到更好的理解。

布鲁门伯格这部著作主要针对的是另一位德国历史哲学家、神学家卡尔·洛维特（Karl Löwith）关于现代性的核心概念"进步"的悲观主义考察。洛维特不满意于 18 世纪和 19 世纪思想家们把历史解释为必然性的进步的观念，他提出，类似"进步"这样的现代性概念并不是"资产阶级民主革命"阶段的人们将科技进步和经济发展的社会现实投射到观念领域的产物，相反，对于现代人而言的这种重要的核心概念，是犹太教预言和基督教末世论的世俗化："从犹太教的预言和基督教的末世论中，教父发展出一种根据创世、道成肉身、审判和解救的超历史事件取向的历史神学；现代人通过把进步意义上的各种神学原则世俗化为一种时效，并运用于不仅对世界历史的统一，而且也对它的进步提出质疑的日益增长的经验认识，构造出一种历史哲学。"[1]但是，现代人在世俗化了神学的目的论的同时，也放弃了那种"我们将在恐惧和战兢中通过希望得救"的信仰[2]，而只留下通

---

〔1〕［德］卡尔·洛维特：《世界历史与救赎历史——历史哲学的神学前提》，李秋零、田薇译，生活·读书·新知三联书店 2002 年版，第 25 页。

〔2〕［德］卡尔·洛维特：《世界历史与救赎历史——历史哲学的神学前提》，李秋零、田薇译，生活·读书·新知三联书店 2002 年版，第 244 页。

过合理性的理性计算来规划迈向一个虚幻的目的地的每一步和阶段。由此，洛维特认为"现代"只是失去信仰的神学残余，其中进步观念下的"希望"也不过是对虚假的"历史程序"连续性的膜拜，一种宿命论的变体：

> 理性偏爱于相信"历史程序"的可靠的连续性；历史程序如果在危机和根本的变革中还能延续和实现，就更为可靠。对历史连续性的这种信赖也规定了我们对待灾害的态度：在我们看来，它们不是终极的和绝对的，而是暂时的和相对的。继毁灭之后的是重建，继大屠杀之后的是高生育率，这是一个挖苦人的真理，但尽管如此也仍然是真理。[1]

布鲁门伯格赞同洛维特对现代化理论有关必然性进步观的批判立场，但不接受他的悲观主义解释，因而提出两点批评意见：其一，现代的进步观念所期待的"未来"与其说是末世论等超验性理念的干预，不如说是社会文化（中世纪强调神的全能的社会文化）的内在发展的产物。而且，如果认为现代进步观念与基督教共同享有的是"希望"的理念，那么在前者，"希望"强调的是通过前瞻性建设努力开拓出新的可能性，在后者则倾向于否定这样的变革性努力，更多表现为对末世的"恐惧"。其二，对进步观念的起源可以有更丰富的解释。布鲁门伯格挖掘出进步在现代早期的两种起源，一是科学方法指导下的合作型、长期探索的科学进步，这种进步取代了亚里士多德式科学的权威地位；二是文学和艺术等领域中强调创造精神的艺术品质进步，这种进步取代了古代艺术是完美模型的观念。现代早期的两种进步观念并行发展，扩展到如技术、社会等其他领域。[2] 布鲁门伯格由此在西方的现代性发展历史中区分出两种不同

---

〔1〕 ［德］卡尔·洛维特：《世界历史与救赎历史——历史哲学的神学前提》，李秋零、田薇译，生活·读书·新知三联书店 2002 年版，第 246~247 页。

〔2〕 Robert M. Wallace, "Translator's Introduction", in Blumenberg, *The Legitimacy of the Modern Age*, Massachusetts：MIT Press, 1983, pp. xvii–xviii. 我对布鲁门伯格的初步阅读，得益于这篇英译序言的导读。该文中译版本，参见刘小枫、陈少明主编：《马基雅维利的喜剧》，华夏出版社 2006 年版。

的进步观念，一种是"必然的进步"（Inevitable Progress），一种是"可能的进步"（Possible Progress），需要着重批判的是前者，而对于后者则需要贯彻和推进。

　　要理解这两种进步观念的区分，有必要大致了解布鲁门伯格关于中世纪与现代相分野的哲学论述。布鲁门伯格并没有采用思想史通常以神学绝对论与笛卡尔的"我思"之间的区别作为旧时代结束、新时代开端的标志。在他看来，现代性是对作为基督教异端的诺斯替主义（对秩序与混沌相对抗这个问题的回应）的第二次克服，因为从奥古斯丁到中世纪经院哲学的第一次克服，即恢复上帝作为造物之神形象的宗教改革，并不成功，强调人可以通过特殊的内省方式得救，无需启示预言和使徒予以引导的诺斯替主义已成为"隐秘的上帝"。[1]现代拉开帷幕，是以人的"自我肯定"为核心的世俗化方案的出现为标志的：

　　　　在中世纪末期，对于诺斯替主义的第二次克服是在"恶化环境"（aggravated circumstances）下完成的。它不再能够拯救经院哲学的宇宙，并且受到有关世界是否原本就是为了人类的利益而创造的这种怀疑的支配。遁入超越性中，作为一种人仅能抓住的可能性，由于神圣恩典的决定论的绝对性，也即是说，由于个人的救赎依赖于他不再能选择的信仰，已经失去了与人的联系；这种变化的前提通过对现实的掌握和改变而将有关内在的自我肯定（immanent self-assertion）这种替代方案引入可能的意图中。[2]

　　古代和中世纪宇宙秩序的消失，与社会是否为人所支配相联系，"但是，这次转移给人的负担与奥古斯丁所承担的负担具有不同性质：这是对世界作为与未来有关的挑战，而不是过去的原罪的状况

_____

〔1〕 Blumenberg, *The Legitimacy of the Modern Age*, Massachusetts：MIT Press, 1983, pp. 127-136.

〔2〕 Blumenberg, *The Legitimacy of the Modern Age*, Massachusetts：MIT Press, 1983, p. 137.

的责任"[1]。因此在现代的情景里出现的"自我肯定"不是一种预设的规划（无论出自神圣恩典、自然生成或是理性设计），而是一种历史性的变化可能：

> 这里的"自我肯定"并不意味着通过自然可用的手段对人类有机体进行赤裸裸的生物学和经济保护。它意指一种生存方案，根据该方案，人将自己的生存放置在历史状况之中，并向自己表明他将如何处理周遭的现实，以及他将如何利用向他开放的诸种可能性。[2]

人类在具体历史情境中通过不断的生存实践，实现着并不曾有规律支配也不曾被明确表达或者明确意识的"自我肯定"，即是"可能的进步"，这个进步观是对人类的解放力量的肯定，是反宿命论和反目的论的实践努力。与之相对，在中世纪结束之后宣称有能力回答基督教创世和末世论致力于解答的"什么是世界历史的模式和意义"这个问题的历史哲学（以及如昂格尔所言的"深层结构社会理论"），试图"重新占据"基督教在政治社会文化全领域的支配位置，则把进步视为一种理性或潜在规律影响下的必然性趋势。布鲁门伯格通过哲学阐释，力图清除哲学中的话语混乱，如他著作英译者所言，他的工作是以一种新的形式贯彻启蒙运动的观念，即哲学是一种世界解放的力量。

布鲁门伯格在哲学领域所做的努力，正是昂格尔在社会理论和社会政治哲学领域所做的努力。昂格尔批评"深层结构社会理论"在推进"社会是人造物"这个理念上的半途而废，正是因为后者将社会发展视作潜在的规律（经济的、文化的或者政治的等）的表达和支配。他提出，实践中的挑战和反抗努力在事实上会不断松动和变化结构性框架，从而一点一点、层累式地变革结构性因素。这种

---

[1] Blumenberg, *The Legitimacy of the Modern Age*, Massachusetts: MIT Press, 1983, p. 137.

[2] Blumenberg, *The Legitimacy of the Modern Age*, Massachusetts: MIT Press, 1983, p. 138.

零散性的努力不能仅被视为是框架制约下生产和再生产并维护着框架本身的常规行为（如"实证社会科学"的认识那样），因为这些行为隐藏着变革的力量，虽然经常零散而且微弱。在布鲁门伯格和昂格尔的繁复论述中，我们能够读出对人类解放的热情。

可以举出重构小商品生产方式的案例，从中观察昂格尔从批判性理论分析到建设性方案构设的探索。所谓小商品生产（Petty Commodity Production），指的是"小规模的经济体，相对平等的生产者，通过多种多样的合作型组织和独立的生产行动加以运作"[1]，包括中小企业主、中小规模合作经营、家庭农户等自耕农等。在经典社会理论阐发的现代性发展历史中，小商品生产方式注定要被取代，例如《共产党宣言》中描述的情景：在新的市场出现而增加的需求下，先是工场手工业代替了封建的或行会的工业经营方式，行会师傅被工业的中间等级排挤掉，各种行业组织间的分工随着各个作坊内部的分工的出现而消失；然后，随着市场的不断扩大和需求的不断增加，蒸汽和机器引起了工业生产的革命，现代大工业代替了工场手工业，大企业和大资本代替了工业的中间等级。[2]但是昂格尔指出，小商品生产方式的脆弱性和不稳定性，并不是一种"自然现象"，因此以其衰败故事为主要内容的现代性叙事并不具有揭示历史发展"必然性"的权威解释力。譬如说，在英国工业革命早期，首先是农业制度发生变革[3]，大租户取代小佃农，耕地改为牧场，产生大量流浪乡间的无业者，然后是 16 世纪左右伊丽莎白女王签发的《贫民法》（Poor Laws）和《学徒条例》（the Statute of Apprentices）

---

〔1〕 Unger, *False Necessity*: *Anti-Necessitarian Social Theory in the Service of Radical Democracy*, London and New York: Verso, 2004, p. 432. 在理论上将小商品生产者作为"普遍阶级"加以重视，是昂格尔与经典社会理论家相区别的又一要点。中文文献中关于小商品生产者政治理论意义的阐述，可以参见崔之元：《自由社会主义与中国未来——小资产阶级宣言》（2003），载爱思想网站，http://www.aisixiang.com/data/2865.html，最后访问日期：2021 年 5 月 13 日。

〔2〕 《共产党宣言》，人民出版社 2014 年版，第 28 页。

〔3〕 根据黄宗智总结的英国经济史研究成果，工业革命之前英国农业制度发生的变革，是其农村人口骤增压力下农业技术发展，后者又引发农业劳动力大幅减少等一系列事件的结果。参见黄宗智：《超越左右：从实践历史探寻中国农村发展出路》，法律出版社 2014 年版，详见该书第二章的论述。

产生效用，推动破产的小商品生产者进城进入工厂，成为依靠工资收入的工人阶级。韦伯其实也认识到："18 世纪以来在英国发展起来（且将一切生产手段集中在企业家手里）的新生产方式，其劳动力的补充是以强制方式行之，虽然还算是间接的。"[1]昂格尔强调，即使是在主流理论言说并不支持、大企业和大资本集团游说下的政策和法律始终压制的前提下，各式各样的小商品生产方式依然没有如同经典社会理论所预测的那样消亡，而是在不同历史时期的不同领域里反复出现，甚至规模并不小。尤其重要的是，即使是对于依靠工资收入的劳动者群体，倘若政治经济环境允许其展望一个成为相对独立的小生产者的"小资产阶级梦"（petty bourgeois dream），则该社会的平等性、经济发展活力和政治安全稳定都能保持相对较高的水平。

我们可以援引对美国历史的一些分析，来理解昂格尔这个精辟见解。例如，亚布拉罕·林肯（Abraham Lincoln）在 1860 年当选美国总统之前曾说"所有的人都有平等的机会"是使得联邦政府能长期存在下去的"伟大原则"，另外，以研究奴隶经济而获诺贝尔经济学奖的罗伯特·福格尔（Robert Fogel）分析指出：

> 对于一个拥有大量未开垦土地，且土地价格十分低廉的农业社会来说，这种原则是恰当的。同时，当大多数非农业企业的规模仍然较小，学徒和熟练工都有理由期望自己最终能够成为小企业的所有者时，这种原则也是恰当的。[2]

而到了 19 世纪的最后 30 年里，新技术及更广阔的市场促使铁路、钢铁和石油企业的规模越来越大，而小企业无法生存，工人阶级难以指望通过努力创办自己的钢铁业等产业的企业，移民的大量涌入又导致了工资水平的大幅下滑，加上西部边疆开发的结束，农

---

[1]《韦伯作品集Ⅱ：经济与历史支配的类型》，康乐等译，广西师范大学出版社 2004 年版，第 158 页。但韦伯没有过多关注这种与他论述的理性化趋势不大相符的历史细节。

[2]［美］罗伯特·威廉·福格尔：《第四次大觉醒及平等主义的未来》，王中华、刘红译，首都经济贸易大学出版社 2003 年版，第 6 页。

业危机产生的破产农民只能涌入城市。"小资产阶级梦"的普遍破灭引发了美国社会的剧烈动荡。

美国政府应对这次危机的举措，是推行长达一个多世纪的现代福利制度建设以及平权措施（Affirmative Actions），即通过保护妇女和儿童来在某些领域降低劳动力的供给、支持工会提高工资的诉求、对富人征收所得税、设立普遍的福利项目来增加向穷人的转移支付、增加黑人等少数族裔的教育和就业机会等。然而，现代福利制度和平权措施并不触及导致美国社会分裂的结构性问题，相反，只是在延长并且逐步加深着各种社会矛盾和冲突的爆发。如同社会学家阿莉·拉塞尔·霍赫希尔德（Arlie Russell Hochschild）观察近年保守派迅猛抬头时所发现的"深层故事"："看！你看见有人**在你面前插队**！你遵守着规则，他们却没有。他们插队，你就像在向后退似的。他们怎么能这样？他们是谁？有些是黑人。由于联邦政府推动的平权行动计划，他们在高等院校入学、实习、就业、福利金、免费午餐方面获得了优待，在人们心中占据了一定的秘密位置……女性、移民、难民、公共部门职员——哪里才是尽头？你的钱从一个自由派的同情滤网中漏了下来，你无法控制，也不赞同。这些是你年轻时也梦寐以求的机会——如果你年轻时不曾拥有，那么现在的年轻人也不应享有。这不公平。""黑人、女性、移民、难民、褐鹈鹕——他们都插队站到了你前面，但让这个国家伟大的是你这样的人。你感到心里不是滋味。有句话不吐不快：这些插队的人令你恼怒。他们在违反公平规则。你对他们心生愤恨，而且感到自己这样做没什么不对。你的朋友们亦然。福克斯新闻的评论员将你的感受说了出来，因为你的深层故事也是福克斯新闻的深层故事。"[1]

早在1998年，昂格尔就与黑人进步主义活动家、评论家科尼尔·韦斯特（Cornel West）共同分析了阶级等级、种族、性别问题等压在所谓美国梦上的重负，说明以福利保障加市场发展为主题的经济社会改革方案，并不能解决（甚至让人们不再能够清晰认识）导致

---

〔1〕　［美］阿莉·拉塞尔·霍赫希尔德：《故土的陌生人：美国保守派的愤怒与哀痛》，夏凡译，社会科学文献出版社2020年版，第155、157页。强调部分系原文所加。

美国劳动者"小资产阶级梦"破碎的日益僵化的社会结构问题：

> 在美国历史上，最伟大的社会流动经验是农民工和产业工人的孩子成为白领工人的频率，从蓝领转变为白领阶层。在过去的 15 年中，继承优势对个人生活机会的影响有所减弱（部分原因是大学、大型企业和专业人士采取了更为精英化的选拔程序），而经济不平等则加剧了。很大一部分人口仍处于必须通过才能从择优程序中获利的经济和教育门槛以下。对美国人来说，像赫伯特·胡佛（Herbert Hoover）一样否认阶级的正当性是有益的。但如他那样，他们通常也不愿或无法认识到阶级在国家生活中的力量，则是有害的。阶级制度的基本设计在美国现实中一直保持稳定，而在美国意识中却一直被遮蔽。[1]

昂格尔的多元现代性思考，没有停留在仅对于既往理论有关现代性发展阐释的批判上，他更希望采取制度创新在新的社会经济条件下"拯救"被主流话语和政治实践压抑的小商品生产方式，以此来改变经济结构和政治结构。昂格尔提出，高能的政治民主（以高效的民主决策为目的）与有效的经济民主（以生产资源的共享和充分利用为目的）相结合，是推动变革性转变的制度保障。针对美国的状况，他和韦斯特曾有过一个系统详细的制度改革方案。[2]限于篇幅，我们这里仅能一般性地观察一下昂格尔有关新型小商品生产的经济拯救方案，其内容包括：一是以一个民主管理下的轮换基金（rotating fund）为核心的经济制度，负责分配向各个领域投资的资源；二是多个投资基金构成的"资金池"，这些投资基金从轮换基金那里获得资金，然后借给任何需要资金从事创业或人力资源投资的人员，人们使用这些投资必须符合一定的条件，在他们有能力时必须向基金还这笔借款，以保障用于支持创业的资金池不至于干涸；

---

〔1〕 Roberto Unger, Cornel West, *The Future of American Progressivism: An Initiative for Political and Economic Reform*, Boston: Beacon Press, 1998, pp. 15–16.

〔2〕 Unger, West, *The Future of American Progressivism: An Initiative for Political and Economic Reform*, Boston: Beacon Press, 1998, pp. 56ff.

三是无数个小型合伙或团体构成的经济制度，包括工人团队、技术人员或者企业家等，为创业者提供技术支持和管理上的支持，同时促进不同企业之间相互结成既竞争又协作的关系网络。通过轮换基金和投资基金，任何劳动者都有机会获得必要的资金支持去创业和研发，同时，由于小型创业团体基于共同的技术研发和技术实施，其生产和管理的日常也要求个人对多个职位的兼顾，因而有可能逐步帮助工人发展多面能力。[1]

从他在母国巴西的从政经历看，昂格尔已经部分尝试过推行他的改革方案。[2]我们在这里希望讨论他的制度想象的理论意义。前文关于西方和整个世界正在发生着的变化的分析，表明了日益僵化的社会分工和等级制结构威胁到了各国的可持续发展以及国际秩序。昂格尔在新的社会经济条件下"拯救"小商品生产方式的经济方案是将资源向生产者、劳动者倾斜，通过给予他们必要的生产资料予以协助提升他们的发展能力，促进更灵活的生产方式和更平等而有活力的市场社会，这样的发展前景显然不同于由技术精英、金融精英和政治精英作为主宰统治的世界。在当今的世界，西方发达国家知识分子认为，他们已经实现了历史的终结，他们的道路是"别无选择的"（There Is No Alternative），第三世界的绝大多数知识分子则把希望放在对西方制度的模仿上，昂格尔这种基于对实践的批判性分析而设想替代性建设方案的思考方向，如佩里·安德森所言，却

---

〔1〕 Unger, *False Necessity*：*Anti-Necessitarian Social Theory in the Service of Radical Democracy*, London and New York：Verso, 2004, pp. 491ff.

〔2〕 从笔者能够获得的有限资料来看，昂格尔在巴西的政治实践并没有远离他的理论构想：早在 90 年代初期，昂格尔参与巴西政治活动之时，已经开始倡导救助贫困儿童等社会事业；在卢拉总统的第二个任期以及罗塞夫总统任期里，昂格尔受邀出任战略事务部部长，所推行的政策以扶助贫困人群为核心，在教育、劳动保障、就业机会等领域加大投入，正是致力于建立初始分配方面的公平。See James Crabtree and Roberto Unger, "The Future of the Left：James Crabtree interviews Roberto Unger", in *Renewal*, Vol. 13, No. 2/3, 2005. 以及罗德里格·卡马若纳（Rodrigo Camarena）2011 年 1 月 18 日在哈佛法学院对昂格尔的访问，参见"The Rousseff Presidency and Beyond：Interview with Roberto Mangabeira Unger", 载 https://foreignpolicyblogs. com/2011/01/18/the-rousseff-presidency-and-brazil% E2% 80% 99s-future-interview-with-roberto-mangabeira-unger/, 最后访问日期：2021 年 5 月 13 日。

是第三世界知识分子走到台前，为第一世界的国家诊断问题并指导未来。[1]如同我们前面的论述所表达的，安德森没有强调的是，昂格尔的理论分析和变革方案不是一种脱离劳动者生产实践、高高在上的规划（即强调某种既定发展方向的必然性），而是**致力于工人、农民和其他一般劳动人群发展能力的提升**（从而获得自主创造未来的可能性），这正是布鲁门伯格所希望推进的、在启蒙运动传统下应当贯彻到底的"可能的进步"的进路。化用我们的语言来讲，这种关切劳动者群体，从赋能劳动者群体入手，变革政治经济社会文化结构的设想，是一种"依靠群众，赋能群众"的理论努力，展现的是丰富的未来可能性，值得当代左翼进步主义者共同关注。

四

昂格尔通过他的著作，为实现更多的"可能的进步"探索了两种学科工具：经济学和法律分析。本书作为一项"初步研究"，着重关注昂格尔揭示西方现代法治原理多元可能性的理论思考。昂格尔以法律不确定性问题作为起点，揭示西方现代法治（自由主义法治）的内在紧张，从而展开支持社会主体充分、自主发展的制度想象。

昂格尔在早期著作中指出，在自由主义的前提之下，自由与秩序将存在一种难以消解的冲突：尊重每个个体的主观价值，势必无法为公正维持秩序建立一个客观、中立的规则框架。这种内在紧张使自由主义法治面临走向衰落的可能：它不得不在实质正义的要求下，日益走向自己的反面。[2]实际上，在韦伯的法律社会学中，自由主义法治的这种内在紧张已经被他用实质理性对形式理性的冲击加以解释了，但韦伯从职业法律家（尤其是普通法法律人）那里看到足以维护西方形式主义法治体系不至于崩塌的力量。[3]帕森斯据

---

〔1〕 Perry Anderson, *A Zone of Engagement*, London & New York：Verso, 1992, p.148.

〔2〕 详细分析见本书第一章。

〔3〕 《韦伯作品集：法律社会学》，康乐、简惠美译，广西师范大学出版社 2005 年版，第 321~332、334~335 页。

此指出，昂格尔早期著作虽然取得了很高的成就，但他在遵循韦伯的同时却没有着力解决韦伯指出的法律职业问题，是一个重大缺失。[1]然而，昂格尔对西方现代法治形成的制度结构和理念结构的批判，实际上超出了韦伯创造的社会理论传统。从《批判法学运动》开始，昂格尔转而采用被查尔斯·萨贝尔在后来称为"不妥协的实用主义哲学"的策略[2]，把批判的矛头直接对准西方自由主义法治下的法律家群体。他强调，在主流法律叙事之外，还存在着众多有关个人特质以及社会生活联合方式的实践与想象，这些非主流的实践与想象被排挤在法律家构想秩序的素材之外，成为社会秩序边缘地带的生活方式。与福柯等思想家一样，昂格尔认为，边缘对中心的攻陷是实践中时时刻刻都在发生的事情，但是与法国解构主义者不同的是，昂格尔的思考带有更多的"建构主义"色彩：他提出，通过解除法律分析设置于自身的那些非政治性、科学性、客观性的限制，打破主流法律叙事的故步自封，把边缘化、零散化的生活方式纳入法律秩序的创建意图中，由此实现制度与人的实践之间更灵敏、更直接的回应关系。在昂格尔看来，这种把生活理念或者说意识形态争议导入法律分析的努力，将使法律制度呈现出面向未来的开放性特征，这样的法律分析可以称为"制度想象"：它保持着既不将现有法律制度视为神圣不可触动，又不轻易贬损为可任意抛弃的实用主义立场。[3]从"法律不确定性"到"人性和社会生活的多样性"再到"作为制度想象的法律分析"，这条分析路线贯穿在昂格尔的批判法理论述中。

本书以昂格尔公开发表的英文著作作为核心文本，[4]通过与欧

---

〔1〕　Talcott Parsons, "Review of *Law in Modern Society* by Roberto Mangabeira Unger", *Law & Society Review*, Vol. 12, No. 1 (Autumn, 1977).

〔2〕　Charles Sabel, "Dewey, Democracy, and Democratic Experimentalism", *Contemporary Pragmatism*, Vol. 9, No. 2 (December 2012), p. 52.

〔3〕　详细分析见本书第三、四章。

〔4〕　我将昂格尔迄今为止的主要英文著述分为三个阶段：早期著作主要指的是《知识与政治》（1975）、《现代社会中的法律》（1976）；中期著作主要指的是《激情》（1984）、《批判法学运动》（*The Critical Legal Studies Movement*, 2020/1986/1983）以及《政治学：建构性社会理论的作品》（2004/1987）。在早期著作与中后期之间存在着较为明显的思想发展和转

美法学理论界当代主流言说的阐释性比较，辨析昂格尔理论建构的独特性以及问题关注点。

与科尼利厄斯·F. 墨菲（Cornelius F. Murphy）一样，本书认为，对于自由主义的批判，是昂格尔展开其学术言说的第一个层次，其问题意识在早期著作中已经充分呈现。第一章着重研究昂格尔早期著作中对于现代法治的批判，以此界定以后三章的主要议题。昂格尔对自由主义采取了一种"总体批判"的思路，他指出自由主义理论预设的认识论原则导致其无法解决自由与秩序之间紧张的问题：在承诺尊重主观价值偏好之后，自由主义法治无法为社会秩序建立一种中立的规则体系。现代法治被自身的紧张所折磨。从这种批判中可以发现昂格尔始终关注的几个法学理论问题：个体多样性的关注、制度创新无限性的主张，以及既维持团结又保持超越性批判的群体生活理想。

在批判的基础上，昂格尔对法律制度实施"打碎重造"的重构方案，这是他学术言说的第二个层次。需要注意的是，无论"批判"或是"重构"，在批判者与批判对象之间应当至少有一个是最低程度的"共同基础"，本书第二章即是阐明昂格尔所理解的这个"共同基础"。通过思想史的简要回顾，第二章论述了包括马克思、韦伯、哈贝马斯、罗尔斯以及昂格尔本人在内的"关于解放的世俗学说"的"共同基础"，亦即我对昂格尔提出的"作为人造物的社会"理念的理解。如同前文所展示的，在昂格尔的思想中，现代的解放性

型，1984 年版《知识与政治》的后记，是记录这个发展和转型标志的重要文献。后期著作主要指的是《法律分析应当为何？》（*What Should Legal Analysis Become?*，1996），《被实践的民主》（*Democracy Realized: The Progressive Alternative*，1998），《美国进步主义的未来》（1998，与他人合著），《左派的目的应该是什么？》（*What Should the Left Propose?*，2005），《重新想象的自由贸易》（*Free Trade Reimagined: The World Division of Labor and the Method of Economics*，2007），《醒觉的自我》（*The Self Awakened: Pragmatism Unbound*，2007）等。后期著作在中期建立的思想体系上进行拓深，从法理学、政治经济学、哲学三个方面完善了他的"赋能民主理论"，《重新想象的自由贸易》（北京大学出版社已出中译本）一书的扉页上，作者注明了中后期著作之间的这种关系。限于议题，本书着重于研究其前两个阶段的著作，当然也包括属于后期的那部法哲学专著《法律分析应当为何？》。这种有限的解读和研究，也是本书自我定位为"研究初步"的本意。

的学说都是在推进"作为人造物的社会"这个理念的方向上发展，昂格尔对主流学说的批判建立在这个理念的"基础"上，对其展开的重构也是致力于将这个理念"基础"推向极致。[1]

第三章主要辨析昂格尔法律制度创新的方法论。昂格尔从自由主义法治的"批判"到"重构"，始终具有一种"内在性"的特征。也就是说，对法律不确定性的批判不是根本推倒法律的存在可能性，而是力图放开法律分析加置于自身的那些所谓科学性、客观性的限制，以实用主义的关切和策略，公开展现有关社会生活实践与想象的讨论，重新建造一种有利于边缘化诉求的法律制度。这种重构了的法律制度将是对进步主义法律观的推进。

第四章更细致地研究昂格尔对"法律分析"这个法律人基本技能的理论意见，主旨是提供一个对传统自由主义法学的彻底批判与重构。自由主义法学的独立存在，具备两个有力的支持性因素：知识技能的独特性以及职业共同体的独立性。晚近法学理论的发展，已经不同程度地反思了这两个因素，但昂格尔的激进民主理论把这些质疑之声推到极端。在昂格尔的理论构想中，非但传统法学知识的专门性立不住足，那种基于社会分工观念生成的法律职业独立性也具备重新构造的可能。就昂格尔而言，"民主的法学"不是矛盾修辞，而是一种面向更开放、更具多样性的未来的法律学问形态。

法理论述只是昂格尔百科全书式思想体系中极小的一部分，对昂格尔的阅读与研究，可以作为长期的事业来坚持。当然，深入阅读昂格尔，并不是简单地要从他的思想库中寻找应对当前世界困境的药方——甚至在任何思想家那里，都不会有这样的现成药方。与昂格尔共同思考和观察现实，才是我们的初衷。尤其需要着重指出的是，中国的实践经验正在为世界有识之士所瞩目，这种伟大经验能否在与包括昂格尔在内的思想家的碰撞中产生出对人类的"可能的进步"有益的独特理论阐述，这是我们开展研究工作的责任所在。

─────────

〔1〕 需要说明，不能因此认为本书对昂格尔实施了某种"基础论"或"本质论"的理解。"社会作为人造物"在昂格尔的思想中是一个具有无限开放性的理念，他反复强调"民主就是反对宿命论"，正是对所谓基础、本质、规律的拒斥，本书第二章将涉及这个理解。

在余论中，除了总结本书的讨论之外，还将尝试性提出在中国语境下通过阅读昂格尔著述而引发的值得进一步思考的若干议题。

罗伯托·M. 昂格尔著作及缩略对照[1]

序　号	著作名	缩略词
1	*Knowledge and Politics*, 2nd ed., The Free Press, 1984（［美］昂格尔：《知识与政治》，支振锋译，中国政法大学出版社 2009 年版）	*KP*
2	*Law in Modern Society：Towards a Criticism of Social Theory*, The Free Press, 1976（［美］昂格尔：《现代社会中的法律》，吴玉章、周汉华译，译林出版社 2007 年版）	*LMS*
3	*Passion：An Essay on Personality*, The Free Press, 1984.	*Passion*
4	*The Critical Legal Studies Movement*, Harvard University Press, 1986.	*CLSM*
5	*Social Theory：Its Situation and Its Task*, Verso, 2004（originally published by Cambridge University Press in 1987）	*ST*
6	*False Necessity：Anti - Necessitarian Social Theory in the Service of Radical Democracy*, Verso, 2004（originally published by Cambridge University Press in 1987）	*FN*
7	*Plasticity into Power：Comparative-Historical Studies on the Institutional Conditions of Economic and Military Success*, Verso, 2004（originally published by Cambridge University Press in 1987）	*PP*
8	*What Should Legal Analysis Become?* Verso, 1996（［美］昂格尔：《法律分析应当为何?》，李诚予译，中国政法大学出版社 2007 年版）	*WSLAB*
9	*Democracy Realized：The Progressive Alternative*, Verso, 1998（［美］昂格尔：《被实现的民主——渐进性备选方案》，刘小平等译，中国政法大学出版社 2007 年版）	*DR*

---

〔1〕 这里所列昂格尔著作仅限于本书正文（第一至四章）涉及的部分。本书在参考中译本时，出于统一术语和风格的考虑，对译文有不同程度的调整，文内不再一一说明。另外，也需要说明，虽然其著述已有多部译本出版了，但我国学界尚未形成对昂格尔的广泛阅读（法学界的阅读集中在《现代社会中的法律》），许多专业术语的翻译其实存在着可争议之处。本书涉及的许多专业术语的翻译比较借鉴了国内多位学者的成果，文内不专门注明，在此一并致谢！

第一章
现代法治的困境与出路

　　现代法治是一种精致复杂的制度和思想体系，其中不但包含对可预期性社会秩序的安排，更寄托了通过规则之治保障权利、限制权力的信念，从 19 世纪开始，经受或激进或保守的社会思潮的冲击，依然作为制度建构的主要选择而存在。自现实主义法学诞生以来，在欧美法律思想中反复出现关于法律不确定性或者非客观性[1]的批判，但如同凯斯·桑斯坦（Cass Sunstein）指出的那样，在瀚若烟海的判例集里找到一些前后矛盾的案例，其实很难撼动法律人有关规则之治的期盼。[2]并不意外，批判法学在掀起一场狂飙突进的运动之后，如今已开始有人揶揄：这个学派成为明日黄花了。

　　但是，批判法学的思想运动是否就此悄无声息地退场，未留下一点值得珍视的遗产？在一篇旨在推进批判法学思想的论述中，耶鲁大学法学院杰克·M. 巴尔金（Jack M. Balkin）教授如此评述：七八十年代的批判法理论家否定法律自治性和确定性，目的在于揭示法律与权利话语矫饰、掩盖、神秘化、正当化权力和意识形态的实质，今天批判法学者讨论法律与政治的关系，则更多强调借助法律的相对自治性和不确定性推动社会正义。[3]换言之，批判法学留给思想界的，是一种从批判走向建构的理论雄心。从该学派几位重要

---

　　[1]　本书在相同的意义上使用"法律不确定性"和"法律非客观性"这两个概念，即指法律之中不存在融贯、一致、稳定、明确、客观的特性；针对德沃金的思考而言，指的就是法律没有"正确"的答案。

　　[2]　Cass Sunstein,"Politics and Adjudication", *Ethics*, Vol. 94, No. 1（Oct., 1983）, pp. 126-135.

　　[3]　Jack M. Balkin, "Critical Legal Study Today", in *On Philosophy in American Law*, edited by Francis J. Mootz Ⅲ, New York：Cambridge University Press, 2009, pp. 64-67.

人物的近作观察［如邓肯·肯尼迪（Duncan Kennedy）、戴维·楚贝克（David Trubek）的法社会学研究运动第三波的观念］，这种重新构建法治、推动社会变革的意图十分明显。

　　早在首次发表于 1982 年的那篇理论宣言中，昂格尔就提出批判法学研究的两项任务：一是对形式主义和客观主义的批判；二是通过这种批判，工具性地使用法律实践和法律学说，推进左翼有关"解放"的世俗目标。[1]他的两部早期著作［《知识与政治》（1975）和《现代社会中的法律》（1976）］对自由主义思想体系及其法治理论进行"总体批判"引发学术界的高度关注之后，昂格尔转向了一种更具"建构性"的努力[2]，最终在三卷本鸿篇巨制《政治学》（1987）中完成了以推进左翼、自由主义和现代主义共享目标——人的解放——为意旨的"建构性社会理论"。可以说，对法律不确定性的批判以及工具性使用，是昂格尔理论发展的出发点。

　　本章可以认为是昂格尔法理思想的"问题篇"：一方面，通过讨论昂格尔早期著作中对现代法治的批判，明确昂格尔的理论关注，为下一章观察他的思想深化做出准备；另一方面，是从这些早期著作中提出一些议题，这些议题始终是昂格尔法理思想关注的焦点，在后来的作品中得到更深入的处理，因此有必要较为详细地辨识。

一、现代法治的内在紧张

　　我们首先勾勒昂格尔的自由主义批判思路，注意力将集中在他对于自由主义立法与审判原理之不可能性的批判上，在下一节中观

---

　　〔1〕　*CLSM*, pp. 1-4.
　　〔2〕　科尼尔·韦斯特认为，昂格尔在《知识与政治》与《批判法学研究》及《政治学》之间存在着一种"认识论断裂"。他将之总结为（但未作论证）从"目的论和本质论"向"反基础论"的转变。这种转变至少产生三个方面的后果：①放弃关于"可理解的本质"的讨论，转向对于当代社会中民主与自由之修辞与实践的内在批判（immanent critiques）；②抛弃"总体批判"，而将内在批判与具体历史研究和特定纲领设计相连接；③拒绝非历史性地"横扫"（trashing）自由主义，推进名之为"超自由主义"的新规划。Cornel West, "CLS and Liberal Critic", *Yale Law Journal*, Vol. 97, No. 5 (Apr., 1988), p. 758. 昂格尔在 1983 年 5 月为《知识与政治》1984 年版撰写的后记中，也交代了这种思想进展。Unger, "Postscript", in *KP*, 1984, pp. 337ff. 不过，本书不同意韦斯特有关"认识论断裂"的看法，我更强调昂格尔论述的连续性。

察他对法治的历史社会学研究，然后针对围绕着这些批判的几种批评意见进行评议。应当说明，昂格尔早期著作（尤其他的第一部专著《知识与政治》）充满高度抽象的思辨色彩，以下的梳理不可避免地以牺牲大量论证细节为代价。

自由主义作为现代社会的根基，既是一种思想理念，又是一种制度形态。昂格尔在《知识与政治》的导言中强调，他所批判的自由主义学说，不能简化为某些具体思想家的观点[1]，而是那种已经掌控了人们有关社会和心智的看法的社会思想，是社会群体的共同财富以及现代社会科学的基础。因此，"自由主义必须被看作一个整体（all of a piece），不只是作为一套关于权力和财富分配的学说，而是作为关于心智和社会的形而上学理念。"[2]以往的批判研究，正是由于忽视了这种整体性，从而只能在批判一些观点的同时，不自觉地接受自由主义的其他假定。《知识与政治》提出的思路，是一种"总体批判"，涉及自由主义认识论基础或心理学假定以及政治理论学说等全部内容。理解昂格尔对于现代法治的批判，需要以他的这种总体批判观念为基础。

（一）自由主义心理学的基本内容

自由主义政治理论是建立在自由主义心理学[3]的基础上的。昂格尔指出，自由主义持有关于自然与人类世界的独特看法，理论与事实的二律背反，正是自由主义摆脱古典经院哲学、建立自身特征的认识论基础。[4]具体地说，自由主义反对中古世纪的形而上学认识论，不承认事物存在"可理解的本质"（intelligible essences），否定能够从特定事物或者抽象形式中推导出所谓本质特征。在自由主

---

〔1〕　昂格尔的这种处理方式可能会造成某些困扰，例如这种抽象的议论方式使他的阅读者无法采用文本参照的方式与他进行对话。同时，将启蒙以来的多位立场迥异的欧洲思想家都纳入"自由主义"的行列，也不是没有争议的。

〔2〕　*KP*, p. 6. 中译本，第7~8页。

〔3〕　昂格尔在完全不同的意义上使用"心理学"（psychology）一词。威廉·埃瓦尔德（William Ewald）认为，昂格尔使用该词包含了伦理学、认识论和形而上学的意义。参见William Ewald, "Unger's Philosophy: A Critical Legal Study", *The Yale Law Journal*, Vol. 97, No. 5（Apr., 1988）, p. 692.

〔4〕　*KP*, pp. 31ff. 中译本，第42页及以下。

义看来，认识世界的方法不是先验的，而是后天构建的：只能通过人造语言、理论范畴、科学术语等对事物进行分类，观察事物之间的关系。自由主义学说承认，理论不能完全把握事实，语言也不能完全对应地描述事物，不存在判断正确与错误的唯一标准，因此，评价一种理论优于另一种理论，或者一种语言比另一种更准确，完全是根据评判者的目的而定。

昂格尔总结，在理论与事实二律背反的认识论之下，自由主义存在着关于自我和心智观念的三项原则[1]：①理性与欲望原则（the principle of reason and desire）。自我是由理性和欲望这两种不同的东西构成，欲望是其中最基本、起着推动力作用的部分，人们虽然可以借助理性来认识自然、勾画世界的图画，但对真理的追求不外是满足欲望的一种方法。②恣意性欲望原则（the principle of arbitrary desire）。这个原则显示了欲望的主观性特征，理性无法充分了解欲望，从而也无法限制欲望。理性是人的普遍要素，而欲望是特殊要素，采取任何方法来抬高前者或限制后者，都将导致对个性的损害。在理性与欲望以及欲望主观性两项原则构成的信念体系下，形成了思想行动中的一系列两分法，如方法与目的、形式与内容、公共与私人生活、技术与理论等。从根本上讲，这些两分法摧毁了经院哲学关于事实与价值相统一的理念[2]。③分析原则（the principle of a-nalysis）。这个原则主要针对知识而言，起到既整合又离析的作用：将分散的感觉和观念整合成更为复杂的观念，将复杂的观念离析成它的构成部分。分析原则是现代科学和社会科学的基础，它否认事物具有所谓可理解的本质，而且否定社会作为一个整体对于其构成部分的影响，因此，分析原则具有保守主义色彩。

（二）自由主义政治理论的基本内容

昂格尔提示我们，承认多元欲望共存，必定使得社会同时具备相互敌视和相互依赖两种特征。之所以相互敌视，是由于在物质资源匮乏的条件下，人类不得不产生相互竞争；而之所以同时又相互

---

〔1〕 *KP*，pp. 38ff. 中译本，第 58 页及以下。

〔2〕 Also see *LMS*, p. 4. 中译本，第 3 页。

依赖，是因为人类必须获得相对于同伴的权力、荣誉和承认，因此不可能脱离社群或共同体生活。社会存在将要求，相互之间的对抗不应扩大为万人对万人的战争，所以应当在对抗上加置限制。但是同时，没有任何人的欲望理当得到优先选择或者遭受鄙弃，因此，为了缓解自由与秩序的紧张，就只能"创制和适用非人情化的规则或法律"[1]，以表示人们只处于那种中立的规则之下。但是，在昂格尔看来，自由主义倘若坚持其前提，就不可能创制和适用这样的规则或法律。

　　昂格尔首先说明，在理论与事实的二律背反的原则之下，自由主义政治理论也存在着与认识论原则相对应的三项基本原则[2]：其一，理性与欲望原则的对应物，可以称为规则与价值[3]原则（the principle of rules and values）；其二，恣意性欲望原则的对应物，是价值主观性原则（the principle of subjective value）；其三，分析原则的对应物，是个人主义原则（the principle of individualism）。按照昂格尔的表述，自由主义的深层结构[4]，呈现如下表所示的关系[5]：

---

　　〔1〕　*KP*，pp. 65ff. 中译本，第 93 页及以下。
　　〔2〕　*KP*，pp. 76ff. 中译本，第 110 页及以下。
　　〔3〕　"价值乃是欲望的社会之脸"。*KP*，p. 67. 中译本，第 97 页。
　　〔4〕　昂格尔在这里首次借用了乔姆斯基（Chomsky）的这个术语，表示思想的"问题、方法以及经验"。*KP*，p. 8. 中译本，第 11 页。我们将看到，在社会理论著作中，昂格尔赋予了该术语完全不同的含义。
　　〔5〕　*KP*，p. 138. 中译本，第 199 页。
　　可以把自由主义的深层结构区分为三个层面加以理解：
　　首先，第一个层面是理论与事实的二律背反，相应导出理论与事实两个面的内容：一是理论面：①只能通过理论确认事实；②事实不同于解释它的理论（只有部分事实得到解释）。二是事实面：①理论只是在安排事实时才存在；②理论不同于它所考虑的事实（理论是普遍的，事实是特殊的）。
　　其次，在下是对应于上一个层面的两个平行层面。第一，心理学层面，相应导出理性与欲望两个面的内容：一是理性面：①只有通过理性规则的构造，欲望才具有充足的道德性；②欲望的道德性不同于理性的规范意义（只有部分欲望得到理性规范）。二是欲望面：①只有从实质的欲望那里获得内容时，理性才具有充足的道德性；②理性的道德性不同于它对于欲望的规范意义（理性是普遍的，欲望是特殊的）。第二，政治理论层面，相应导出规则与价值两个面的内容：一是规则面：①针对目的的手段选择（工具理性），要求遵守规范性规则（审判）；②工具理性不同于审判（只有部分手段处在规则范围内）。二是价值面：①审判要求对工具理性进行判断；②审判不同于工具理性（规则是普遍的，手段是特殊的）。

理论与事实的二律背反

自由主义心理学	自由主义政治理论
理性与欲望原则	规则与价值原则
恣意性欲望原则	价值主观性原则
分析原则	个人主义原则

接着，昂格尔针对政治理论解释说：在价值主观性与个人性两项原则之下，不可能期望规则从社会生活内部产生，因为既维持合作又限制对抗的规则，必须高于各种平等且竞争着的价值，否则就不可避免是以某一部分价值压制另一部分。为了满足这种中立而超越的要求，规则只能是规范性的（prescriptive）[1]和实在性的（positive）[2]。昂格尔指出，在自由主义的条件之下，这种规则不可能产生，自由主义社会所宣称的规则，其实是在不同价值之间进行了选择的结果。

让我们在法律理论上观察昂格尔的分析：强调以法律来确保自由，需要解决的问题主要有两个：法律从哪里来（立法问题）以及法律如何被适用（审判问题）。现代法治坚持，应该对法律与政治做出严格区分，在立法上主张通过中立的程序和规则，保障不同价值之间的交涉，在审判上主张以中立的程序和客观的标准排除对于价值问题的裁量。总而言之，自由主义法治理想是实现"法律之下的

最后，在这几个层面之间，知识的两分法始终存在：特殊（事实、欲望、价值）通过普遍（理论、理性、规则）而存在并与后者相区别。

这里与自由主义法治困境相关的内容，有两个要点需要引起注意：其一，价值只能通过规则限制才能具有道德性，但规则无法囊括所有价值；其二，实现价值的工具和手段，需要遵从规范性规则（如审判）的指导，但后者无法囊括所有工具手段。这两个要点共同导致了自由主义的立法和审判难题。

应该说明，昂格尔的相关论述极为抽象晦涩，我的概述依赖于作者所绘的示意图，并参考埃瓦尔德的理解。William Ewald, "Unger's Philosophy: A Critical Legal Study", *The Yale Law Journal*, Vol. 97, No. 5（Apr, 1988）, pp. 692–699.

〔1〕 规范性，指的是规则以实体的形式存在，不是某种共识或者习惯，而且应当高于它所管理的对象。*KP*, pp. 68–69. 中译本，第 99~100 页。

〔2〕 实在性，指的是规则具有非人情化特征，并且来源于公共权威。*KP*, pp. 69ff. 中译本，第 101 页及以下。

自由"，而这种法律本身也应该是自由的，并非对于任何价值的排挤。但是，自由主义无法在自己的前提下解决立法和审判这两个问题。

第一，在自由主义前提下，立法不可能是中立的：价值的主观性和个人性，导致无法建立一种既保持中立，又能顾全价值多样性差异的法律。

现代政治哲学为立法问题提供了三种学说：

（1）法律从自由中衍生。如康德的形式自由理论，它否认立法必须在竞争着的主观价值之间进行选择，而强调根据普遍的法律，每个人的意志自由能与所有人的意志自由共存。然而，昂格尔指出，这种抽象原则无法推导出法律应当命令、禁止或允许什么的内容，一旦涉及具体行为规范，依然不得不在众多价值之间进行选择，但是，"由于主观价值原则，任何这种选择本质上都不能证立（justification）"[1]。

（2）立法产生自合意。这是一种实质自由理论，可以包括功利主义的利益聚集说（同意满足功利原则的法律）、古典社会契约论（只同意创制法律与解决纠纷的程序）以及罗尔斯式集前二者之长的学说（在立法和解纷程序之外，还同意某些再分配方案）。但是，与形式自由的困境相似，实质自由理论找不到一种中立的方法将个人的、主观的价值结合起来：功利主义提供不了一个判断集体利益或社会福利的标准；社会契约论所同意的程序如果非常抽象，则不能推导出法律的内容，而程序越具体，则反对的可能性越大，中立的立法规则最终无法形成；罗尔斯的学说同时陷入前两种困境，他不能赋予一个抽象程序以具体的内容，也没有可能寻找到客观标准来论证他所支持的那些再分配方案。[2]

（3）共同目的的具体化。这种学说放弃价值主观性的前提，主张法律乃是社会某种共享价值的体现[3]，它其实已经具有走向自由

---

〔1〕　*KP*, p. 85. 中译本，第 123 页。

〔2〕　*KP*, pp. 85–87. 中译本，第 124~126 页。

〔3〕　*KP*, p. 87. 中译本，第 127 页。

主义反面的倾向。

第二，即使不考虑立法问题，中立的审判同样不可能：语言标准的相对化，导致法律解释不可能具有客观性或确定性。

解决审判问题的方式可以有两种：一种是根据事先创制的一些规则来决定人们之间的争议，称为法律正义；另一种是预先设定目的，在不涉及规则的情况下，根据目的进行决定，称为实质正义。法律形式主义的审判理论是法律正义的典型表达：审判过程不能进行主观价值的权衡和考虑，审判任务就是宣布在"规则之下"做出了决定。但是，昂格尔指出，认为案件具体事实可以具有某种特质从而与一般性的法律相符合，其实就是一种对"可理解的本质"的信仰。[1]如前述及，自由主义反对这种信仰。事物不存在分属某类别的清晰的本质，因此，没有一种语言能够声称更真实地描述主观的价值，从而排除另一种语言的表述和解释。所以，法律形式主义审判不能给出中立或前后一致的决定，对价值的考虑必定潜藏在法律推理过程中。[2]现代法学用目的理论来纠正形式主义问题：法官审判时，应当考虑法律所欲服务的政策或目标。然而，目的理论使得法律正义对实质正义的优势完全丧失：目的理论首先需要一种能判断法律政策、目的或价值的客观标准，其次需要一种能准确表述这种标准的语言。在从事这两项工作的时候，法律正义已经走到了它所反对的实质正义那边去了。[3]

二、批判的法历史社会理论

《现代社会中的法律》建立在《知识与政治》的理论基础上，从事了一项关于法治的历史社会学研究，旨在超越古典社会理论。昂格尔向我们阐释：现代社会中被称为自由主义法治的那种法律制度，其历史形成是极为偶然而且罕见的事情；这种法律的现实与其

---

〔1〕 *KP*, pp. 93~94. 中译本，第135~136页。

〔2〕 在《批判法学研究》中，昂格尔更深入地批判了法律形式主义。*CLSM*, p. 8. 详见本书第三章。

〔3〕 *KP*, pp. 94~98. 中译本，第137~143页。

所宣称的理想之间存在着巨大的背离；自由与秩序处在一种相互瓦解的状态中。

第一，现代法治的历史社会条件。原始共同体的解体，以及公共权威机构的出现，导致"习惯法"或称"相互作用的法律"发展成为具有公共性和实在性的"官僚法"，这种情形在许多社会的历史过程中都曾出现。但是，只有在西欧历史上，官僚法才最终发展为那种以形式主义、专业性为外部特征，以保障个人权利为内在理想的"法治"：①由于存在多元社会集团，没有任何团体能垄断最高统治权和法律解释权，统治者与各阶层之间不得不依赖于一种便于协调沟通、调和让步的法律制度；②由于存在自然法的超验信念，产生了根据个体权利来评价国家法并且限制政府权力的普遍性理想，实在法的一般性以及规则适用上的形式性和一致性，成为实现这个最高理想的最佳手段。因此，法律在公共性、实在性之外，演化出普遍性（一般地适用于所有的人和事）和自治性（在实体内容、机构、职业和方法上具有不同于其他社会规范的独特性）的现代法治基本特征。[1]

昂格尔特别指出，如果没有多元集团的社会条件，超验自然法可能逐步发展成要求独立于政治与习惯的神学，实在法在教士手中也不会成为协调利益的调节器，而是会趋于僵化；如果没有超越性信仰，多元利益集团也不会以法治来解决社会秩序问题，相反可能发展为通过灵活的利益平衡而运作，不区分立法、司法和行政的政体。

第二，也正是多元集团和超验信念这两项关键因素，蕴藏了与法治理想相悖的种子。昂格尔如此论述自然法超验信念中的紧张关系：

> 在西方，通过这两种必不可少的因素的结合而形成的古典哲学命题就是现代自然权利理论和与其相关的"公共的自然法理论"。通过强调存在着高于国家权力的普遍的权利和规则，自

---

〔1〕　*LMS*, pp. 66-86. 中译本，第 54~71 页。

然法理论为欧洲文明中的超验因素提供了发展的机会，然而，它也承认社会多元化的含义，因为它逐步地把自然权利看作是在绝对自由的领域内个人行为的权力，而不是什么确定实质利益的权利。反过来，它又导致这样的认识，权利不是社会的一套特殊安排而是一系列解决冲突的程序，这个认识后来成为许多西方政治法律思想的核心观念。[1]

《知识与政治》已论述到，欲望只有在理性轨导、价值只有接受规则管理的时候，从社会的层面讲，才是可以接受的（具有道德性）。然而，理性不能完全认识欲望，规则也不能详尽地规定价值，这种认识上的相对主义，同样也是自由主义坚持的前提。而且，理性和规则相对于欲望和价值而言，是一般性、普遍性的，无法详尽后二者的个殊性。一旦这种心理学获得政治法律思想的基础性地位，则将形成非常悖谬的局面：一般性的个人权利的理想，激励着个人工具理性地实现个殊化的权利主张，于是，普遍性的公共规则就陷入了两难境地——收紧适用要求，则不幸地压制住自由；放松标准，则无力承担维护秩序的责任。

在法治理想的观照下，法律中大量涌现相互冲突的观念：法律希望平等地对待一般的人和事，在现实中却出现了一种形式平等的主张（抽象而普遍的规则即能满足平等的理想）和一种实质平等的观点（道德平等应当要求实现具体处境的平等化），二者相互冲突，然而同等有理据可依。问题的难点恰恰在于，那些导致理想落空的条件本身就是产生自由主义承诺的前提。例如，平等意识对传统共识价值和等级制度的冲击，催生了自由主义社会的意识形态，但是，平等的意识也激发了各个不同社会阶层对权力和法律的争夺。从现实中我们很容易观察到：人们借助个人权利的理想抨击既存的种种不合理，但个体之间的竞争又将导致新的等级和分配不公。昂格尔因此深刻地指出，自由主义社会的种种不合理，正来自于这样一种双重经验：一方面，既存的等级秩序与自由主义的意识形态格格不

---

〔1〕 *LMS*, p. 85. 中译本，第70页。

入；另一方面，自由主义意识形态自身也埋有造成道德共识腐化的种子。[1]

第三，如同《知识与政治》的阐述，维系着自由与秩序表面稳定的，是一种隐藏着的决断：以规范性、实在性的规则，在保障个人自由的同时又对竞争或对抗施加限制，但是，在规则背后却是价值决断，因为没有这种决断，将无法形成规则。这种状况导致了理想与现实的背离：法治理想在于平等对待每一个人的权利主张，但现实中的立法和审判却不可避免地对各种权利和价值进行权衡和区别对待。理想的落空，使人们很容易认识到那种价值决断的真实性，于是，对于决断权力的争夺，成为所谓自由主义社会的特征。

按照昂格尔的分析，事实上，自由主义法治的理想建立在两项假定之上[2]：其一，国家获得超越社会的权力，能以中立的姿态保证公共规则的中立性；其二，明确、普遍的规则使权力非人情化，以此保证法律的形式主义特性。然而，这两项假定都非常不现实而且充满内在矛盾：其一，在国家权力之外，家庭、工场、市场等其他组织和集团拥有国家无法垄断的权力，这些权力在竞争着法律的垄断权。在现代国家中，中央集权形态的权力的存在[3]，使得这种争夺具有了极为可欲的现实性；其二，程序与决定结果的密不可分以及立法体制对于价值的体现，都导致通过规则制约权力的理想落空。昂格尔这样总结上述看法：

> 自由主义社会生活的现实证明了法治理想根本假定的虚假。但是，难以理解的是，保证权力非人情化尝试失败的理由就是原先鼓励这种努力的同一些理由：相对开放的、部分的等级秩序的存在以及伴随它出现的自我正当化的共识（self-legitimating consensus）的解体。使探求成为必要的那些因素也决定了它不可能成功。一个假定中立的作为社会冲突观察员的国家永远被

---

[1]　*LMS*，p. 176. 中译本，第149页。

[2]　*LMS*，p. 179. 中译本，第151页。

[3]　悖谬之处在于，正是中央集权的出现，国家与社会、公法与私法的分离，以及市民社会的相对自治，才具有了现实基础。

卷入了个人利益的对立中，而且还成为这个或者那个集团的工具。因此，在寻求训练和证明权力行使的过程中，人们由于追求一种被禁止达到的目的而备受责难。而且，这些反复出现的失望还在扩大理想观念与现实经验的鸿沟。[1]

德国的历史经验能例证法治发展两个不同阶段的问题，这两个问题既相反又相互关联：①在中央集权能够保持中立地位时，行政官僚获得相对于其他阶层独立的权力和职能，掌控法律的走向。他们所起到的作用是双方面的：既创建了形式主义规则，以高度形式化的行政运作来抵制专制权力的恣意，从而使得非民主国家具备了自由主义的色彩，又导致工具理性的恶性扩张（行政规则失去制衡），使法律变成压制自由的工具。[2]②而当社会力量扩大、中央集权无法保持中立地位时，行政官僚的力量被削弱，国家要么选择通过公开干预资源的再分配而换取某些社会阶层的支持（发展为福利型国家），以具有实质性内容和倾向性的政策标准取代普遍性、自治性的法律，要么选择通过与某些社会阶层结盟共同执行对于其他阶层的统治（发展成为法团型国家），冲淡国家与社会、公共权威与社会集团之间的界分，导致法律失去公共性、实在性的特征。无论如何，在所谓后自由主义社会中，政策工具、灵活标准和权宜性政策等治理措施取代规则之治，法律形式主义让位于实质正义，自由主义法治不可避免地衰落了。[3]

在昂格尔看来，自由与秩序的悖论，是自由主义社会的痼疾：强调自由，则会导致秩序崩塌；注重秩序，则会引发强制。人际关系本来就既有对抗又有联合，自由主义法治只重一端而对另一端视而不见，从根本上导致了其理想与现实的背离。昂格尔总结道："支持法治的经验是一种个人意志之间的对抗性。只有两种基本方式安

---

〔1〕 *LMS*, p. 181. 中译本，第 152~153 页。

〔2〕 *LMS*, pp. 187–191. 中译本，第 158~161 页。如前所述，在《知识与政治》中，昂格尔指出过工具理性的限度；在后期的著作中，昂格尔更系统地批判了司法官僚为核心的法律职业"对于民主的篡夺"。见本书第四章。

〔3〕 *LMS*, pp. 216–220. 中译本，第 182~185 页。

排他们彼此的关系：人格附属（personal subordination）和非人情化的法律。选择的基础是这样一个事实：找不到超越个人或集团恣意性偏好的正当标准（standards of right）。每一个共识最终证实是在掩饰一些人对另一些人的人格控制。但是这种选择提供了比它能够给予的更多的东西；归根结底，法治清除不了日常生活中的相互依赖。"[1]

昂格尔揭示现代法治衰落之后的两种可能[2]：一种是社会福利推动法治理想回到官僚法之下，以政策权衡满足人们对于实质平等的要求，然后又在合作和公有制的发展趋势中回归习惯法。昂格尔说，这是一种循环往复的运动过程，下一步的发展将会是在利益共识解体从而重新出现公共权威的情况下，法律从习惯法到官僚法的又一次演变。[3]另一种是将个人自由从法治的没落中拯救出来，与重新确认的社群主义协调一致，使得法治回到一种建立在新的基础上的习惯法。如我们后文所见，昂格尔的立场更支持第二种，也就是被他称为"螺旋型"的发展。

三、法律不确定性问题

（一）自由主义的辩护意见

昂格尔对于现代法治的批判，马上产生两个问题：第一，批判现代法治将引起法治支持者怎样的回应？这里包括来自法律哲学和历史社会学研究两方面的反应；第二，批判自由主义，是否是通向一种社群主义的制度和社会重建方案？在政治哲学和法律学者中，

---

〔1〕　*LMS*, pp. 221-222. 中译本，第 187 页。

〔2〕　*LMS*, pp. 238-239. 中译本，第 200~201 页。

〔3〕　就强调法律随社会变迁而发生变化而言，菲利普·塞尔兹尼克（Philip Selznick）和菲利普·诺内特（Philippe Nonet）关于法律发展三个模式的学说：压制法、自治法和回应型法，与昂格尔有共通之处。冈瑟·图尤布纳（Gunther Teubner）批评这种思路只注意到法律在社会压力下的变化（法律发展的政治过程），而没有关注法律自身的结构性因素的影响（法律发展的法律过程）。这个批评与下文提到的帕森斯对《现代社会中的法律》的意见相近，图尤布纳教授发展出的"反思的法"模式，正是对韦伯、帕森斯、尼克拉斯·卢曼（Niklas Luhmann）和哈贝马斯这一西方主流法学理论传统的推进。参见［美］诺内特·塞尔兹尼克：《转变中的法律与社会》，张志铭译，中国政法大学出版社 2002 年版；Gunther Teubner, "Substantive and Reflexive Elements in Modern Law", *Law and Society Review*, Vol. 17, No. 2 (1983), pp. 239-285.

一直有将《知识与政治》视为社群主义理论文献的观点。下文中，我们将首先分析自由主义法学者对于昂格尔的回应；然后审视昂格尔的思想立场问题，着重观察他与社群主义这一理论立场的差异点。本书的目的不是理清争论中的是非，而是侧重于从这些思想交锋中，观察昂格尔所展现出的理论和制度思考方面的开放性。下面讨论法律不确定性问题，然后将在第四、第五两小节讨论制度继承和社群立场的问题。

自由主义法治支持者能否同意昂格尔关于主观价值之下无法寻找客观准则或规则的说法？在 H. L. A. 哈特（H. L. A. Hart）看来，法律规则的权威依据最终在于社会规约（social convention），即规则以相关人口的接受和批评所产生的社会压力作为保障。在一定程度上，哈特承认法律不确定性的存在：

> 就我们准备称其为一个规则的每种情况来说，都可能区分出规则肯定适用于其中的明确的主导的情况和既有理由主张又有理由否定规则适用于其中的其他情况。当我们把特殊情况纳入一般规则时，任何东西都不能消除这种确定性核心和非确定性边缘的两重性。这样所有的规则都伴有含糊或"空缺结构"的阴影（fringe）。[1]

在他看来，法律的空缺或开放结构（the open texture of law）之所以存在，是因为语言的一般性与社会现实的具体性之间的差异，语言不可能完全吻合地指涉具体事物。不过，哈特主张，在法律面对的多数案件中，语言的指涉能力不会受到挑战，因而这些案件属于日常案件（easy cases），能够保证法律的确定性。只有处于语言的边缘地带的疑难案件（hard cases），才会产生具体案件事实无法适用法律规则的情况。

在关于正义问题的论述里，哈特说：

---

〔1〕 ［英］哈特：《法律的概念》，张文显等译，中国大百科全书出版社 1996 年版，第 123 页。

当我们从适法的正义或不正义问题转向正义或不正义的术语对法律本身进行批评时，明显的事实是法律本身不能确定个人之间的相似性和差异性。如果它的规则要做到同样情况同样对待并且要成为正义之规则的话，个人之间的那些相似性和差异性是它必须承认的。相应地，这里也没有多少怀疑和争论的余地。在一般道德观和政治观中，根本的差异可能引起如下不能相容的分歧，即人类的哪些特征对于批评法律为不正义来说是相关因素？[1]

哈特承认，个体的差异性导致不可能出现一种非常明确的标准。但是，他并不因此认为个体多元性可能冲击作为法律权威基础的社会规约。哈特依然主张，在疑难案件中，即当具体案件无法与法律规则相吻合时，法官可以根据立法者可能的考虑而进行裁量，最终并不会出现现实主义法学或者批判法学指责的那种法律不确定的局面。基于哈特的思考，新实证主义法学者有相当的理由否定立法和审判存在大量不确定性或者不客观性，自由主义法治倡导者就如此提出了对于昂格尔的批评。

例如，安德鲁·奥尔特曼（Andrew Altman）指出，昂格尔误解了自由主义法治论者的"主观价值"观念。他提出，昂格尔用一个含义模糊的"价值"，掩盖了其中有关"权利"与"善"的区别。在奥尔特曼看来，这是两种不同的价值观念：权利关注的是正义和道德义务的要求；善关注的是，保证"我们生活在正义和道德义务要求所设置的道德门槛之上时"，我们应当努力追求的更高的目的。作为善的价值观念，的确如同昂格尔对价值的分析那样，是主观性、个人性的，应该同等受到尊重，立法和法律解释对此必须保持中立。然而，作为权利的价值观念，则存在某种强制："关于把权利视为一个领域，在那个领域里，规范性概念可能客观真实，并且可以准许其对那些持异议的人们施以强制，自由主义已经悄悄地承认了昂格

---

[1]　[英] 哈特：《法律的概念》，张文显等译，中国大百科全书出版社 1996 年版，第 159 页。

尔可能将之描述为可理解的道德本质（intelligible moral essences）的原则。但是这个原则等同于这样的观念：某些事情的确是错误的或者是不公正的（例如，宗教迫害），而另外一些事情确实是正确的、公正的（例如，宗教宽容）。"[1]奥尔特曼说，自由主义理论家不是彻底的怀疑论者，他们摒弃的是目的论，反对那种认为万事万物都具有与生俱来的本质的看法，但绝不是反对某种程度的真实性："处于主导地位的立场是，权利与正义存在客观标准，这些标准的权威独立于人们的实际选择，并且对人们的此类选择有规范性限制。"[2]当昂格尔以价值的主观性反对立法和审判的客观性时，他所持有的是一种绝对主义的主观理念，而绝不是自由主义法治支持者所捍卫的那种相对主义价值观。

在进行了上述辩驳之后，奥尔特曼专门引用了哈特的观点：如哈特的论述，初级规则规定了人们必须履行的社会义务，所规定的内容是社会能够广泛同意的，在社会复杂性、多元化加剧后，对于初级规则的争议也日益增多，此时需要一种次级规则来承认、变更和解释初级规则，自由主义多元化社会的价值分歧，会导致对于初级规则的广泛争议，然而通过次级规则，人们获得一种方法提出关于初级规则的意见，但不至于就此否认规则的客观性和中立性。[3]由此，奥尔特曼认为，权利中隐含有人们基本同意的标准，这些标准是次级规则得以运作的基础，虽然就此标准的内容、形式、意义等可能产生争议，但这正是自由主义社会所允许的，自由主义社会不会因为这些分歧而否定这些标准的可能存在。昂格尔弄错了自由主义社会对于政治中立性和法律中立性的要求：在政治（立法）领域，自由主义并不是完全建立在合意的基础上，某些道德主张依然

---

〔1〕〔美〕安德鲁·奥尔特曼：《批判法学——一个自由主义的批评》，信春鹰、杨晓锋译，中国政法大学出版社 2009 年版，第 78 页以下。引文分别出自第 19、80~81 页。

〔2〕〔美〕安德鲁·奥尔特曼：《批判法学——一个自由主义的批评》，信春鹰、杨晓锋译，中国政法大学出版社 2009 年版，第 84 页。

〔3〕我这里浓缩了奥尔特曼复杂的论证。参见〔美〕安德鲁·奥尔特曼：《批判法学——一个自由主义的批评》，信春鹰、杨晓锋译，中国政法大学出版社 2009 年版，第 96~109 页。

可以从获得公认的"真理"那里找到支持，具备一定的客观性；在审判（法律）领域，自由主义也不要求法官对所有权利主张都保持中立，他只需要在运用次级规则调整这些相冲突的主张时，不擅作评价即可。[1]

（二）从不确定性到多样性

然而，值得为昂格尔争辩的是，奥尔特曼的分析中对价值的分解，即权利与善二者的关系，并不是如他所论述的那样自明。的确，亚里士多德主张的那种法律与公民美德的联系，"各个私人和公众社会的美德是相同的；立法者就应该以这些善德灌输于公民的思想中"[2]，被近现代自由主义思想家当作"目的论"而抛弃，但是，权利应当优于任何善的目的（如自由至上主义所主张），还是应服从于某种善观念（如功利主义所主张），或者说，对权利和自由是否应该施加某种限制，却一直是自由主义内部争执不休的问题。例如，在新自然法学，尤其是罗尔斯《正义论》的冲击下，哈特承认功利原则在对待个体差异性方面的不足，表示愿意接受一种"基本人权"的观念，取代以功利主义作为政治哲学的引导观念，但是他论述道，从对平等关心和尊重的关注以及对独立人格的关注中，德沃金与诺齐克都不能推导出他们希望的那种权利。[3]换句话说，哈特仍然对于那种可以被称为"权利"的东西能否不依赖一种更高原则而独立存在保持戒心。而昂格尔的批判性论述，正是希望挑战这种更高的原则是否存在。[4]我们还可以看到，在自由主义内部，存在着诺齐克对罗尔斯的挑战、德沃金的平等权利与罗尔斯的分歧[5]、德沃金

---

〔1〕　对于奥尔特曼的这个观点，后文第三章还将讨论。

〔2〕　［古希腊］亚里士多德：《政治学》，吴寿彭译，商务印书馆1965年版，第391~392页。

〔3〕　H. L. A. Hart, "Between Unity and Rights", in his *Essays on Jurisprudence and Philosophy*, Oxford: Clarendon Press, 1983, pp. 194-197.

〔4〕　与此观念相关，昂格尔发表于2014年的新著《未来的宗教》（*The Religion of the Future*）中提出，无法为生存找到坚实可信的根基或理由，是人类面对的根本性问题之一。人类生存的基本特征之一就是，即使没有这样的更高原则，依然"生存着"。笔者已将这部著作译为中文，近期即将出版。

〔5〕　［美］罗纳德·德沃金：《认真对待权利》，信春鹰、吴玉章译，中国大百科全书出版社1998年版，第202~242页。

与以赛亚·伯林（Isaiah Berlin）多元价值论的争执[1]等。这些自由主义理论家之间的共同点当然更为显著，但是，这并不能证明奥尔特曼的主张，认为权利中隐含着一些大家都能接受的相对客观的标准。我们看到，这种客观的标准是否存在，以及其具体内容是什么，即使在自由主义法治论者那里也是争议颇多。在理论解释不清的情况下，似乎留给我们这样一个印象：自由主义者之所以是自由主义，也许就在于他"是"自由主义——这里潜藏有一个专断主义的基础。奥尔特曼的辩驳没有说服我们放弃昂格尔的敏锐观察。

譬如说，奥尔特曼没有提及，哈特的法治也是为了推进某种"善"："最低限度的内容"的自然法。哈特认为，研究法律和道德关系问题的关键，是为二者提出一个具体内容的目的："促进人们在互相结合中所抱有的最低限度的生存目的"，而"在缺乏这一内容时，人们照目前的样子，就会毫无理由要自觉遵守任何规则；而如果没有那些意识到服从和维护规则是对他们有利的人所自愿提供的最低限的合作，那么对那些不自愿服从的人的强制，也就是不可能的"。[2]从这个观点观察，哈特大概也不会赞成奥尔特曼关于权利与善关系的说法，在他看来，善不仅是基于权利之上的个人的更高追求，更是可以反过来规定权利以及义务内容的集体共识。但是，这种被称为自然法的集体共识，不过是哈特自己的价值主张而已。正如伯林所提示的，哈特从"人类境况"的某些事实中推导出来自然法，不啻从事实中推出了价值[3]，那么，依照相同的逻辑，反对者

---

〔1〕　参见 [美] 罗纳德·德沃金：《自由的各种价值冲突吗?》，载 [美] 马克·里拉、罗纳德·德沃金、罗伯特·西尔维斯编：《以赛亚·伯林的遗产》，刘擎、殷莹译，新星出版社 2006 年版，第 65~81 页。

〔2〕　[英] 哈特：《法律的概念》，张文显等译，中国大百科全书出版社 1996 年版，第 189 页。

〔3〕　"一些我们用以规定人的基本范畴（以及相应的概念），诸如社会、自由、时间观念、变化观念、苦难、幸福、生产率、善与恶、正确与谬误、选择、努力、真理、幻想等概念（这里完全是信手拈来的概念），是与归纳和假设不相干的。……承认放之四海而皆准的（或几乎是这样的）那些价值观念的能力，已成为我们对'人''合理''精神正常'和'自然'等基本概念进行分析的不可缺少的条件了。这些概念通常都被认为是描述性的，而不是评价性的。正是这些新亚里士多德主义者和维特根斯坦后期学说的追随者所竭力主张的看法，动摇了一些虔诚的经验主义者对存在于描写性论述和评价性论述之间的逻辑上根本分歧的信

也完全可以依照不同的事实想象主张不同的价值。例如，奥尔特曼所举的那些客观标准的例子，如宗教宽容等，本身已预设了某种文化想象，但倘若一个公民偏偏就主张政府干预宗教事务，宗教宽容者如何既尊重他的价值选择，又与他划定一条规则之线——既反对又支持政府干预？

对昂格尔来说，打破事实与价值，或者客观与主观的二分法，是值得追求的思想实验：

> 主观价值原则具有提请注意这样一种事实的优点：至少在缺乏被揭示出的道德真理的时候，善对于人的存在而言是相对的。那是他的"在"的实现（the realization of his being），而且离开他，善也不会存在。如果主观价值原则把生命转化成一个没有答案的疑问，客观价值原则同样站不住脚且又悖常情。我们必须拒绝它，不仅是因为它立足于关于心智和语言的错误观念，也不仅是因为它要么退化为无意义的抽象或者无根据的狭隘观念，而且是因为错误地教导我们，忘记这二者之间的联系：对我们而言什么是善、我们是什么。

> 因此，我们最大的兴趣是去发现一种对善的说明，它应该是可以避免主观与客观理念的缺陷。这样一种说明就是体现在自我理论中的观念。其核心是如此一种观念：善存在于个体的和普遍的人性的表达与发展之中。[1]

重要的不是从个体那里引出规则或者为多样性个体设置规则，而是

念，也正是这种看法引起人们对出自休谟的著名区分的怀疑。"〔英〕以赛亚·伯林：《政治理论还存在吗？》，周琪译，载〔美〕詹姆斯·A. 古尔德、文森特·V. 瑟斯比编：《现代政治思想》，杨淮生等译，商务印书馆1985年版，第433~434页。参见〔英〕丹尼斯·劳埃德：《法理学》，M. D. A. 弗里曼修订，许章润译，法律出版社2007年版，第89页。

〔1〕 *KP*, pp. 238-239. 中译本，第343页。也可以读这样一段打破事实与价值或意识二分法的说明文字："无论何时只要我们抛弃意识的事实，行为主义就会趁虚而入。无论什么时候，只要我们无视意识自身的限制，我们就会滑进理想主义。总之，行为主义和理想主义是一种社会研究方法所能犯的两大错误，因为它们都歪曲了人类存在的关键特性。" *LMS*, p. 256. 中译本，第215~216页。

去寻找一条既能尊重个体多样性又能超越这种个体性的路径。就这个方面而言，在当代思想中当然不止昂格尔一种构想，哈贝马斯的交往行为理论、罗尔斯的重叠共识显然也是值得讨论的方案。但不管怎样，既然已经相对化了事实与价值之分，再以一种缺乏论证的实在法作为限制个性多样化的手段，无论如何说不过去。在这一点上，昂格尔这位左翼思想家能够与自由主义大师伯林产生一定的共鸣，伯林曾经讲过："新马克思主义、新托马斯主义、民族主义、历史主义、存在主义、反实证论的自由主义和社会主义，各种关于自然权利和自然法的学说向经验领域的过渡，把从各种经济学和有关技术得出的模式巧妙地运用于政治行为而作出的发现以及这些观念活动所造成的冲突、结合和后果，所有这一切并不预示着一个伟大传统的灭亡，而是预示着新的、不可预测的发展。"[1]确定性的终结并不导致政治理论走向虚无，毋宁说，对不确定性的揭示，释放出来的是更为丰富多彩的个性，从而为政治理论展现了更大的开放性。伯林的立场当然不同于昂格尔，但是他承认：在无法共处的美好事物之中进行任何选择，都将承担无法弥补的损失。哈特及其追随者恐怕不会支持这种信念。事实上，哈特的社会规约论坚持认为，法律规范的权威存在于作为社会共识的风俗和习惯中，而疑难案件中的"司法造法"之所以不会造成什么困扰，是因为"最文明的国家"中的"极大程度的共识"，已经解决了关于这些案件的价值分歧问题。[2]然而，问题恰恰在于，如同批判法学以及女性主义法学、种族批判理论等后现代思潮的出现，其本身已经表明，还远没有到这种形成极大程度共识的"意识形态终结"的时候。[3]

---

〔1〕 ［英］以赛亚·伯林：《政治理论还存在吗？》，周琪译，载［美］詹姆斯·A. 古尔德、文森特·V. 瑟斯比编：《现代政治思想》，杨淮生等译，商务印书馆1985年版，第441页。

〔2〕 ［英］哈特：《法律的概念》，张文显等译，中国大百科全书出版社1996年版，第159页。

〔3〕 德沃金对规约主义（conventionalism）作为法律解释方法论也表示不满，他认为，权利和义务的确是从过去的政治决定中推导而出，但是这并不表明二者之间是一种机械的联系，因为那样的话，法律可能过于依附于现实的权力关系状况。就此而言，德沃金与昂格尔的看法有相近之处。不过，德沃金主张以权利命题作为法律整合机制，则遭到昂格尔的严厉

四、历史社会理论：如何面向未来？

（一）法律的历史文化基础？

自由主义法治倡导者可以从历史的角度提出反驳批判法学的理由，即历史性理由：以公共规则来维护秩序，并不是自由主义所特有的现象，在自由主义之前的那些古代社会，公共规则已经存在，例如那些非自由主义法律体系——罗马法、教会法和伊斯兰法，都诉诸公共规则这样一种制度形式，因此昂格尔的这个命题——"诉诸一套公共规则作为秩序和自由之基础，是价值主观理念的结果"[1]，可能没有值得特别重视的意义[2]。揭示这一点，可以通过如下这样的论证帮助哈特和奥尔特曼否定法律不确定性的困扰：人类历史长期形成了制度文化和治理传统，人们多少认可其中的一些规则以及文化精神，这些东西在被自由主义继承之后，作为相对稳定的框架，有助于人们继续协作和发展——如同哈特所信奉的后期维特根斯坦语言哲学所论述的那样，一定的历史文化传统，使得语言交流成为可能：两位自由交谈着的人未必需要承认语言中有什么"可理解的本质"。

类似这种制度的文化演进论（cultural evolution of institution）的意见，在自由主义理论家中受众颇广，哈耶克（F. A. von Hayek）应当是其集大成者和主要阐释者。这种立场也的确已被有的人用于对昂格尔的批评。《现代社会中的法律》于 1976 年发表之后，当时的社会理论巨擘帕森斯马上撰写评论[3]，在高度褒扬之余，提出了不同看法。帕森斯认为昂格尔明显地低估了西方法律传统中的"自治性"特性：其一，昂格尔没有给予深厚的罗马法传统以足够的重视，

批判，本书第四章对此有详细论述。有关德沃金对于规约主义的批评，参见 Ronald Dworkin, *Law's Empire*, Cambridge, Mass：Harvard University, 1986, chap. 4.

〔1〕 *KP*, p. 80.

〔2〕 See William Ewald, "Unger's Philosophy：A Critical Legal Study", *The Yale Law Journal*, Vol. 97, No. 5 (Apr., 1988), p. 708.

〔3〕 Talcott Parsons, "Review of *Law in Modern Society* by Roberto Mangabeira Unger", *Law & Society Review*, Vol. 12, No. 1 (Autumn, 1977), pp. 145–149.

而后者正是现代法治国家不可或缺的文化背景，培育了源远流长的法律家阶层，捍卫着法律理性生长的土壤；其二，昂格尔忽视了更多的小共同体的存在，这些小共同体拥有虽然不同于国家法但却获得后者承认和尊重的"活法"，正是那种多元规范协调并存的经验，锤炼着现代法治的独特性。帕森斯举例说，昂格尔简单地把审判看作西方法律的一个既存事实，根本没有注意西方审判制度那种通过"合适的程序"吸纳异议并推进法律生长的理性化功能。因此，帕森斯认为，昂格尔宣称随着国家与社会之间关系的转变，西方法治面临着衰落和死亡，这样的主张不具有说服力。

坦率而言，《现代社会中的法律》以区区不到三百页的篇幅，囊括法治从产生到发展直至衰落的宏大历史社会图景，其高度凝练性可想而知，如果从史学角度进行推敲，则疏漏在所难免[1]。但此处不打算从具体技术细节上评论昂格尔的得失，也并不是将昂格尔作为法史学家，来评价其著作的史学价值，而是将他视为一位理论家，观察他对于自由主义法治的理论批判能够产生怎样的思想冲击，同时，这种批判将他的思考引向什么地方。事实上，强调法律及法律理念的历史文化基础，必然与一种法律知识的独特性和法律职业的独立性的想象密切相连，本书第四章将全面挑战这种认识。在此，仅观察自由主义思想家修正自身理论紧张的一个努力，可能了解到昂格尔理论分析的力量。

（二）是先定约束还是有限开放？

当然应该同意，自由主义并非没有历史感的抽象理论：抽离了具体历史背景，对自由主义的批判极可能沦为一堆学究气的纸面游戏。霍尔姆斯在他的批评中指出，昂格尔未能考虑"开初产生自由主义思想的具体环境：宗教的内战、世俗的压迫和书报审查制度、专横的税收和没收财产、政治的继任问题、残酷的惩罚、噩梦似的

---

[1] 例如，安守廉（William Alford）教授非常详尽地指出了昂格尔对于中国法制史解释的失误。同样，与哈罗德·伯尔曼（Harold Berman）关于西方法律传统形成的研究比较，《现代社会中的法律》无论在史料还是视野方面，都显得颇为单薄（如昂格尔没有讨论教会作为组织形态的制度建构意义）。

刑事程序，如此等等"。[1]自由主义的倡导者，是在受压制的环境下为了政治原因而从事写作的，自由主义理论首先是一种应对实际问题的实际反应。不过，在我看来，霍尔姆斯自己却犯了他指责别人的那种错误。批判法学的产生首先也是对于实际问题的实际应对，如同韦斯特指出的："自由主义法治和文官政府——发达资本主义社会的两项重大成就——都产生自大量的流血事件；那是来自那些为创建和维系它们的人们，以及因它们的缺陷、不足和结构性缺损而导致牺牲的人们的流血事件。由于法律体系与其对于正当性使用暴力的重要影响之间的联系，也因为法律体系在抑制或加强大众福祉方面的重要作用，批判法学从对当前法律研究和教育的文化环境的历史和社会分析入手。"[2]批判法学关注的是这种思想和制度体系得以产生和再生产的历史以及社会文化环境，挑战的是这种思想和制度体系的内在缺陷。

以民主宪政为例。传统政治理论把国家形成和宪法制定看作一个缔约过程：自由平等的人们通过相互之间的约定，将保护财产、自由和安全的权利让渡给一个公共机构，同时保留选择、监督、约束公共权力的权利。[3]当代自由主义社会的政治家和理论家继续用这套论断来正当化公共权力，其实已经抽离掉了现代国家作为官僚机制运行的具体政治状况。经典理论家对此曾指斥：资本主义国家"不外是资产者为了在国内外相互保障自己的财产和利益所必然要采取的一种组织形式"[4]。或者，"只不过是管理整个资产者阶级共同

---

〔1〕［美］斯蒂芬·霍尔姆斯：《反自由主义剖析》，曦中、陈兴玛、彭俊军译，中国社会科学出版社 2002 年版，第 212~213 页。

〔2〕Cornel West, "CLS and Liberal Critic", *Yale Law Journal*, Vol. 97, No. 5 (Apr., 1988), p. 765.

〔3〕虽然现实制度中有许多重要修正和创造，但是，这些制度构想还是可以从 17~18 世纪那些著名思想家那里找到思想渊源。譬如，［英］霍布斯：《利维坦》，黎思复、黎廷弼译，商务印书馆 1985 年版，第 131~132 页；［英］洛克：《政府论》（下篇），叶启芳、瞿菊农译，商务印书馆 1964 年版，第 60 页；［法］卢梭：《社会契约论》，何兆武译，商务印书馆 2003 年版，第 18~22 页。

〔4〕马克思、恩格斯：《德意志意识形态》（第 1 卷），载《马克思恩格斯全集》（第 3 卷），人民出版社 1971 年版，第 70 页。

事务的委员会罢了"[1]。昂格尔则从内部提出批判：宪政和法治在一定的规则和框架下尊重个人自治，但那些规则和框架的正当性何在？昂格尔问，依照宪政规定，某条法律得以成立的基础，是某种形式的多数决规则（majority rule），但是为什么所有人要同意这样的一种多数决规则？[2]

昂格尔的批判已经戳中自由主义政治理论的软肋：从历史传承、社会契约等诸种方向，都难以论证，既然承诺以个人自治为依归，人们为什么还要服从一种自身意志之外的公共规则？美国开国元勋托马斯·杰斐逊（Thomas Jefferson）曾经于 1789 年 9 月 6 日写就的一封信中，把这个质疑放大到极致[3]：如果承认公共规则是建立在每代（个）人同意的基础上，那么就必须给予每一代（个）人进行"同意"的机会。在另一封写于 1816 年的信中，杰斐逊更激烈地质问：弗吉尼亚州宪法成立已有 40 年，在这期间，成年人中有 2/3 已经死亡，余下的 1/3 是否有权要求由当今成年人构成的 2/3 多数人口，服从他们当年订立的宪法？[4] 杰斐逊提出的问题可以作为昂格尔理论的

---

[1] 马克思、恩格斯：《共产党宣言》，载《马克思恩格斯全集》（第 4 卷），人民出版社 1971 年版，第 467~468 页。

[2] *KP*, pp. 86~87. 中译本，第 125~126 页。值得指出的是，当代自由主义理论家同样注意到了这个可称为"社会契约悖论"的难题，即如何在同意之前为"同意"本身设置一种保障？哈耶克的自由主义理论用"秩序的自发演进"消解了这个难题，但詹姆斯·M. 布坎南（James M. Buchanan）的宪制经济学、罗尔斯的政治自由主义以及哈贝马斯的非强制性沟通条件等，都是处理这个难题的努力。本书不准备专门探讨布坎南的理论，因为我认为下文的"先定约束"观念可以囊括宪制经济学的相关命题。罗尔斯和哈贝马斯的观点将在下一章讨论。

[3] "我在自以为不证自明的基础上宣称：'地球的用益权属于生者'，死者对其既无权力也无权利……根据同一个理据，我们还可以证明，任何社会都不能制定一部永恒的宪法甚或一部永恒的法律。地球永远属于活着的那代人。他们在行使地球用益权的过程中管理它以及它滋生出来的东西。他们也是自己的主人，因此只要他们愿意，他们便可以统治自己。但是，人与财产构成了政府统治的对象之总和。在其自然的进程中，那些因前辈们的意志而得以形成的宪法和法律压制了他们。那些宪法和法律可以在他们成长起来以前存在，但是却只能到此为止。因此，每一部宪法和每一部法律在到了第 19 个年头的时候也就自然失效了。""Letter to James Madison, September 6, 1789", *Jefferson's Writing* (Ford's edition), v, pp. 115-116, 121. 转引自［美］罗斯科·庞德：《法律史解释》，邓正来译，中国法制出版社 2002 年版，第 19 页。

[4] "Letter to Samuel Kerchevall, July 12, 1816", *Jefferson's Writing* (Ford's edition), x, pp. 43-44. 转引自［美］罗斯科·庞德：《法律史解释》，邓正来译，中国法制出版社 2002 年版，第 19 页。

一个绝佳注脚。[1]自由主义在其前提之下解决不了自由与秩序相悖的难题，无论是认为那种公共规则来自历史传承还是经由同意产生。

晚近自由主义政治理论的发展，事实上已接受了昂格尔关于规则与价值二律背反的观念。[2]罗素·哈丁（Russell Hardin）在一篇题为"为什么要宪法?"[3]的文章中指出，宪法不能被看作是社会契约，由于缔约过程本身是一种人们之间相互协作的过程，而如果没有一定的约束存在，人们很难从事这样的协作，因此，宪法更应当被视为是保障社会契约得以订立的那种先在约束。哈丁的观点已经承认了，在人们普遍同意的规则之前，还应当存在一种无需人们同意的规则，用以对"同意"本身施加限制。霍尔姆斯在一篇论述丰富的文章中，系统阐释这种"先定约束"（precommitment）的观念，他认为："预先约束之所以正当，是因为它并非仅仅关闭了一些选择，它使否则难以利用的可能性变得可以利用"。[4]他用这样的观点回答"杰斐逊难题"："制宪者们努力创造的不仅是一个大众的政府，而且是一个可以长久存在的大众的政府（不像希腊城邦那样）。他们有权利最低限度地约束我们，使我们不能最大限度地约束我们的后来人。反过来，如果承认了后代人的权利，那么现在的一代人也许会自愿地听命于过去的权威而限制他们自己对于未来的权力。"为了更多的自愿协作，就必须对某些自愿行为施以限制，为了更多的个人自治，就必须对某些自治加上约束，总之，"如果不绑住他们自己

---

〔1〕　在对《政治学》（1987）的评论中，凯斯·桑斯坦也认为杰斐逊问题给予了昂格尔的制度构想以很大的支持（他称昂格尔为"新杰斐逊主义"）。Cass Sunstein, "Routine and Revolution", in *Critique and Construction: A Symposium on Roberto Unger's Politics*, eds. by Robin W. Lovin & Michael J. Perry, New York: Cambridge University Press, 1987, pp. 48-49.

〔2〕　这一点还可以从凯斯·桑斯坦、杰瑞米·沃尔德龙（Jeremy Waldron）等新一代自由主义法学理论的代表人物对昂格尔著作的评论中看出（本书第四章将涉及）。此外，如马克·凯尔曼（Mark Kelman）指出，在《知识与政治》之后，深入研究自由主义思想体系二元性、研究其内部矛盾的著述日益增多。转引自朱景文主编：《对西方法律传统的挑战：美国批判法律研究运动》，广西师范大学出版社 2004 年版，第 117 页。

〔3〕　Russell Hardin, "Why a Constitution?" in *The Federalist Papers and the New Institutionalism*, eds. by Bernad Grofman and Donald Wittman, New York: Agathom Press, 1989, pp. 100ff.

〔4〕　［美］史蒂芬·霍尔姆斯：《先定约束与民主的悖论》，载［美］埃尔斯特、［挪］斯莱格斯塔德编：《宪政与民主：理性与社会变迁研究》，潘勤、谢鹏程译，生活·读书·新知三联书店 1997 年版，第 251 页。

的手脚，人民就没有手脚"[1]。

两位自由主义政治理论家都明确强调，先定约束是一种面向未来的约束。哈丁说："宪法的要点是以特定方式系住我们的手，以便规导它们从事更具生产性的用途。"[2]霍尔姆斯也说："只要人们承认策略性的自我约束能强化学习的能力，那么自我约束就不仅是可以容许的，而且也成为强制性的了。"[3]只有限制住一些方向，才能更集中力量地朝向特定的方向。这些约束是"先定的"，因而是免于民主审议的，在另一篇论域略狭窄的文章中，霍尔姆斯以与哈丁完全一样的语气说道："不应把在基本问题上达成的共识过高地估计为实现民主的一个前提条件。如果没有重大的分歧，首先就没有设计民主制度的动力。"[4]正如邻里之间要避免相互伤害的言语，以维持和睦共处一样，宪政的目的也是要避免纠缠于重大问题上的分歧和冲突，以便于共同面向未来——这种主张与传统中国道家智慧的"无为而无不为"，倒颇有灵犀相通之处。需要追究的问题在于，被限制的是什么方向？需要集中努力的又是什么方向？

如果将两位当代自由主义理论家的核心论点挑出来观察，则不免令人失望：成文宪法、代议制民主、二元联邦体制、法治、分权制衡、司法审查等具体制度安排，不是限制国家采取更积极措施促进民权的障碍，而是授权性规则，鼓励大众在既有的框架内追求自由和平等。这只是对美国宪政制度与实践的一种新政自由主义式的解读。在新政自由主义的设想中，强有力的公共权威是公民权利的保障，就这一点来说，霍尔姆斯的另一部著作表述得更为具体："权

---

〔1〕 〔美〕史蒂芬·霍尔姆斯：《先定约束与民主的悖论》，载〔美〕埃尔斯特、〔挪〕斯莱格斯塔德编：《宪政与民主：理性与社会变迁研究》，潘勤、谢鹏程译，生活·读书·新知三联书店1997年版，第252、256页。

〔2〕 Russell Hardin, "Why a Constitution?" in *The Federalist Papers and the New Institutionalism*, eds. by Bernad Grofman and Donald Wittman, New York: Agathom Press, 1989, p. 115.

〔3〕 〔美〕史蒂芬·霍尔姆斯：《先定约束与民主的悖论》，载〔美〕埃尔斯特、〔挪〕斯莱格斯塔德编：《宪政与民主：理性与社会变迁研究》，潘勤、谢鹏程译，生活·读书·新知三联书店1997年版，第265页。

〔4〕 〔美〕史蒂芬·霍尔姆斯：《言论限制法或议程排除策略》，载〔美〕埃尔斯特、〔挪〕斯莱格斯塔德编：《宪政与民主：理性与社会变迁研究》，潘勤、谢鹏程译，生活·读书·新知三联书店1997年版，第30页。

利以有效的政府为前提，因为只有通过政府，复杂的现代社会才能实现把宣言变成可主张的自由所必要的社会合作"〔1〕。然而，立基于先定宪政安排的约束，能否实现这种权利宣言（而不至于陷入它所声称要规避的派系政治、威权政府或者其他的制度性压制）？即使自由主义理论阵营内部也有表示疑虑的声音。凯斯·桑斯坦在评论霍尔姆斯那两篇文章时认为，基本制度除了霍尔姆斯所论证的积极意义之外，"也有其黑暗面"。他让我们试想，现代制衡制度的目的在于使私有财产和特权免受民主控制，这种"先定的"约束安排将使财产的重新分配变得异常困难。他因此提出针对霍尔姆斯的回答："有时，基本的问题向集体冲突和审议开放，政治会处于最佳运行状态。"值得注意的是，桑斯坦说这句话的时候正是引用了昂格尔。〔2〕

在昂格尔看来，新政自由主义顶多只能算进步主义半途而废的产物，他会主张，既然局限于既定制度安排和政策目的，那种面向未来的丰富性也势必大打折扣。〔3〕昂格尔不相信这种高度约束条件下展现的未来可能性。先定约束或者基本制度如果不能受到民主的控制，宪政安排、法治原则、多元民主制、文官制度等都没有能力处理左翼思想家关注的那些如社会分配不公、精英篡取民主权力、解放力量遭受压抑等问题。尤其是对于规则之治的迷信，限制了对更多样的制度形态的想象力，甚至法治最基本的限制政府专权的功能，也并不如同支持者描述的那样具备神话般的力量：

实际上，仅仅承认法律的普遍性和自治性，以及立法、行政和司法的区别并不具备内在的民主意义。因为，它们也可以

---

〔1〕 这是霍尔姆斯与桑斯坦一部合著的主要论题。［美］史蒂芬·霍尔姆斯、凯斯·R. 桑斯坦：《权利的成本——为什么自由依赖于税》，毕竟悦译，北京大学出版社 2004 年版，第 173 页。Also see Stephen Holmes, "Can Weak-state Liberalism Survival?" in *Liberalism and Its Practice*, eds. by Dan Avnon & Avner de-Shalit, London: Routledge, 1999.

〔2〕 ［美］森斯坦（Cass Sunstein）：《宪法与民主：跋》，载［美］埃尔斯特、［挪］斯莱格斯塔德编：《宪政与民主：理性与社会变迁研究》，潘勤、谢鹏程译，生活·读书·新知三联书店 1997 年版，第 386、385 页。

〔3〕 昂格尔对新政自由主义的批判，参见 *WSLAB*, pp. 78-105. 本书第四章也将进一步涉及。

帮助促进一种寡头的或独裁的君主权力。当托克维尔观察到：
"如果政府的专政是以暴力进行的，那么，在把政府交给法学家
管理之后，专制在法学家手里将具有公正和依法办事的外貌。"
他无疑是对的。法律秩序不仅可以体现一种精心构造的独裁主
义，而且它还可以与那种通过不受约束的个人化的权力，采取
纯粹恐怖手段消灭政敌的做法不限期地共处在一起，在自由主
义社会中，角色的专业化竟给每个人留下这样的印象：不同的
社会生活领域之间存在着极为深刻的鸿沟，这一事实使得人们
比较易于接受法律与恐怖的共生现象。[1]

对昂格尔而言，他真正关心的是历史过程中展现的丰富性，而
不是通过回溯既往，为既存的制度和政策作辩护："通过罗列过去或
现在时代那些惯常的偏好而去界定善，就是在冒险使一个偏颇并因
此而不正当的道德图景神圣化。"[2]

现代法治没有一种确定的、融贯一致的标准贯穿其中，对于权
利的承诺经常要依赖于决断性的政策考虑。这种悖谬会从内部把现
代法治撕裂开来。昂格尔指出："现代法理学把法律看作是授予个人
稳定的权利和义务的规则体系。然而，它也日趋承认，一条规则的
具体含义，或说一种权利的范围是根据如何才能最好地实现规则背
后的目的这一原则而决定的。可是，问题在于，所有这些有目的的
判断都是利己的、不稳定的。就目的而言，实现它的最有效方式也
会因地而异，况且，目的本身也是复杂的和变化不定的。"[3]由此，
昂格尔拒绝根据既有的制度（无论来自历史传承还是社会契约）描
述未来。对他而言，先定约束就是一种未经论证的、可疑的有限开
放，它在表面上诉诸一幅鼓励个人权利实现的未来图景，其实却依
赖于那些自相矛盾的政策目的的实施束住了人民的手脚，就再也不
能去挑战那些造成现实不公平的制度性和框架性原因。昂格尔提醒

〔1〕 *LMS*, p. 191. 中译本，第 161~162 页。
〔2〕 *KP*, p. 242. 中译本，第 348 页。
〔3〕 *KP*, p. 86. 中译本，第 71 页。

我们，别忘了，挑战不公平的现实等级制与分工，正是超验宗教留给现代法治最弥足珍贵的遗产。

昂格尔不是彻底的不确定论者或者历史虚无主义者，[1]他关心历史，尤其是其中涌现出的大量与主导力量相冲突的事实。他也并不否认自由主义社会始终存在一种占支配地位的社会意识，这种意识很大程度传承自17世纪以降的自然权利学说的熏陶，其核心内容是对个人权利的强调以及把社会秩序视为意志的创造物。[2]他甚至强调，这种意志中间包含法治理想、平等的人权意识、对既有等级制不合理性的抨击等内容，值得高度重视。但是，他反对那种仅站在或者观察者或者被观察对象位置上的片面理解[3]，因此既反对视社会理想为虚假意识形态的激进主义立场，也反对把理想当作社会历史真实状况的辩护士思维。他希望提醒人们的是，如果认真对待"历史是人书写的"[4]这个观点，那么就不该执着于既有的秩序和意识，而应当高度重视历史过程中的种种冲突和不稳定，因为那些冲突和不稳定表明了理想对于现实的冲击，冲突和不稳定意味着更多可能的未来方向。

五、内在秩序与超验批判

（一）社群与个人权利

通过批判自由主义法治，昂格尔希望实现什么？政治哲学和法

---

　　〔1〕　昂格尔对激进主义观念的批判，参见 *WSLAB*, pp. 120-122, 126-128. 针对前者，昂格尔表明自己的建构性立场："彻底不确定性议题很大程度证明为其他事情的一个隐喻：一场有规律的社会和文化批判运动。麻烦在于，它没有为我们参加这场运动或者说明它的目的配备任何东西。……我们必须牺牲隐喻而投入运动，承认法律可以有所为，承认'何谓法律'意义重大。将彻底的不确定性作为激进意图的错误表述而加以拒绝之后，我们必须进一步拒绝确定性和自由裁量在法律理论中的核心作用。"（pp. 121-122）针对后者，昂格尔强调了自己独特的认识论："在甚至最具防御性、最无所不包的社会和文化中，人们都有着一种双重的意识。他们从不会完全屈从于似乎已经控制了他们的常规和虔诚，他们隐秘地进入一种精神上的保留状态。如果已确立的秩序遭遇外部损伤，他们可以如此彻底地将似乎已经持有的东西抛弃。"（p. 127）

　　〔2〕　*KP*, p. 153. 中译本，第220~221页。*LMS*, p. 79. 中译本，第65~66页。

　　〔3〕　See *KP*, p. 110. 中译本，第159页。

　　〔4〕　*LMS*, pp. 240-241. 中译本，第202页。

学理论界有人认为，昂格尔期望用一种社群主义取代自由主义。[1]
如果仅是这样，那么昂格尔的思想力度就将被大大削弱：在自由主
义内部进行的批判，并不能顺理成章地证立（justify）一种外在于自
由主义的方案。何况昂格尔明确主张过：抛弃自由主义并无可能。

昂格尔的自由主义批判指出，理性与欲望、规则与价值的背离，
折磨着自由主义社会对于自由和秩序的双重需求，但是，昂格尔不
打算仅在自由与秩序二者中选择其一。他采取了这样的论述步骤：

第一，从自然法超验理念衍生而来的个人权利观念，具有一种
可贵的批判力量，正是这种批判力量形成了法治的理想和基本形态：
"幸亏由于自然法观念的发明，对社会安排进行激烈批评才第一次有
了可能。伴随着普遍的自然法则观念，一种潜在的革命原则也就问
世了。说得明白点就是，人们熟悉的社会组织与存在形式并不能穷
尽一切好的或可能的社会存在状态。为了接受超验宗教的宇宙观和
与其有关的高级法概念，人们必须使自己拥护那种其效力具有普遍
性和客观性的标准，而不是他们自己意志的产物。"[2]个人权利观念
诞生自对于不合理的等级秩序的反抗，同时也将持续反抗既存的不
合理的等级秩序，它使得人们产生一种"既处于其社会地位中，又
出离其社会地位"[3]的批判感，这正是昂格尔所看重的。[4]

---

〔1〕 例如布鲁斯·A. 阿克曼（Bruce A. Ackerman）持有这种意见。Bruce A. Ackerman,
"Foreword: Law in an Active State", in *Yale Law Journal*, Vol. 92, No. 7 (June, 1983), p. 78.
霍尔姆斯认为《知识与政治》提供了一种含糊的混合立场。[美] 斯蒂芬·霍尔姆斯：《反自
由主义的剖析》，曙中、陈兴玛、彭俊军译，中国社会科学出版社 2002 年版，第 198~199 页。

〔2〕 *LMS*, pp. 79~80. 中译本，65~66 页。从这里的论述中，可以看到《政治学》中关
于"社会作为人造物"的观念的某些雏形。

〔3〕 *KP*, p. 156. 中译本，第 225 页。

〔4〕 安守廉教授因此认为，昂格尔在批判自由主义的同时又用自由主义的标准衡量传
统中国法制。[美] 安守廉：《不可思议的西方？——昂格尔运用与误用中国历史的含义》，
高鸿钧译，载高道蕴、高鸿钧、贺卫方编：《美国学者论中国法律传统》，中国政法大学出版
社 1994 年版，第 75 页。需要指出，昂格尔理解的"个人权利理念"已经经过了他的批判与
重构，在《激情：关于个性的论文》（*Passion: An Essay on Personality*）中，昂格尔批判了基
督教-罗马传统有关人的理念，认为它具有导向原子式个人主义的可能，其他文明中的人的理
念，如儒家传统，则缺少对有关个人自决以及人际关系开放性的尊重。经过昂格尔批判重构
之下的"自我"，是一种"既存在于世界，又超越于世界"、"束缚在有限中的无限"、"既参
与交往，又能摆脱人格依附"的理念。*Passion*, pp. 55-144.

第二，问题在于个人权利观念作为一种世俗的信念，本身已经切断了与神义的联系，超验宗教所拥有的上帝之城的想象，完全隐退为此世此岸的人生规划。超验性的崩溃（the collapse of transcendence），直接导致的是对于道德真理的那种不可知论，个人权利观念由此成为超验性的世俗化替代品：自由而平等的权利具备了绝对性。[1]然而，这是一个极为悖谬的理念。法律只有通过形式主义的规则，在自由而平等的权利之间维持秩序，同时避免偏向其中任何一部分而对另一部分造成不公，但是，个体的差异性又要求得到实质性的对待，权利诉求具有超越既存制度环境的正当性，由此造成形式正义和实质正义之间的冲突。"作为公民与法律上之人，所有人从原则上说都达到了形式上的平等，他们都获得相似的政治与市民的责任和权利。但是，在社会与经济情境中的幅度相当宽广的那些不平等则被容忍了，并且被视为与法律—政治的（legal-political）平等不同的一个问题来处理。"[2]形式平等与实质的不平等，激起巨大的社会心理波动，折磨着自由主义学说对于个人自治的承诺。

第三，个人之间的联合也是一种需求，个人生活在一定社会秩序之中，社会角色、阶层、阶级，决定了个人的处身位置。自由主义的麻烦在于，按照规则与价值背反的原则，每一种未受非人情化规则限制的权力关系都会侵犯自由，并且每一种所谓共享价值都是脆弱的和强迫性的，但是，个人在社会关系中必定处于一定的人格依附和支配之中。非人情化规则与人格依附形成一种紧张：后者某种程度建立在天赋才智的差异之上，由此造成的权力分配和资源占有方面的不平等，事实上维护着社会秩序和组织的核心目的；而前者提供的理想，却为社会秩序引入"一个永恒的颠覆所有形式的等级社会的渊源"。[3]这种紧张遍布自由主义国家的每一个角落，作为不稳定和运动的原因起着作用。

第四，在福利国家和法团型国家导致现代法治衰落的场合，昂

---

〔1〕 *KP*, p. 161. 中译本，第232页。

〔2〕 *KP*, p. 151. 中译本，第217~218页。

〔3〕 *KP*, pp. 169-170. 中译本，第244~246页。

格尔发现，福利和法团倾向对集体生活的关注，以及对于理想与现实关系的调和，产生了一种关于新的社群或共同体的向往，同时，那种通过法治确保政府以非人情化的规则和政策打破不合理等级制的希望，依然没有消失殆尽。[1]昂格尔强调，这种新的冲突和不稳定中潜藏着未来的指向："那种无法找到超越个人欲望之价值的失望，使得通过规则和角色体系探寻权力非人情化的努力成为徒劳。从折磨这种探寻的无可救药的两难困境中挣扎出的努力，有助于将注意力转向那种关于社群的政治学（the politics of community）。"[2]这是昂格尔对于社群和秩序的肯定。

可以对上述四个层次的论述进行概括：一方面，昂格尔指出，一种具有普遍性的社群能够解决社会秩序方面的问题，这种社群"作为一个以每个人对其伙伴的具体个性的承认为标志的共同目的王国，它将消解在人格的个人性维度与社会学维度之间存在的对抗"[3]。但另一方面，昂格尔也提醒大家警惕所谓共同价值的不真实性，因为"为一个群体共享的那些价值，也许只不过是这样一些社会决定因素的产物，这些决定因素或多或少一贯地影响着所涉及的个体们"[4]。故此，如何在社会联合当中摆脱那种无法论证的权力的支配，成为昂格尔重建一种有机群体理论的核心目的。昂格尔提出了如下的见解：

> 在特定的组织中仅仅存在道德共识还不能实现这个目的。其一，将需要把对不平等的破坏推进到这样一点，从而使人们将有权更加信任集体的选择，把它看作是共同的人类本性的一种表现，是社会秩序的内容要求，而不是统治集团利益的一种产物；其二，这是必不可少的，即日益增加的平等经验使得人们对社会生活的内在秩序形成更广泛的共识也有了可能，而且，

---

[1]　*LMS*, p. 235. 中译本，第 198 页。

[2]　*KP*, p. 238. 中译本，第 342~343 页。

[3]　*KP*, p. 260. 中译本，第 373 页。

[4]　*KP*, p. 242 中译本，第 348 页。同时请看出现在下一页的这段话："由于支配的事实，道德合意常常不过是在群体中权力分配的认证书。"

这有助于进一步精制对平等含义的认识。很明显，若没有第二点，则第一点必是空洞无疑。但是，若没有第一点，则第二点就是危险的，因为它会威胁欲使社会中最有力和最能明确表达自己观点的人们的观点永恒化。[1]

这就是昂格尔反复强调的立场：对于内在秩序（immanent order）而言，超验批判（transcendent criticism）具有举足轻重的重要性。为避免秩序或道德共识对个人自由产生的压抑，"必须经常记住，任何一种社会实践体系的内在的不完善都是洞见社会生活需要的渊源之一。"[2]只有维系个人权利理念的批判潜力，才可能认识这种"不完善"。昂格尔进一步指出，现代法治在福利和法团型国家中的衰落，在维持住超验批判的前提下，能够产生对新的未来可能性的洞察：有可能产生一种螺旋型的法律发展，即通过将个人自由从法治的衰落中拯救出来，使之与重新构想的共同体或社群关系协调一致，以一种可以称为习惯的法律大规模取代人们熟悉的官僚法或法治。

我们需要进一步追问，这是什么样的共同体或者社群关系？

（二）有机群体理论

昂格尔回答：要形成这样一种联合，在其中，内在秩序与批判能力或超验能力（the capacity of criticism or transcendence）能够相协调——他的这个立场显然不同于北美学界曾经风靡一时的社群主义，虽然据说《知识与政治》为其提供了重要启迪。[3]

第一，在这样的联合中，应当有一种超越主/客观之分的善的观念，该观念既能表达人性的普遍性一面，又能表达其特殊性一面。

---

[1] *LMS*, p. 240. 中译本，第 202 页。

[2] *LMS*, p. 240. 中译本，第 202 页。

[3] 金里卡（Will Kymlicka）简要地归纳当代社群主义者的信念：政治哲学必须对每个社会内部的常规和共识予以更多的关注，也要求对传统的自由主义的正义和权利原则予以修正。这种诉诸传统的立场很难与昂格尔对上号。[加]威尔·金里卡：《当代政治哲学》（上），刘莘译，上海三联书店 2004 年版，第 374 页。值得强调的是，如同"批判法学者"一样，"社群主义者"也是一个极其松散的学术阵营，其主要人物之间的差异或许更值得关注。迈克尔·桑德尔（Michael Sandel）（霍尔姆斯把他当作昂格尔在社群主义方面的得力弟子）甚至在《自由主义与正义的局限》（*Liberalism and The Limits of Justice*）第二版前言中，拒绝被贴上"社群主义"的标签。

昂格尔提出一种"螺旋型支配或社群的观念"，用以说明道德合意与人性（或者说，善与存在）之间的关系：①群体之中的共享价值或共同目的，可以根据"范围"（赞成该目的或标准的人数）、"具体性"（共同目的针对的实践决定）、"强度"（人们赋予该目的的重要性）和"忠诚度"（赞成该目的的人们对该目的的忠诚）四项指标进行衡量；②这种道德合意必须诞生于个体自治的前提条件下。之所以称这样一种理想的社群或支配方式为"螺旋型"，是因为它摆脱了在权威与自治之间相互瓦解的恶性循环，"在这个理想中，那倾向于平衡人们参与共同价值之构建的每一个步骤，都为后者增添了权威；并且，共享目标之道德重要性的每一次增进，都增进了支配界定中的精确性。"[1]

第二，在这样的联合中，必须重新塑造支配（domination）与社群之间的关系。昂格尔提出，现代政治可以区分为内圈（inner circle）和外圈（outer circle）两个层面。内圈是现实政治层面，处理社会的阶级组织和有关阶级及角色那些相冲突的主张，主要涉及财富和权力的追寻以及分配。在内圈之中，左派和右派的划分是核心问题，因为这个问题直接与"支配"的性质相关联。[2]在外圈，存在一种乌托邦式的思想行动，侧重于关注社群利益。昂格尔认为，外圈层面的思想行动主要有保守派的社群主义学说、乌托邦的社会主义或平等主义无政府观念两种类型，但这两种思想类型以及内圈中的左派，由于未能将现代国家的实际条件作为政治行动的出发点，注定只能是边缘性的。昂格尔指出，外圈的学说可以作为内圈现实政治的批判力量，二者关系的紧要之处在于"除非内圈的核心问题——支配问题——得到解决，否则对社群的追求就注定是偶像崇拜或乌托邦，或者，兼备二者"。[3]作为一种针对性策略，昂格尔强调："支配的减弱有赖于在内圈中'左派'对右派的胜利，有赖于它所一直从事

---

〔1〕 *KP*, pp. 243-244. 中译本，第349~350页。

〔2〕 *KP*, p. 252. 中译本，第363页。昂格尔没有详细说明这里的支配形式，但是可以一般地理解为，人民民主的（大众治理）支配模式和自由民主的（精英治理）支配模式。

〔3〕 *KP*, p. 252. 中译本，第363页。

的事业的胜利。"[1]

第三，在这样的联合中，理论与事实的二律背反必须得到克服。昂格尔提示了一个不同于"理论"的"慎思"（prudence）概念："它与选择的具体选择情境或者行为的具体例子密不可分；它抵制转化为一般性规则；并且它通过具体事物之间的直接类比而持续下去，且无需依赖于抽象的原则。"[2]

以这些认识为基础，昂格尔构建了一个有机群体的理论，其中涉及对于生活样式（以合意为基础，个体自愿组成的"生活社群"），支配形式（以社群共享目的为指向，通过群体参与的"目的的民主"），分配方案（以初始分配的公平为目标的"分配正义"），工作模式（以民主参与取代专业分工的"劳动分工原则"）的再设计。昂格尔强调，在这种社群中维护个体自由作为前提条件，是最为重要的任务。他主张，至少应在有机群体的宪法中赋予个人"成员资格的自由"（保障个人加入或退出群体生活的自由）、"表达观念的自由"（保障个人在沟通中发展和揭示个性）以及"工作自由"（保障个人拓展其多样的天分以及获得成绩的多样性）。同时他指出，国家的首要目的应当定位于"凌驾于诸有机群体之上，在它们之间创建和平"；第二个目的是"通过群体保护个人"；第三个目的是"发展与群体之间关系相仿的机构关系"。[3]

如《现代社会中的法律》中所论述，法治在福利和法团型国家的衰落，可以通过拯救而演化成一种适宜于上述有机群体的法律，那是一种在新的起点之上的习惯法或者相互作用的法。这是昂格尔在早期著作中通过批判现代法治面临的困境而为它找到的一种出路。昂格尔很清楚这种构想的离经叛道之处，但是，他并不认为这是建

---

〔1〕　*KP*, p. 252. 中译本，第363页。

〔2〕　*KP*, p. 254. 中译本，第366页。

〔3〕　*KP*, pp. 260ff. 中译本，第373页及以下。昂格尔的构想并不容易理解，但能够看出，在各命题之间存在着环环相扣的设计。例如，国家的和平任务与自由任务，并不能保证这种国家不同于自由主义国家，而且两项任务之间存在冲突，于是出现一个"合题"：根据群体关系改造国家机构之间的关系，也就是说，以个人之间的层层联合代替精英之间的权力划分、以社群之间的任务分配代替劳动专业分工。在完成第三项任务的同时，国家既能妥善处理其和平任务、自由任务，又能避免滑向精英主义的支配模式。

立在沙盘上的乌有之乡。他说："探讨这种潜在的、活的法律，它不是命令性规则的法律也不是官僚性的政策，而是人类相互作用的基本法典，一直就是法学家艺术的主要内容，而无论在哪里，法学家们都在用深刻的见识和丰富的技巧从事着这种艺术。"[1]

本书的研究任务需要我们继续询问：作为法学家的昂格尔能够提供怎样的艺术？

---

〔1〕 *LMS*，p. 242. 中译本，第 203～204 页。

第二章
昂格尔论"政治"

对于现代法治的批判仅是昂格尔论述中的一部分内容,当然,这样的批判占据着十分重要的位置,如同昂格尔提出的:"每个社会通过它的法律反映它将人们维持在一起的那种方法的最深层的秘密"[1]。现代法治是现代自由主义政制安排人类秩序的方式,对现代法治的批判,揭示出的是所谓现代社会中被主流制度或秩序话语排挤在外的生活样式,昂格尔通过这种批判,将更多的可能的人类联合方式和生产方式展现在法学思考面前。要更清晰地理解昂格尔批判法学理论与他展开更多可能性社会未来形态思考之间的联系,需要了解他的激进政治理论或"建构性社会理论"本身。本章为理解昂格尔法理思想提供一个理论基础的分析:一方面辨析昂格尔对诸多社会学说展开批判与重构的理论支撑;另一方面观察昂格尔的理论立场,为更深入理解他的法理思想奠定基础。

一、核心问题:现代社会中的自由与政治

古典政治学是关于人如何能够通过实践(*praxis*),迈向善与美好生活的哲学思考。如同亚里士多德在他的《政治学》中指出,人是一种自然趋向于城邦生活的政治动物,城邦是社会进化的高级而完备的境界,人的生活在此不但能获得完全的自给自足,而且能实现"优良的生活"。因此,政治学的任务就在于思索,如何使人以符合城邦"自然秩序"的方式行为,并在这种城邦的道德—政治生活中培养德性。但是,沉思宇宙秩序的理论(*theoria*)工作,只有人

―――――――――
〔1〕 *LMS*, p. 47.

口中极少数的一部分能够承担，城邦生活的维系由此必须召唤那种灵魂与宇宙秩序达到和谐均衡的人成为伟大的"立法者"："多数人都只知恐惧而不顾及荣誉，他们不去做坏事不是出于羞耻，而是因为惧怕惩罚"，所以，"假如有人希望通过他的关照使其他人（许多人或少数几个人）变得更好，他就应当努力懂得立法学。因为，法律可以使人变好。"[1]古典政治哲学在这方面的最高表达，就是柏拉图的"哲学王"理想。

古典政治学这种关于人的本质（nature）与政治德性的观念为后世所批判。贡斯当（Benjamin Constant）在他那篇著名的文章中批评到，古代人的自由仅在于以集体方式行使主权，法律规制着社会每一个领域，个人虽然是公共事务的主权者，在私人关系上却永远是奴隶。[2]托马斯·霍布斯（Thomas Hobbes）用更直接的语言来描绘现代人的自由，即"没阻碍的状况"。[3]自由人的自由交往，如同古典政治经济学关于自由市场的信念一样，会在"看不见的手"的指引下，自然实现秩序并且达到社会发展，不需要伟大的立法者承担引导人们向善的任务。人类在实践活动中掌握的知识和技能，能够帮助他们认识并且改造世界，因此"知识就是力量"的箴言足以取代哲学王的理想。当然，个人的禀赋和利益千差万别而且相互冲突，为了维护人们和平共处，应当通过法律规定个人行动的边界，自由与秩序的关系由此变为："在法律未加规定的一切行为中，人们有自由去做自己的理性认为最有利于自己的事情"[4]。或者，用亚当·斯密（Adam Smith）更为简洁的表述："法律的目的在于防止损害。"[5]

在这种启蒙哲学的理念下，确立了种种确保个人自由的"分离

---

〔1〕［古希腊］亚里士多德：《尼各马可伦理学》，廖申白译，商务印书馆 2003 年版，第 312、315 页。

〔2〕［法］贡斯当：《古代人的自由与现代人的自由之比较》，李强译，载刘军宁等编：《公共论丛·自由与社群》，生活·读书·新知三联书店 1998 年版，第 308~309 页。

〔3〕［英］霍布斯：《利维坦》，黎思复、黎廷弼译，商务印书馆 1985 年版，第 162 页。

〔4〕［英］霍布斯：《利维坦》，黎思复、黎廷弼译，商务印书馆 1985 年版，第 164 页。

〔5〕［英］坎南编著：《亚当·斯密关于法律、警察、岁入及军备的演讲》，陈福生、陈振骅译，商务印书馆 1962 年版，第 31~32 页。

的艺术"[1]：宗教与公共事务相分离，对于人生的指导意义仅限于私人生活领域；公共规则管理政制和社会交往，保证个人不受国家权力及他人强力的妨害；在宗教信仰、伦理道德等私领域，个人完全自治，不允许国家权力的侵入。这里出现了一个重要的问题：既然人的实践活动成为宇宙中心，那么规范指导的范围和限度在哪里？古典的立法者或者柏拉图的哲学王理想已经式微，政治理论工作者的任务应该是什么？马克思主义主张，理论来源于实践但应当高于实践，以便指导实践更合乎规律地改造世界。自由主义理论家同意它的前半段观点，但不赞成通过理论来寻找社会发展规律或历史法则，而是主张通过理性构设一种中立性的框架，以利于林林总总的实践活动能够和谐展开。当代学术界蔚为大观的实证社会科学，正是严格坚持对于实践进行"科学"研究、不断调试修正协调机制的典范。

自由主义法律理念设置了一种法律过程与政治（立法）过程相分离的基本制度形态，保障个人得到中立的、确定的法律规则的维护，免受各种规范性指导的干扰。之所以如此设计，是因为考虑到政治（立法）过程是不同伦理观念和利益关系之间交涉、协商和妥协的场所，法律作为平等适用于一切人的规则体系，不能被这些主观判断所扭曲，而且如果法律涉足政治，则容易受到强势集团的影响。但是，如我们所见，批判法学不信任这种法律与政治相分离的见解，在他们看来，法律技术操作中，不可避免地存在政治的权衡和利益考虑，因此提出"法律即政治"（law is politics）[2]的口号。

我们已经了解，昂格尔的《知识与政治》曾尝试在哲学根基上动摇自由主义理念。不过，应当承认，通过与古典政治学说相决裂，自由主义形成了关于个人自由、社会秩序、政治哲学以及法律理念的独特看法，这些看法如此之深地植根于现代社会理论与法律理论的各个领域，并且得到有力的推进，没有因为批判者曾揭示出的内

---

[1] Michael Walzer, "Liberalism and the Art of Separation", *Political Theory*, Vol. 12, No. 3 (Aug., 1984), pp. 315-330.

[2] 主流法学理论对这个观念的一个批判，参见 Owen M. Fiss, "The Death of the Law?", *Cornell Law Review*, Vol. 72, No. 1 (Jan., 1986), pp. 1-16.

在紧张而有所松动。实际上，理论与实践、应然与实然、政治与法律的关系重塑，一直是现代学说的共同关注点[1]，对这些关系的不同解释，形成了流派各异的理论言说。在当代自由民主主义理论发展中，哈贝马斯的程序法治主义范式是联结规范与事实、实现法律强制力民主化最具雄心的一个构想。昂格尔《政治学》中提供的设想如果只是另一种规范性设计，又如何能够与自由民主主义理论的这种晚近发展相竞争？

本章的目的是在与这种自由主义理论晚近发展的阐释性比较中，辨识昂格尔法理思想的社会政治理论基础，以便于对他的思想有一个较为整体性的认识。通过这个对比，一些初步的看法可以形成：与自由民主理论的新近发展相比较，昂格尔在推进个体自由理念方面更为彻底；但是，这种推进努力并没有导致他走向虚无主义；同时，他的政治纲要建立在打破理论与实践、规范与事实等二元图式的假定之上，因此，昂格尔的"政治"并不能当作流俗的规范理论来看待。

二、诸神之战中的自由

（一）纷纭中的思想任务

自由主义政治学家斯蒂芬·霍尔姆斯将包括纳粹主义、浪漫派政治家、部族主义、原教旨主义、文化保守论、社群主义在内（马克思主义者之外）的自由主义批判者归为一种"反自由主义的传统"。在他看来，"反自由主义是一种有弹性的、形态各异的、相当统一的、完整的（但理论上属于替补角色的）智识传统。当然，其

---

〔1〕 无论左派、自由主义，或者现代主义，都属于列奥·施特劳斯（Leo Strauss）政治哲学中所谓的"现代人"，共同反对那种认为人的本质与宇宙秩序相契合的古典理念，因此共同反对"哲学王"的理想。顺便说一下，在昂格尔的著作中，他用"现代主义"这个术语来指人们通常理解的"后现代主义"。这样的术语使用给本书造成了一些小小的麻烦。本书的处理方式是，当仅涉及昂格尔时，在相同的意义上同时使用现代主义或后现代主义，甚至用"（后）现代主义"来加强印象；当与通常理解的后现代主义进行比较时，昂格尔所谓的"现代主义"改为"后现代主义"，而本书的"现代主义"则专指后现代主义思想反对那种普遍性、宏大性的论述。

一致性并不在于形式的统一，而在于一些根本的假定，以及最重要的，一个共同的敌人。"[1]然而问题在于，霍尔姆斯自己非常清楚地认识到，思想界的阵营划分属于一种"冷战的公共哲学"，思维上非此即彼的敌对非但遮蔽了对于敌手的深层次理解，同样也阻碍着对自身进行严肃反思，[2]那么，仅从"他们都解释道，更高的精神真理在当代社会中面临着危险，而自由主义在根本上是不可靠的"[3]这样一种批评的"标准化格式"，便将卡尔·施米特（Carl Schmitt）、施特劳斯、麦金泰尔（Alasdair MacIntyre）、昂格尔等形形色色的当代重要思想家熔为一炉，实在无助于思想认识上的进步。

20世纪后期的思想文化领域经历了比较错综复杂的变化。首先，是20世纪60年代兴起的"意识形态终结论"，如同丹尼尔·A.贝尔（Daniel A. Bell）宣称的，"从其整个历史中，产生了一个简单的事实：对于激进的知识分子来说，旧的[4]意识形态已经丧失了它们的'真理性'，丧失了它们的说服力。"[5]其次，是沿着这个思想逻辑延长线，福山（Francis Fukuyama）于1989年抛出的"历史终结论"，声称人类已经抹平了高贵与低贱、主人与奴隶的差异，进入自由民主主义的普世平等的最终世界。最后，却出现"9·11"轰炸声证实了的亨廷顿（Samuel Huntington）在1993年提出的"文明冲突论"：文化差异远没到消弭的地步，不同人群为争夺"承认"而进行的斗争从来没有停止过[6]。如果承认，在不尽的纷争的思想史背

---

〔1〕　[美]斯蒂芬·霍尔姆斯：《反自由主义剖析》，曦中、陈兴玛、彭俊军译，中国社会科学出版社版2002年版，第3页。

〔2〕　Stephen Holmes, "Can Weak-state Liberalism Survival?", in *Liberalism and Its Practice*, eds. by Dan Avnon & Avner de-Shalit, London: Routledge, 1999, p. 31.

〔3〕　[美]斯蒂芬·霍尔姆斯：《反自由主义剖析》，曦中、陈兴玛、彭俊军译，中国社会科学出版社版2002年版，第6页。

〔4〕　即普世的、人道主义的、由知识分子倡导的。——引者注

〔5〕　[美]丹尼尔·贝尔：《意识形态的终结——五十年代政治观念衰微之考察》，张国清译，江苏人民出版社2001年版，第462页。

〔6〕　事实上贝尔已经看到："正当19世纪旧的意识形态和思想争论已经走向穷途末路的时候，正在崛起的亚非国家正在形成着一些新的意识形态以满足本国人民的不同需要。"前一种意识形态是普世的、人道主义的，并且由知识分子来倡导的，后一种则是地区性的、工具主义的，并且由政治领袖创造出来的；前一种的驱动力是社会平等和最广泛意义的自由，后

后，矗立着重大的社会和政治问题，那么，把主导西方世界主流意识形态的自由主义理论放在这段问题史中审视，就不得不承认，霍尔姆斯那充满战斗性的语汇根本不足以揭示自由主义自身及其所面对的世界的复杂性。

（二）世俗化时代的难题

早在 19 世纪下半叶，自由民主制度在遭逢来自左倾（马克思主义）、右倾（尼采派）激进主义的双重攻击，从而暴露其社会秩序想象中的缺陷时，以涂尔干（Emile Durkheim）和韦伯等为代表的自由民主主义知识分子贡献出各自的社会理论应对危机[1]，这些理论构想深刻地影响着当代自由主义。

在涂尔干看来，资本主义现代世界的出现，已经带来社会结构变迁和法律基础位移，由此导致原本承载集体意识的宗教仪式以及将神作为社会现实而加以崇拜的信仰意识逐渐式微，社会团结失去联系的纽带，释放出丧失道德感的个人主义。涂尔干提出，要在重新奠定现代社会实证论基础的前提下，通过职业伦理、公民道德、财产和契约观念、教育理念及其组织的重构，在个人之间建立正当的道德秩序。我们看到，这种观察角度和方案设计，正是直接针对马克思在《共产党宣言》中提出的那个著名诊断：资产阶级在取得统治的地方，斩断人际关系的一切依附联系、抹去职业的庄严光环、撕破家庭关系上的温情纱幕，把所有高尚、激情和血性全部淹没在利己主义打算中。[2]

而更为冷静的韦伯则承认马克思的观察：资本主义理性计算在西

一种则是发展经济和民族强盛（［美］丹尼尔·贝尔：《意识形态的终结——五十年代政治观念衰微之考察》，张国清译，江苏人民出版社 2001 年版，第 462~463 页）。但是他没有触及两种意识形态之间的冲突。

〔1〕 参见 ［意］萨尔沃·马斯泰罗内：《欧洲民主史：从孟德斯鸠到凯尔森》，黄华光译，社会科学文献出版社 1990 年版，第 242~250、281~297 页；刘小枫：《现代性社会理论绪论——现代性与现代中国》，上海三联书店 1998 年版，第 6~13 页。

〔2〕 马克思、恩格斯：《共产党宣言》，载《马克思恩格斯全集》（第 4 卷），人民出版社 1971 年版，第 468 页。

方世界具备独特的重要性。[1]但他进一步指出，更严重的事态是，在一个理性化、理知化，尤其是祛除了世界的迷魅的时代（尼采已经宣布，"上帝已死"），统一的终极而崇高的价值理念已经崩溃，而"昔日众神从坟墓中再度走出来，由于已遭除魅，他们不再表现为拟人的力量。他们企图再次主宰我们的生命，并且又一次展开了他们之间的永恒争斗"[2]。现代的"诸神之争"不同于古代，因为现代人的守护神内在于个人自身，现代人的"日常生活之事"由此变得极为艰难："个人必须自己决定，对他来说，哪一个是上帝，哪一个是魔鬼"[3]。"神"与"魔"不可调和的冲突于是不仅是外在世界的事情，更是内心深处的煎熬："今天人的命运，是要活在一个不知有神，也不见先知的时代。"[4]韦伯指出的问题是，当个人只能在纵欲和虚无之间漂移无居时，货币计算的冷冰冰逻辑支配着整个世界，又有什么奇怪呢？与马克思的革命理论不同，韦伯给出的不是救赎世界的圣言，而是严酷的责任伦理：去承担"日常的要求"（Forderung des Tages）。韦伯的理性主义研究和"价值无涉"的社会科学方法论，正是要用科学研究抵制来自左、右倾激进救世方案的侵扰，用科学明辨的理论研究给人以静观慎思的机会。

但是，在批判者看来，韦伯的理性主义进路充满了悖谬，非但完成不了拯救自由民主的重任，更可能走向其反面，而应当对弥漫在相对主义时代的虚无精神负责。卢卡奇曾经这样批判他的这位老师和朋友：

---

〔1〕［德］马克斯·韦伯：《宗教社会论文集·序》，载［德］马克斯·韦伯：《新教伦理与资本主义精神》，康乐、简惠美译，广西师范大学出版社2007年版，第7页。本书将韦伯的诸神之争与伯林的"不可通约的人生目的"视为当代自由主义多元论的核心表达，但不讨论两位思想家的差别。在我看来，伯林其实希望用他对两种自由的区分来消解价值多元主义带来的秩序紧张，而韦伯远没有这样乐观，因此才有"政治是永恒冲突"的见解。

〔2〕［德］马克斯·韦伯：《宗教社会论文集·序》，载［德］马克斯·韦伯：《新教伦理与资本主义精神》，康乐、简惠美译，广西师范大学出版社2007年版，第7页。

〔3〕［德］马克斯·韦伯：《学术与政治》，钱永祥等译，广西师范大学出版社2004年版，第180~181页。

〔4〕［德］马克斯·韦伯：《学术与政治》，钱永祥等译，广西师范大学出版社2004年版，第186页。

　　马克斯·韦伯在这里所表达的是帝国主义时期最有教养的（并且政治左倾的）德国知识分子的普遍倾向，他的严格的科学性只是最终地巩固世界观中非理性主义的一条通道，因而最好的德国知识分子对待非理性主义的袭击也完全无力抵抗，只好束手就缚……这些情况，如果只举一个例子来证明，那么拉特瑙在一封信里说得很好："我们是想利用理智的语言和图像向永恒的大门逼近；并不是为了砸碎这扇大门，而是为了完结这种理智，因为我们已经满足了它。"从这里出发，达到非理性主义的绝对称霸，只还需要小小的一步，只要断然放弃通过理智和科学性这条"迂回道路"就行了。这一小步已经不容久待。史宾格勒通过他完全票友式的而且显然神化了的过渡方式使极端相对主义转化成为非理性主义的神秘，这种非理性主义的神秘，基本上正是韦伯通过他的异端式的过渡方式将确切科学转化成为世界观时所提供出来的东西。[1]

　　当代最重要的社会哲学家哈贝马斯同样指出，韦伯用"新的多神论"来表达意义丧失的主题，体现出来的就是"一种典型的虚无主义经验"[2]：韦伯告诉人们，理性被分解为多元的领域，其自身的普遍性已经消失，个人无法建立一种具有同一性的社会秩序，而只能在私人领域指望着融贯一致的生活理想。这种认识论导致韦伯形成极具内在紧张的政治理论：马基雅维里的权力政治学与民主制、决断主义与宪政、专制主义与议会制相杂合。[3]哈贝马斯不支持这

　　〔1〕［匈］卢卡奇：《理性的毁火》，王玖兴等译，山东人民出版社1988年版，第556~557页。不过，与施特劳斯在《自然权利与历史》第二章的论述相比较，卢卡奇的韦伯批判不能说非常深刻：他过多地依赖"唯物主义对唯心主义"二分法的框架，从而严重简化了韦伯的复杂思想。施特劳斯则敏锐地抓住韦伯的学问论基础，认为价值无涉的相对主义立场必定会导致虚无主义。卢卡奇含含糊糊的"非理性主义"恐怕算不上时代症候的确切诊断。

　　〔2〕［德］尤尔根·哈贝马斯：《交往行为理论：行为合理性与社会合理性》（第1卷），曹卫东译，世纪出版集团、上海人民出版社2004年版，第237页。

　　〔3〕这是斯莱格斯塔德引自沃尔夫冈·J. 蒙森（Wolfgang J. Mommsen）的评论。［挪］朗内·斯莱格斯塔德：《自由立宪及其批评者：卡尔·施米特和马克斯·韦伯》，载［美］埃尔斯特、［挪］斯莱格斯塔德编：《宪政与民主：理性与社会变迁研究》，潘勤、谢鹏程译，生活·读书·新知三联书店1997年版，第141页。

样的政治理论，不过，他赞同韦伯有关意义指导与行动策略——或者说理论与实践、规范与事实——之间关系断裂的判断。他曾针对现代政治哲学和社会哲学说过这样的话：

> 　　现代的思想家们不再像老一辈思想家们那样，关心美好的和富有价值的生活的道德关系，而是关心长期生存的实际条件。这些问题直接涉及维护人们物质生活和基本生计。这种要求从技术来解决实践的需要，出现在现代社会哲学的初期。这种实践的需要不同于古典政治学的伦理的需要，它不要求从理论上来说明人的本性的本体论中的道德和法则。如果说老一辈思想家们理论论证的出发点是：人如何能在实践上同自然秩序相一致，那么现代思想家们从实践上所强调的出发点则是：人如何能从技术上征服威胁他们的自然灾难。毫无疑问，现代社会哲学在研究确保美好的长期生存的同时，也研究改善、救助和提高人的生活。但是，现代社会哲学原则上同人的完美的道德生活是有区别的。[1]

理论不再是人类通往神圣秩序的上帝之言，也不再是指导人性趋向美好和道德的彼岸启示，实践反而成为人类生活的第一要义。失去更高的统一价值理念支撑的立法，不可避免地体现了统治者的主观偏见，真正值得辩护的只剩下个体的存在。此时，要么只能把秩序安排寄托于霍布斯—卡尔·施米特式的"决断主义"，要么就在尼采的酒神狂欢中陷入无政府状态。

（三）现代人的自由与政治

我们知道，作为现代社会根本特征的自由主义，其最高理念就在于承认价值的多元性和不可通约性：唯其多元，自由才是可欲之事——每个人都是目的而不是手段；同样，唯其不可通约，自由才是可能之事——没有人能为他人立法。不过，多元价值如何能安于

---

　　[1]　[德]尤尔根·哈贝马斯：《理论与实践》，郭官义、李黎译，社会科学文献出版社2004年版，第54页。

一种秩序？霍布斯强调："旧道德哲学家所说的那种极终的目的和最高的善根本不存在。欲望终止的人，和感觉与映象停顿的人同样无法生活下去。幸福就是欲望从一个目标到另一个目标不断地发展，达到前一个目标不过是为后一个目标铺平道路。"[1]为维系多元欲望之间的安全和宁静，霍布斯把法律秩序之源寄托在主权者的命令上，用利维坦的绝对权威保障社会不至于重蹈万人对万人之战争的覆辙。他的思路启发了近现代法律实证主义。而从洛克、康德到孟德斯鸠、托克维尔，对主权者的疑虑，使他们更愿意看重那个已经褪祛了神圣"自然法"光环的"自然权利"，以个人的生命、自由、财产安全作为政治秩序的第一要义。但是，反抗资本主义的革命法则同样也诞生自这种自然权利的理念和想象，不同处只在于，革命论用"人民"或者"群众"的自然权利取代了"个人"的自然权利：

> "改变生命"是法国诗人蓝波（Rimbaud）的呼声，是百世
> 不移的真理；自从历史知道设定标记后，这项呼声就使得群众
> 运动起来了；在没有普遍悲惨的社会中，现代主导的专有名词
> 将这些群众定为"革命分子"。[2]

革命的反对者和支持者争论的焦点，不是社会组织和秩序能否被改变，或者说，焦点不在于个人或集体是否具有反抗命运的"自然权利"，而是那种毁灭性的代价能否为一种人类乌托邦的远景所证立——我们在这里看到思想史的悖谬：价值的沉思最终又不得不乞灵于功利主义的计算。

不管怎样，从神学世界观走出来的人义论秩序观念，否定了社会世界的自然属性和目的论假设，用昂格尔坚持的一个概念讲：社会是人造物（society as artifact）[3]。这是现代思想无论左派、自由

---

〔1〕 ［英］霍布斯：《利维坦》，黎思复、黎廷弼译，商务印书馆1985年版，第72页。

〔2〕 ［法］A. C. 德古佛雷：《革命社会学》，赖金男译，远流出版公司1989年版，第26页。又请参见［德］尤贝尔根·哈贝马斯：《理论与实践》，郭官义、李黎译，社会科学文献出版社2004年版，第87页及以下，尤其第113~127页。

〔3〕 如第一章显示，在早期著作中，昂格尔已经涉及这个理念，但是系统的阐述出现在《政治学》中。例如 ST, pp. 1–8, 80–87.

主义或者现代主义共同的出发点。19世纪和20世纪形形色色的革命和反革命言论（包括民族解放、反种族歧视等政治思潮），都在这个相同的前提下各执一词，昂格尔因此称现代思想为"关于解放的世俗学说"（secular doctrines of emancipation）。马克思要求立法者必须是社会和自然规律的"发现者"[1]，以便指引先锋阶级的解放性事业，韦伯抵制他的救世论主张，但自己却不得不在大众政治的平庸化与精英主义的专断性之间徘徊挣扎。

哈贝马斯承认思想史的这种变化，但他并不认为理性就此销蚀，他说："在批判的理性和独断论之间的斗争中，理性有自己的观点；在解放的每一个新的阶段上，理性都取得了巨大胜利。认识和对解放所表达的兴趣，通过反思在这种实践的理性中取得一致。反思的高级阶段，同个人独立自主中的进步相一致，同苦难的消除和促进具体的幸福相一致。"[2]他指出，在世俗化的过程中，"理论着眼于实践的维度缩小了"，理论作为工业发展的一种生产力，改变着人的生活基础，但是它无法超越这个基础，"以便把生活本身和为了生活而把生活提高到另一个阶段上"。[3]哈贝马斯因此批评，当代思想界存在着一种视技术力量为实践能力，把理论局限于科学，从而导致理论与实践相分裂的状态：哲学成为冥思的空想学问，理论成为技术的专门指导。他为自己设定的使命，是要重新确立理性的普遍意义，完成"现代性未竟的事业"。不过，他也必须正视世俗化时代人生意义丧失的问题：任何带有强迫性的政治理论指导，都将是强加在自由实践上的外在制约。哈贝马斯如何处理这个难题？

---

[1]　"立法者应该把自己看作一个自然科学家。他不是在制造法律，不是在发明法律，而仅仅是在表述法律，他把精神关系的内在规律表现在有意识的现行法律之中。如果一个立法者用自己的臆想来代替事情的本质，那么我们就应该责备他极端任性。同样，当私人想违反事物的本质任意妄为时，立法者也有权利把这种情况看作是极端任性。"马克思：《论离婚法草案》，载《马克思恩格斯全集》（第1卷），人民出版社1971年版，第183页。

[2]　[德]尤尔根·哈贝马斯：《理论与实践》，郭官义、李黎译，社会科学文献出版社2004年版，第330页。

[3]　[德]尤尔根·哈贝马斯：《理论与实践》，郭官义、李黎译，社会科学文献出版社2004年版，第330~331页。

三、哈贝马斯的理论方案

（一）交往理性初步

哈贝马斯当然不同意卢卡奇的韦伯批判。在他看来，卢卡奇过多地坚持了左翼黑格尔式的立场："卢卡奇必然会认为理论还大有可为，甚至远远超过形而上学自身的要求。这就意味着，哲学不仅要在被设定为世界秩序的总体性思想方面有所作为，而且也要在世界历史进程以及这种总体性在历史上的发挥方面大显身手；从事这种实践的人，通过哲学能够对自己在理性的自我实现过程中所发挥的肯定作用有所认识。"[1]这是一种将"实践"再次"理论化"的过程，即认为"实践"是哲学在革命中的实现。哈贝马斯指出，与韦伯认识到客观理性的没落完全不同，卢卡奇不但要在抽象理论上认识理性在各个环节上的同一性（以便能够指导实践），而且还需要在实践中落实创造这种同一性的主体（以便实现理论对于实践的指导），因此必须"从整体上肯定无产阶级意识作为历史的主体-客体所占据的首要地位"。[2]

但是，哈贝马斯强调，如果说在自由资本主义时期，马克思主义关注的无产阶级意识存在着这种实体化的可能，那么，在晚期资本主义不断维护自身正当性的努力中，这种可能性已经消失。例如，资本主义进入福利性国家之后，雇佣劳动契约中不再出现赤裸裸的剥削关系；"服务者"的经济地位和政治地位有了保障，资本的统治关系也不再显而易见；技术统治的优势地位使得人们似乎处在一种科学的、平等的、规范的治理环境中。总而言之，作为社会主义革命继承人的无产阶级，在"意识"上已经不存在了。[3]卢卡奇的思

---

〔1〕［德］尤尔根·哈贝马斯：《交往行为理论：行为合理性与社会合理性》（第1卷），曹卫东译，世纪出版集团、上海人民出版社2004年版，第346页。

〔2〕［德］尤尔根·哈贝马斯：《交往行为理论：行为合理性与社会合理性》（第1卷），曹卫东译，世纪出版集团、上海人民出版社2004年版，第346页。

〔3〕［德］尤尔根·哈贝马斯：《理论与实践》，郭官义、李黎译，社会科学文献出版社2004年版，第240~243页。昂格尔应该能够赞同哈贝马斯的上述判断，他也指出，在生存竞争中，对利益和地位的争夺，使得"阶级"作为社会力量逐渐为"意见党派"（parties of opinion）所取代。不过，如我们后文所见，昂格尔并不认为"阶级"作为分析概念就失去了意义。*ST*, pp. 153-154.

想方案在社会学上站不住脚。

哈贝马斯更愿意继承韦伯的工作：捍卫自由民主主义免受激进政治方案的攻击——哈贝马斯不满意的是韦伯的文化相对主义，而不是他的立场和努力本身。在韦伯对于理性所表现出的片面性的批判中，哈贝马斯发现了作为实践概念的交往行为。[1]在他看来，正是这种交往行为的实践，可以弥补多样理性之间相互隔阂的缺陷，从而为实践生活找到意义指导。也就是说，通过交往行为或交往理性，哈贝马斯找到了超越多元理性分歧，同时又不必求助于超验理念的标准。下面，让我们从法律理论角度观察他的理论方案。

（二）程序法治主义

韦伯曾提出法律规范形成的规律：一是习惯经由心理上的认识，使人感到"拘束性"；二是习惯逐渐形成"共识"，使人们越来越多地期待他人也同样受制于此；三是习惯为强制机构所保障，成为法律规范。但是，他马上指出这个规律总结中存在的问题："在这样一种诸多被圣化的习惯的死板集合里，要怎样才能动得起来？而正因为这些习惯是具有'拘束性'的，这样的集合似乎怎么也没办法从内部产生出新的东西？"[2]这里涉及法律发展的动力问题。韦伯把视野转向"社会行为"，认为是"新的行为"促使法律的意义转换或导致新法的创造——当然，这种造成法律变革的行为，是由许多种类的人群一起参与的。[3]需要注意的是，杂多的利害关系者的行为的确可能促成法律向着形式化、中立性的方向演变——如同《现代社会中的法律》所致力论证的一样，但是，韦伯不愿意把法律动力寄托在这种偶然性的因素上，他更看重"真正'职业的'、依理性而行的'法律家'的活动"[4]在其中的作用。换句话说，在韦伯看

---

〔1〕［德］尤尔根·哈贝马斯：《交往行为理论：行为合理性与社会合理性》（第1卷），曹卫东译，世纪出版集团、上海人民出版社2004年版，第345页。

〔2〕《韦伯作品集：法律社会学》，康乐、简惠美译，广西师范大学出版社2005年版，第145页。

〔3〕《韦伯作品集：法律社会学》，康乐、简惠美译，广西师范大学出版社2005年版，第145页。

〔4〕《韦伯作品集：法律社会学》，康乐、简惠美译，广西师范大学出版社2005年版，第149页。韦伯把能够产生影响的诸因素归纳为：①法利害关系者的行为有了新动向，使立

来，"新"行为只能为"新"法律提供契机，后者的发展方向在浸染于西方法律传统中的法律家群体那里存在着先定约束。作为西方文化之子，尤其作为欧陆法律传统的精深研究者和继承人，韦伯当然对那种深厚的学识传统表达敬意："在形式上已有某种程度发展的'法'，亦即作为有意识地下决定的准则的复合体，若无训练有素的法律通达者的决定性协力，即不可能成立，而且无论何处皆不可能存在。"[1]

哈贝马斯指出，韦伯的上述研究是一种法律的祛魅过程，也就是使得法律的正当性论证摆脱了道德传统，转而求助于内在的形式合理性（在此基础上启发了纯粹法学的理论设想）。但是，将法律秩序实证化只是转移了论证的方向，不能代替论证的必要性，现代法律成为政治组织的手段，这个事实本身要求对于支配模式提出一种新的论证。韦伯已经意识到，"法律的技术内涵不断膨胀"的工具理性扩张，反而激发出"反形式主义"的要求（如实质平等的权利要求、福利国家的法律实质化趋势等[2]）。而如同理查德·A. 波斯纳（Richard A. Posner）、安东尼·T. 克隆曼（Anthony T. Kronman）、理查德·L. 阿贝尔（Richard L. Abel）等当代学者的研究，法律职业共同体在现代条件下的衰落，也使得韦伯寄希望于他们来承担法律职业的"责任伦理"，变为不可能之事。哈贝马斯认为，韦伯甚至不能把这些问题放在他关于片面合理化的模式中讨论。[3]

当然，哈贝马斯不会认同昂格尔有关后自由主义社会的法律将回归一种有机群体之习惯法的构想。一方面，他指出，当代自由民主国家的法律理论出现虚无主义思潮并非偶然，因为自由主义法理

法面临新的状况；②当事者的职业顾问进行的司法活动对触动立法和强制机器有影响；③司法决定具有结论性。不同因素的权重显然可能导致不同的发展方向。参见第 154 页。

〔1〕《韦伯作品集：法律社会学》，康乐、简惠美译，广西师范大学出版社 2005 年版，第 181 页。

〔2〕See *LMS*, pp. 193~200. 中译本，第 163~169 页。Guther Teubner（ed.），*Dilemmas of Law in the Welfare State*，Berlin & New York：Walter de Gruyter，1986.

〔3〕［德］尤尔根·哈贝马斯：《交往行为理论：行为合理性与社会合理性》（第 1 卷），曹卫东译，世纪出版集团、上海人民出版社 2004 年版，第 247~252、256~259 页。

论面临着被自己打败的困境："通过提供这种无微不至的关怀而影响个人自主性，而它——通过提供机会平等地利用否定自由之物质前提——所要推进的，恰恰就是这种自主性。"〔1〕也即是说，面对秩序与权利或自由之间存在悖论这个难题，自由主义理论暴露出自身的重大缺陷：它希望推动国家权力为个人权利服务以更好地实现后者，但结果却是，前者出现父爱主义的政策倾向，反而损害了后者最核心的理念——就此而言，哈贝马斯分享了昂格尔的认识。另一方面，哈贝马斯也反对走向一种社群或者共和主义的立场，因为共和主义传统"把公民的政治实践同一个本来就整合在一体的共同体的精神气质（Ethos）密切相连。正确的政治只能是由有德的公民从事的"〔2〕。这是哈贝马斯不能接受的立场，他坚决主张：

> 从法律理论的角度来看，现代法律秩序只能从"自决"这个概念得其正当性：公民应该时时都能够把自己理解为他作为承受者所要服从的法律的创制者。社会契约论用资产阶级契约法的范畴来想象公民的自主，也就是想象成签约各方的私人性质的自由选择。但是，社会秩序之创建这个"霍布斯问题"，无法用独立行动者的合理选择决定之间的偶然汇合做出满意解释。为此康德赋予自然状态中各方——就像罗尔斯后来对原初状态中各方那样——以真正的道德能力。今天，在语言学转向之后，这种义务论道德观获得了一种商谈理解。由此，一种商谈模式或商议模式（Beratungsmodel）代替了契约模式：法律共同体不是通过一种社会契约构成的，而是基于一种商谈达成的同意而构成的。〔3〕

简单来说，哈贝马斯既反对自由主义关于民主过程作为个体意

---

〔1〕　［德］哈贝马斯：《在事实与规范之间：关于法律和民主法治国的商谈理论》，童世骏译，生活·读书·新知三联书店2003年版，第506页。

〔2〕　［德］哈贝马斯：《在事实与规范之间：关于法律和民主法治国的商谈理论》，童世骏译，生活·读书·新知三联书店2003年版，第342页。

〔3〕　［德］哈贝马斯：《在事实与规范之间：关于法律和民主法治国的商谈理论》，童世骏译，生活·读书·新知三联书店2003年版，第685页。

见的加聚，法律仅在维护个人"否定自由"（negative liberty）[1]的观念，又不同意共和主义关于民主的正当性力量来源于共同体伦理，法律基于道德共识的看法。他主张，通过交往行为理论或者商谈原则连接多样个体，同时又不至于使他们丧失个性。

就根本上讲，哈贝马斯不赞成昂格尔的出发点，他认为："法学界日益流行的法律怀疑论……它低估了现存法律实践的那些规范性预设的经验效用。"[2]哈贝马斯首先认可实在法存在的事实，但他立即表示，法律不能只是作为强制力保障的规范体系，而是必须经过商谈理论的洗礼。他在批判新康德主义（包括韦伯）的主体哲学的基础上，推出"主体间性"哲学。他指出，对个人权利的无限制推崇，是导致自由民主政制陷入矛盾的根源，要解决这个麻烦就必须用"交互主体的关系"来取代"主体之间的关系"。人与人之间通过语言进行沟通和交流，语言是否真实可信并不单方面取决于言说者或者听者，而是牵涉到该语言的内容是否为真（是否符合客观事实）、该言说者是否具有言说该项内容的条件（例如是否具备相关的知识）、他的态度是否诚实可靠（是否说出他自己的确信）等三个"相互方面"的因素。与此同理，个人声张权利，也不能简单地主张所谓"天赋人权"，而必须在主张的真实性、正当性、真诚性三个方面得到他人的首肯，这样才能形成一个有关这项"权利"的共识。实在法应当从这种商谈性的共识中获得保障，并且以保护这种商谈进程作为目的。

因此，哈贝马斯主张，法律对权利的保护应当建立在"真理共识"或者"理想的商谈条件"基础上，法律从根本而言来源于生活世界的社会团结，而生活世界的非强制性沟通又赋予法律规范一种

---

〔1〕 在本书中，我将学术界通常使用的"积极"自由或权利、"消极"自由或权利，改译为"肯定"自由或权利、"否定"自由或权利。除了术语本身含义的考虑外——关于这一点，我接受吴玉章教授在《论自由主义权利观》中的说明，新的译名还能与昂格尔极为重要的概念"否定能力"（negative capability）形成对照。吴玉章：《论自由主义权利观》，中国人民公安大学出版社1997年版，第84页。

〔2〕 ［德］哈贝马斯：《在事实与规范之间：关于法律和民主法治国的商谈理论》，童世骏译，生活·读书·新知三联书店2003年版，第4页。

超越实在法或强制力保障的正当性。商谈原则将法律论证、道德论证与民主权利的正当性论证联系起来：

> 道德原则调节的是面对面的个人之间非正式的和简单的互动，而民主原则则调节把自己理解为权利承担者的法权人之间的互动关系。商谈原则所预设的合理商谈因此而分叉开来，一方面形成道德论辩，另一方面形成政治法律商谈，这些商谈以法律形式而建制化，并且仅仅从法律规范的角度出发才把道德问题包括在内。对公民的私人自主和公共自主同时予以确保的权利体系，在民主的立法程序和公平的法律运用过程中得到诠释和阐发。[1]

哈贝马斯将自己的法理论称为"程序主义的法律范式"，认为只有通过这种法范式才能确保法律的规范强制力与充分尊重个体的自治及多样性差异相一致。这种规范强制力不是来自高于实践之外的某个主权者命令或超验理念或共同体伦理，而是作为实践的交往行为的内生之物。

四、推进一个核心理念：作为人造物的社会

（一）自我封闭的"中立性"

哈贝马斯的努力，无疑是当代思想学术领域最具雄心的尝试之一。建立在交往行为理论上的程序法治主义，不但回应了批判法学有关现代法治衰落的质疑，而且同时挑战自由主义与共和主义两种法律范式，重构了理论与实践、秩序与自由的关系，重新奠定自由民主法治的根基。当然，这个尝试同样激起巨大的争议之声。值得我们注意的是，来自不同立场的声音都同样关注社会对于个人的开放性程度，无论具体构想存在什么差异，通过人的实践而非合乎宇宙秩序的理念来重新创造社会，是现代社会思想的共同坚持。问题

---

〔1〕［德］哈贝马斯：《在事实与规范之间：关于法律和民主法治国的商谈理论》，童世骏译，生活·读书·新知三联书店 2003 年版，第 286 页。

在于，在这个方向上能走多远，以及如何为其中的开放与限制进行辩护？

让我们从自由民主主义知识阵营内部的不同意见开始。哈贝马斯并不认为交往行为理论构设的"真理共同体"是一种具有实质政治道德内容的实体，在评论《政治自由主义》时，他甚至批评罗尔斯，正义论包含了太多实质内容，从而剥夺了公民的日常思考："从正义理论的视角来看，缔造民主宪法的行动是无法在一个业已构成的公民社会的制度条件下加以重复的，而实现基本权利体制的过程也无法在一种不断继续着的基础上得到确保。由于不断转变的历史环境的要求所致，公民不可能体会得到这一过程是开放的和不完善的。他们无法在他们社会的市民生活中，重新点燃原初状态的那种激进民主的灰烬，因为从他们的视角来看，所有关于合法性的根本商谈，都已然在理论的范围内进行过；而他们发现，这种理论的结果已经沉淀在宪法之中。"[1]公共理性的运用，因此只在于促进非暴力的政治稳定性，不能参与宪法的规划，也就是说，不可能有助于公民"肯定自由"（positive liberty）的实现。

罗尔斯对此回复，与自己限制在政治领域的正义理论相比较，哈贝马斯提出的才是一种更具完备性的学说："一种对合理辩谈（或理论理性与实践理性）之前提预制的哲学分析，它把所有声称是宗教学说和形而上学说的实质性因素都包括在它自身的范围之内。""它试图全盘展示合理而自由之讨论的先决条件，而这些讨论如此受到最强有力之理性的规导，以至只要所有必要条件均已实际实现、并充分受到所有活跃参与者的尊重，它们的合理共识就会对真理的有效性起到一种保证作用。换言之，申言一种无论什么类型的陈述为真，或申言一种规范判断有效，也就是去申言它可以被参与者在辩谈境况中——在所有必要条件均已被现存理想所表达的程度上——所

---

〔1〕 转引自［美］约翰·罗尔斯：《政治自由主义》，万俊人译，译林出版社2000年版，第424页。

接受。"〔1〕罗尔斯指出，这些必要条件的实现将要求太多的共同文化背景，公民的全部背景文化，包括教育、日常生活文化和社会文化，都应当具备哈贝马斯所设想的状态。要形成这样的状态，哈贝马斯会要求太多的肯定自由以改变文化状况。然而，公民肯定自由（古代人的公共参与的自由）与否定自由（现代人的排除妨害的自由），固然相互依存而且平等，但并不意味着二者没有冲突。一旦过于关注政治及道德领域的理性主张，就将出现肯定自由排挤否定自由的局面，那么，哈贝马斯必定会陷入"杰斐逊难题"之中（关于这个问题的表述，参阅本书第一章）：为实现每代（个）人的政治权利，对过去的宪制安排不得不持续不断地推倒重来。而当那些基本条件得到满足之后，理想的商谈原则也没有提出什么批判意见的必要了。因而，哈贝马斯的学说不能够作为一种政治批评工具而出现。相反，罗尔斯认为，正义论对于政治制度和社会制度的范围和界限的理解，在于既寻找古代人自由与现代人自由的联系，又清除它们之间的冲突〔2〕，因此更能承担批判性重构既存政治体制的责任。罗尔斯用当代美国的公共选举和言论自由问题说明了这一点。

如同评论者指出，这是一场"家庭内部的争吵"〔理查德·伯恩斯坦（Richard Bernstein）语〕：哈贝马斯固然用"交互主体"或"主体间性"取代康德式的主体，以便限制个体欲望的至高无上性，罗尔斯也提出"在政治自由主义中，个人的观念被自由而平等的公民之政治观念所代替"〔3〕，两人对于法律与政治（民主、人权）的关系没有实质性的不同意见，差异只在于主张集团自治或公共自由应当多一些还是少一些——哈贝马斯表示，与自己相比较，罗尔斯是自由主义，自己则可称为"康德式"的共和主义。理想的商谈条件

---

〔1〕　[美] 约翰·罗尔斯：《政治自由主义》，万俊人译，译林出版社2000年版，第401、403~404页。

〔2〕　[美] 约翰·罗尔斯：《政治自由主义》，万俊人译，译林出版社2000年版，第432~434页。在这个意义上，政治自由主义把政治制度和法律制度看作一种促进进一步自由平等协作的"先定约束"。顺便说，本书第一章讨论过持有这个观点的斯蒂芬·霍尔姆斯，正是罗尔斯的学生。

〔3〕　[美] 约翰·罗尔斯：《政治自由主义》，万俊人译，译林出版社2000年版，第403页。

与政治自由主义是否包含实质内容的争论，其实并不十分重要，它们都是自由民主主义理论家希望寻找的，有利于自由人平等协作的"中立性"框架。

我们看到，在自由主义理论家重构的法律与政治关系上，法律的维系不是依靠规范强制力，而是一种经过民主审议的规范认同。这样的构想的确已经超越了施米特与无政府主义者各执一词。不过，在这样的论证中形成了一些循环论证、故步自封的情形[1]，却没有引起自由主义理论家的注意。

理想的商谈条件以及政治自由主义，都只能要求与已经存在自由民主共识的人士进行交流，倘若没有这种共识，那种"中立的框架"其实于事无补。[2]然而，在这种自我循环的故步自封之中，社会、文化、经济、法律以及政治制度的选择可能性被大幅度缩减。新左派的理论家佩里·安德森敏锐察觉到，"政治自由主义"其实对美国宪政实践存在着严重的依赖性，而哈贝马斯对法律和民主的解释同样也是"一种从政治秩序——在这种政治秩序中，大众意志的形成至多只是间歇性和萎缩性的——的经验现实中做出的基本抽象"。[3]自由民主主义理论家希望构建自由人平等协作的中立性框架，但是，正是这种努力限制了他们展望更广阔的自由的视野。他们只能把想

---

〔1〕 "罗尔斯一方面借助民主社会的自然场景去建立他的人的概念，另一方面又诉诸他的人的概念去建立民主社会的基本结构。""［哈贝马斯］坚持说，对话理论的结论不仅仅是形式上的。但他同时又宣称：'这种法律模式不像自由主义和社会福利的模式，它不再偏爱特殊的社会理想，不再偏爱对美好生活的特殊看法，乃至某种特殊的政治选择。'所以，随后也就没有了任何特别的建议。不过，如果说没有了任何特别的建议，这在一定程度上只是因为《在事实与规范之间》已暗示必要的变革已经准备妥当了。"［英］佩里·安德森：《思想的谱系：西方思潮左与右》，袁银传、曹荣湘等译，社会科学文献出版社2010年版，第139、156页。

〔2〕 哈佛燕京学社的黄万盛先生曾在一次"开放论坛"（广州《开放时代》杂志社主办）中介绍，在某次课堂上，罗尔斯被问到倘若明知对方是希特勒，还能否把"反思平衡"和"重叠共识"应用在他身上，罗尔斯在沉吟片刻之后的回答是，必须首先消灭他。黄先生指出的这个自由主义难题，正是卡尔·施米特批判的要害：自由主义无法区分敌我。不过，也应该指出，很难认为昂格尔会有赞赏施米特的可能性，如下文所见，昂格尔希望将自由主义的前提推向极致，而不是如施米特那样反身求诸主权的决断。

〔3〕 ［英］佩里·安德森：《思想的谱系：西方思潮左与右》，袁银传、曹荣湘等译，社会科学文献出版社2010年版，第139～140、159～160页。

象力集中在人类自由已经取得的成就上,当霍尔姆斯说"不绑住自己的手脚,人民就没有手脚"的时候,他其实已经屈服于既存的关于宪政安排、法治原则和私有权利绝对性等观念。罗尔斯和哈贝马斯更具系统性的努力同样没有避开这种陷阱,对理论赖以为基的政治、社会、历史、文化的背离,可能会使他们冒着被贬损为"与实践脱离"的幻想家的风险,于是,只能采取削足适履的方式,通过裁减实践来满足理论的融贯性。如同安德森尖锐地指出,在当代最重要的两位自由民主主义理论家的著作中,《政治自由主义》对严重的社会两极分化没有任何讨论,也不愿从经济民主的角度来解决经济权力导致的选举不公问题,哈贝马斯同样在本来可以提出经济民主化主张的地方戛然止步。[1]昂格尔曾主张:"一旦我们认识到,当前的分权化经济和多元民主形式(建立在绝对财产权上的市场,以公民的适度怀疑为预期的民主制)并非自由和平等内在理想的必然的或最佳的表达时,左派与自由主义的传统争议将被看到是建立在一种误解之上。"[2]两位自由民主主义理论大师却不愿走得这么远。

(二)"作为人造物的社会"

昂格尔拒绝中立性框架的虚假矫饰,对他来说,"中立性"的海市蜃楼只会阻碍对有利于民主实验主义和多样性实践经验的制度安排的追寻。[3]他的社会理论是要彻底推进"作为人造物的社会"这个理念:

---

〔1〕 罗尔斯认识到金钱对于公平选举的负面影响,他设想建立公共选举基金来处理这个问题,但是没有从他的"正义第一原则"(公平原则)的制度化角度出发,来考虑彻底解决财富分配不公的现象。哈贝马斯指出,晚期资本主义社会中出现分化而独立的系统,每个系统内部都有独特的整合机制以防止系统零散,经济系统通过货币执行整合功能,国家权力系统通过行政管理来整合,他认为行政管理应当接受民主化力量的批判,但货币则不能。对罗尔斯、哈贝马斯关于经济领域无法民主化的批评,分别参见[英]佩里·安德森:《思想的谱系:西方思潮左与右》,袁银传、曹荣湘等译,社会科学文献出版社 2010 年版,第 141~142、157 页。在该书第七章中,安德森批判了罗尔斯、哈贝马斯的自由民主主义理论在应对冷战后国际"新暴力"问题上的乏力。这是一个非常重要的观点,与本章第二节提到的"9·11"后新意识形态冲突的问题相关,但限于篇幅与议题,暂且不作讨论。

〔2〕 *ST*, pp. 6-7.

〔3〕 Cui Zhiyuan, "Editor and Introduction", *Politics Theory against Fate by Roberto Mangabeira Unger*, London & New York: Verso, 1997, p. ix.

　　如果社会的确是我们再发明的，那么，我们可以将自由主义和左派的目的推行下去：从我们实践协作以及情感联系的形式上清除掉依附性和支配性的痕迹。我们可以推进现代主义的目标：使主观体验更充分地摆脱前定的（prewritten）和被强加的限制（script）。我们甚至能够以一种重建社会世界——它的稳定性不再依赖于对我们创造社会的权力的压抑或者特权精英们对这种权力的篡取——的更大雄心，将自由主义的和现代主义的目标集中在一起。社会是被创造和被想象的，这个观念的实践要点就在于，去发现这些目的中哪些为真实，哪些为虚幻，并且为它们的执行找到指引。[1]

　　如前所述，现代社会思想都认同实践在改造世界方面的潜力，因此拒绝古典政治学或者说那种自然主义的社会观念。[2]但是，由于担心失去既往实践经验（知识）的支持，现代理论家都在推进这个理念时半途而废。一种倾向是，虽然承认人的实践能力，但主张人的努力应当与所谓社会发展规律或者历史法则保持一致。昂格尔将持有这种立场的社会理论称为"深层结构社会理论"（deep-structure social theory），其主要特点是主张"识别一些可能的社会组织类型，在严格的发展趋势或者根深蒂固的经济、组织或心理约束的影响下共存或者前后相继"[3]。这些极少数量的社会结构类型，被当作不可分割的一个个整体，内在于不同社会形态，是所谓社会内生的法律制度或社会组织类型。马克思主义是这种社会理论的典型。[4]昂格尔指出，深层结构社会理论具有三个可以重复的理论步骤：

　　————————

　　〔1〕 *ST*, p.1.

　　〔2〕 简单而言，自然主义社会观指的是那种前现代的以及旧实证主义者将社会视为自然演化物的观念。关于自然主义社会观念，参见 *ST*, pp. 84-87.

　　〔3〕 *ST*, pp. 84-87.

　　〔4〕 需要指出，这里的"马克思主义"与我们的通常理解不同。昂格尔认为，除了这种马克思主义，涂尔干、韦伯及他们的理论继承者，都有深层结构理论的影子；他同时强调，马克思及其重要的理论继承者的著作中，其实含有丰富的反必然性社会理论的种子。*ST*, p. 218.

第一，在每个历史背景中，都能区分生发性构架（a formative context, structure, or framework）与它所生产并影响着的常规行为（routine activities）。生发性构架可能存在于有关人类联合形式的假设中，也可能存在于制度化或非制度化的社会实践中，具备一定的独特性。马克思主义的"生产方式"就是一种生发性构架。常规行为指在生发性构架中产生并受到它影响的种种活动，其中最重要的是在社会现实中创造变化的冲突及其协调的实践，这些实践既包括规范性争议（法律的、道德的或者神学的），也包括商品交换、劳动以及对政府权力的争夺和使用等。深层结构社会理论对于生发性构架与常规行为的区分，着重在于它强调，前者不受后者活动的影响，因此必须在日常行为（不可能触动生发性构架的实践）与革命性转变（将导致生发性构架变化的实践）之间做出界分。[1]

第二，将特定环境中具体的生发性构架，当作可以重复但不可分割的社会组织类型的例子来看待。在这一点上，深层结构社会理论可以区分出两种变体：一种是主张生发性构架随着历史进程而变化，每个历史阶段的构架类型都有阶段性，这是一种"进化性深层结构理论"，马克思主义属于此类；另一种认为生发性构架是封闭型整体，不具有重复性，只在特定合适的环境中存在，当代经济学可以属于这类"非进化性深层结构理论"。但是，不可分割性是两者的共同观念：生发性构架作为一个整体存在或消失。当代思潮中的"资本主义"观念，是说明深层结构社会理论这个特点的最好例子：资本主义被当作一个整体性社会组织形态，无论出现在哪里，都具有相同的制度形式。[2]

第三，诉诸那种根深蒂固的约束和发展规律，以说明那些或封闭或进化但同样不可分割的生发性构架的产生。这些约束和规律可以是经济的、组织的，甚至心理的，潜藏在人类实践之下，不轻易为历史行动者所意识和理解，因此需要理论家的工作。[3]

---

〔1〕 *ST*, pp. 88-89.

〔2〕 *ST*, p. 90.

〔3〕 *ST*, pp. 91-92.

深层结构社会理论虽然影响极大，但昂格尔认为，"大量的历史知识和实践经验已经破坏了它们。"〔1〕例如，资本主义世界内部蕴涵的多种生产方式和组织形式，世界不同地区的多样化制度模式等，都证明所谓生发性构架的不可分割性以及所谓历史发展规律的解释并不真正具有理论效力。然而，昂格尔指出，对深层结构社会理论的放弃，并没有推进"作为人造物的社会"的理念，相反，现代理论家更愿意选择的另一种倾向更严重地损坏了这个理念的地位，这种倾向就是实证社会科学。这种研究取向缺乏手段来处理对常规活动产生影响的框架性问题，从而对生发性构架采取一种躲避的态度，即不承认生发性构架与常规行为之间的区别，把各种基础性的制度安排和种种构架性架设，当作过去无数次解决问题或相互妥协的事件日积月累起来的沉淀物，或者，认为它们是人们为找到最佳的可行性方案而不断进行试错的结果，因此，在思考中只是狭隘地集中于研究日常冲突及其协调方式，完全忘记了这些实践都深受着特定框架影响的事实。〔2〕昂格尔指出，实证社会科学比深层结构理论更危险，因为它根本否定实践活动受到基本框架制约，从而也就没有办法展开社会生活及其制度多样性的想象力。

昂格尔极少与罗尔斯和哈贝马斯这样的当代思想家直接交锋〔3〕，不过从他的上述视角出发，我们可以做出这样的推论，即两位自由民主主义理论家的方案在试图推进自由经验时，做得太少同时又做

---

〔1〕 *ST*, p. 1.

〔2〕 *ST*, p. 131.

〔3〕 昂格尔对罗尔斯和哈贝马斯的批评较少涉及细节，一般以泛指、抽象甚至直抒胸臆的方式进行。《法律分析应当为何?》（1996）开篇不久提到的"英语世界主流政治哲学"，显然就是指罗尔斯《正义论》开启的当代政治哲学传统。See *WSLAB*, pp. 4ff. 同一书的另一个地方还强调，罗尔斯的在民主社会中的重叠共识的理念与哈贝马斯的非强制性商谈框架的观念，其历史主义因素在于"这样一种确信：特定的信念具有权威性，只是因为它们是可能在现代民主中兴盛发展的信念"。其理性主义因素是"这样一种理念：现代民主只存在于其结构有助于自由而平等的个人自愿联合的社会中"。两个因素形成互补的关系："结构的权威延续着其中繁盛的信念的权威。"显而易见，这是一种循环的自我论证。昂格尔指出："这种进路的核心缺陷在于，它不能质疑已确立的政府、经济和市民社会的组织所赖以表达自愿社会之理想理念的权威。我们应当将结构的哪个部分视为理所当然，又应当挑战哪个部分？除非能够回答这个问题，否则我们无法确实了解在此框架内繁盛的那些理念应当配享的权威层次。"（p. 177）

得太多：当他们强调为自由平等协作设置中立性框架时，不自觉地依赖所谓共同文化背景或道德共识的假定，就突破深层结构的制约而言，他们做得太少；而当他们主张，中立性的框架目的在于协调拥有不同人生理想的人自由平等地合作，从而假定人们对于自由民主主义的框架具有某种程度的共识时，又做得过多了。在昂格尔看来，这两种立场都是对"作为人造物的社会"理念的中途变节：前者认为日常实践不可能触动生发性构架，后者干脆对这种构架视而不见。[1]接受这两种立场的理论，都无法解释在结构之间发生断裂的事实，只能以革命与常规活动、战争与日常冲突、紧急状态与日常情形等此类大而化之的二元对立概念描绘实践。更严重的是，它们把造成人类实践限制条件的框架问题视为理所当然，把少数制度或社会组织形式当作符合自然法则或历史规律的真理加以接受，抑制了人类创造和想象社会生活及制度的能力。昂格尔强调，祛除既定安排和信念之上的神秘，加强其可修正性，将赋予个体和集体更大的改变世界的能力。[2]理论的作用就是要将自由意识从决定论中解放出来。[3]

五、反必然性的社会理论

（一）"万事皆政治"

昂格尔宣布，《政治学》中发展的解释理论是要思考社会生活的制度和想象构架，解释这些构架如何被整合在一起，如何被拆分以

---

〔1〕 应当承认，本书如此解释罗尔斯和哈贝马斯，不可避免有削足适履的嫌疑。罗尔斯和哈贝马斯的理论体系当然不能如此简单地被纳入昂格尔的分析框架之中。但是，在重建自由民主主义的政治法律理论时，两位理论家的确不同程度地诉诸某些如共同利益之类的神秘东西，杰弗里·霍索恩（Geoffrey Hawthorn）指出了这一点，并因此认为，在推进人的"可能性"的方面，他们不及昂格尔彻底。Geoffrey Hawthorn, "Practical Reason and Social Democracy: Reflections on Unger's *Passion* and *Politics*", in *Critique and Construction: A Symposium on Roberto Unger's Politics*, eds. by Robin W. Lovin & Michael J. Perry, New York: Cambridge University Press, 1987, pp. 92-93.

〔2〕 *ST*, p. 5.

〔3〕 昂格尔不承认在自由意识与决定论之间的争论中存在什么终极的判断标准，他认为，应当摆脱关于这个问题的形而上学假定，相对化所谓具体实践与一般理论之间的分别。*ST*, p. 5 and *FN*, pp. 4-5.

及如何得到重建。他表示，从这个观念出发，我们才能希望获得一种相对于社会的批判性距离。[1]这种解释论应当打破在社会解释与对既定秩序进行辩护之间的那种联系，而通过严肃思考那些断裂式的变化以及社会新奇事物，可望做到这一点。这种重构的社会理论将承担自由主义与社会主义共享的使命：解放压制在僵化的等级制和社会分工之下的实践和情感联系。总而言之，这种理论视角是将所有的事物都看作可选择、可变的东西，"万事皆政治"（everything is politics，it's all politics）。[2]

不过，把一切都视为流变，这种观念对于熟悉后现代学术文化的人们来说，并没有太多新异之处。早在 19 世纪后期，德国古典社会哲学家西美尔（G. Simmer）就曾经指出，现代文化朝向两个相反的方向奔涌：在一个方向上，倾向于夷平一切差异，用标准化、同一化来衡量所有的事物；在另一个方向上，又强烈地凸显个体差异性，将多样性奉为生命本源。[3]相反的两种方向构成了现代文化的内在紧张，当现代化理论家侧重前一个方向时，对多样性的压抑就导致后一个方向的剧烈反弹，如当代思想家德里达主张的"解构就是正义"（Deconstruction is Justice），德勒兹和加塔利提出的"游牧者生活"（"欲望在本质上是革命性的"）等。西美尔洞察，后现代就是将在现代文化之下奔涌的个体生命冲动无限放大。从后现代主义的眼光来看待昂格尔，他提醒人们注意个体生命是"禁锢在有限中的无限"（infinite imprisoned within the finite）[4]，倒似乎显得太"现代"了。自由民主主义理论家盖尔斯顿（William Galston）教授发现了昂格尔这个立场上的晦涩之处，他由此批评昂格尔，认为他在一方面接受了后现代主义想象并实施行动毁灭背景的冲动，另一

---

〔1〕 *ST*，p. 5.

〔2〕 在一个注脚中，昂格尔说明了"政治"这个概念：就其较狭隘的意义，它指围绕着政府权力的掌控和使用的争议；在较宽泛的意义上，它指围绕着关于人们相互之间实践和情感联系的语汇（terms），以及围绕着影响这些语汇的所有资源和假设的争议。粗略来理解，"万事皆政治"就是指那种社会建造并不依赖于某些"先定的规律"的观念。*ST*，p. 10.

〔3〕 ［德］西美尔：《现代文化中的金钱》，载［德］西美尔：《金钱、性别、现代生活风格》，顾仁明译，学林出版社 2000 年版，第 6 页。

〔4〕 *Passion*，p. 4.

方面又主张自己的立场的指导性意义:"如同黑格尔——如霍布斯以降如此众多的理论家——一样,他自己的肯认(affirmation)并不能包括在他对于人类思想的一般考虑中。昂格尔隐含地主张自己超脱构架(contextuality):无论对别人来说什么为真,他自己的预言权力已经获得绝对理解的地位。"[1]

(二)极端理论与超级理论

然而,我们要指出,正是在这里,昂格尔把自己与解构主义者进行了区分。昂格尔强调,他的社会理论不是要把一切社会生活的框架都打破,而只是反对那种必然性的命运的假定。因而,他把自己的反必然性社会理论称为"超级理论"(super-theory),以区别于解构主义者的"极端理论"(ultra-theory)。在他看来,两种理论虽然一致拒绝决定主义色彩的社会思想,但最大的不同在于,后者同样拒绝发展一种理论体系的尝试,因为它认为任何系统化、综合性的理论都是决定主义、基础主义的表现。但是昂格尔指出,极端理论在进行如此的双重拒绝之后,已经陷入了另一种危险:它不可避免地把那些有助于增强人们改变构架的自由的东西摒弃掉了。这种理论其实看不到,那些限制着人们的无形力量是在历史中逐渐生成的(up for grabs),历史和现实中存在着大量细微的冲突和断裂已经表明,人们有机会去清除这些制约力量。[2]反必然性的社会理论因此必须面向决定论与虚无主义两头作战:

> 一种成功的社会理论必须考虑这些构架的影响力,然而,它也必须考虑我们不仅能反抗它们而且能或清除或强化它们据以限制我们的那种强力的能力。它必须正确地对待构成它们的那些制度和信念之间的相互强化的作用,然而,它也必须证实它们之间相互关系的松散性。它必须提供我们理解这种构架得以形成的方式,然而,它也必须承认,我们根本无法发现可能

---

〔1〕 William A. Galston, "False Universality: Infinite Personality and Finite Existence in Unger's Politics", in *Critique and Construction: A Symposium on Roberto Unger's Politics*, eds. by Robin W. Lovin & Michael J. Perry, New York: Cambridge University Press, 1987, p. 28.

〔2〕 See *ST*, pp. 165-169.

解释它们实际内容及历史的那些并非琐碎的法则、限制或者趋势。[1]

昂格尔用五个命题来说明他的超级理论的主要内容[2]：

第一，生发性构架与常规行为相区别的命题。反必然性社会理论接受深层结构理论的第一项假定，同时反对第二、三项假定。首先，在任何社会和历史环境中，能够区分出生发性构架与该构架生产并影响着的常规行为。其次，生发性构架并不是不可分割的整体，其构成要素可以被打散而重新组合，因此并不存在特定社会形态内生特定社会组织或制度形式的问题。同时，与非进化性深层结构理论的假定不一样，生发性结构是可以在不同社会条件下创造的。例如，资本主义的理念下，可以有多种生产经营方式和制度形式，不存在某种特定的统一模式（昂格尔称这种主张为"反制度拜物教"[3]）。最后，构架是历史中在偶然、任意因素综合作用下逐渐生成的，那种认为构架产生自潜在规律，进而推论"构架就是构架"的观念是站不住脚的（昂格尔称之为"反结构拜物教"[4]）。

第二，构架维护的常规与改变构架的冲突之区别相对化的命题。常规行为日积月累而升级可以形成改变生发性构架的力量，因此在所谓日常行为与革命行动之间的分别必须被相对化。随着实践或想象的冲突扩大、加剧，生发性构架的不同部分将被撼动。结果，已确立的关于集团利益、集体认同和社会可能性的假定，也会发生动摇。假定的动摇，将带来一个稳定的社会世界的松动，因为那些假定从来就不是神圣的，而是应用于该社会世界的种种安排和"前见"（preconceptions）。在另一个方向上，改变构架的冲突也可以转化为常规行为，只要维护构架的力量具有足够的适应能力。这两种转化之间不存在什么更高级法则进行指引的问题，但也并非不可知，其

---

[1] *FN*, p. 7.
[2] *ST*, pp. 151ff.
[3] *ST*, pp. 200-201.
[4] *ST*, p. 201.

具体形态是可以观察且进行分析从而加以引导的。[1]

第三，构架的防御性（entrenchment）可变的命题。首先，生发性构架在其保护自身免受日常冲突挑战和修正的防御性程度方面是不同的。生发性构架防御性越强，常规行为转化为改变构架的冲突经历的中间环节也将越多，同样，改变构架的冲突也越有可能转化为日常冲突。其次，每个构架的防御性也不是一成不变的。日积月累的常规行为可以消损构架的防御性，构架也可以在各种冲突的挑战之中重新固化。构架防御性可变的特点与组织和理解社会生活的方式密切相关。在更少防御性的构架内，人们对于人造社会的认识更充分，因而更具备创造力，能够带来社会生活更丰富的内容和形式。所以，不能将防御性的消解误解为步入无政府状态。最后，生发性构架可修正的程度与它加置在社会分工和等级制上的强力之间，存在着一定的正比关系，如果能引起社会分工和等级制的变化，也将增加构架的可塑性。[2]

第四，以日积月累的方式松动防御性的命题。[3]通向构架松动的运动没有规律可循。构架赋予实践改变力量越大，日积月累地通向更大的可修正性就越有可能。这种发展可以是有意识行动的产物，也可以是构架松动的非意图性结果，例如，生发性构架可塑性（dis-entrenchment）增大，将导致更多的、不同的实践能力和意识形态争论的产生。因此，可以设计动摇构架的制度安排和想象，但不能指望在构架发生变化的每个步骤都能匹配相应的安排和想象。生发性构架影响它自己的后继发展产物，但并不能“决定”这些阶段性产物，因为构架的各个组成部分的可修正性也存在差异，生发性构架的变化由此不是整齐划一的。

---

〔1〕　这个命题能够用以说明，以往那些革命理论将希望寄托在如无产阶级等固定社会力量之上，随着该社会力量行为性质的转化，最终都不免要理想落空。*ST*, p. 151. 当然，这并不表明昂格尔反对“阶级”作为一个分析概念的作用，相反，我们在第四章将看到，他认为主流的理性化法律分析正是缺少这种阶级分析的意识，才看不到更广泛的社会现实与冲突。

〔2〕　昂格尔用这个命题说明，建立在流动性资本基金而非绝对性财产权之上的市场，更有可能扩展社会资本积累以及经济决策分权化的机会。*ST*, p. 156.

〔3〕　我采用了意译，原文为 “The Theme of Possible Movement Toward Disentrenchment: Cumulative Change Without Evolutionary Compulsion.”

第五，渐进式替代构架的命题（The Theme of the Piece-by-piece Replaceability of Formative Contexts）。生发性构架的各个组成部分不存在同步发展或同时产生的情况。主要的组成部分经常是渐进变化的，它们的逐步被替代又重新塑造了其他的事件和冲突，进而一点一滴改变着那些决定经济资本、政府权力和科学知识使用的社会分工与等级制。[1]

（三）昂格尔的理论意图

昂格尔理论创新最大的独特之处，就在于他对于"生发性构架"的洞识，以及对构架面向人类自由可修正性程度的分析。[2]从这个角度来看，盖尔斯顿批评昂格尔将自己的立场摆在一种超越他自己所倡导的批判力量的位置上，其实不能令人感到信服。昂格尔并不是在为人类规划未来，他所从事的工作是揭示那些限制着人们实践和想象的因素，寄希望于在这种揭示之后，通过更丰富的想象和日积月累的行为不断撼动这些制约因素。在这个意义上，理论与实践、应然与实然、价值与事实、肯定自由与否定自由等二元概念的对立图景，在昂格尔的思考中站不住脚。美好的东西需要实践去发掘，也只有实践才能发掘，不存在哲学或者理论家指导层面的问题，如同理查德·罗蒂（Richard Rorty）的精彩评论所指出的，"万事皆政治"对于昂格尔来说，正意味着"政治史不能教授的东西，哲学也不能教"。[3]美好生活就蕴涵在实践之中，虽然实践不可能将它自然绽放出来。

昂格尔清楚地告诉我们，人的自由实践无法完全摆脱生发性构架的束缚，但是可以通过日积月累的行为挑战构架的防御性，增强构架的可修正性程度。历史研究的成果已经表明，生发性构架的开

---

〔1〕 应当把昂格尔的这个命题与转型理论中的"渐进路径"加以区分。二者最大的不同，在于昂格尔从不认可所谓渐进式改革中强调复制发达民主工业国家既有制度的倾向，他的这个命题更侧重于主张，通过重新组合制度的构成要素实现制度创新的可能性。

〔2〕 Cui Zhiyuan, "Editor and Introduction", *Politics Theory against Fate by Roberto Mangabeira Unger*, London & New York：Verso, 1997, p. vii.

〔3〕 Richard Rorty, "Unger, Castoriadis, and the Romance of a National Future", in *Critique and Construction：A Symposium on Roberto Unger's Politics*, eds. by Robin W. Lovin & Michael J. Perry, New York：Cambridge University Press, 1987, p. 43.

放化为社会带来大量有形的和无形的优越性，从激励生产力的发展到更有意识地掌握社会环境的人类实践等，甚至可以说，所有形式的个人或集体能力的加强（empowerment），都与构架的"可塑化"程度加强密切相关。昂格尔提出用"否定能力"（negative capability）这个概念来表示生发性构架的相对防御性程度和相对开放性程度[1]。否定能力这个术语，来自浪漫派诗人约翰·济慈（John Keats，1795—1821），在昂格尔的使用中，它既指人的积极的意志，又指在思想和行动中超越任何既定构架的能力。用昂格尔的话说，增强"否定能力"就是增大构架面向冲突的开放性和可修正性。[2]总而言之，昂格尔的社会理论可以被表述为，要在解释论和政治纲要中，为最大限度赋予人类这种否定能力而提出论证，他的政治纲要也致力于追求赋予这种否定能力的最佳制度形式——因此称为"赋能民主"纲要（the program of empowered democracy）。

借用这种反必然性的理论视角，昂格尔提出了反对结构拜物教（structure fetishism）和制度拜物教（institution fetishism）的见解，并通过这个见解将他的解释理论与实践纲要联系起来："反必然性社会理论的发展有助于增进那种激进计划——自由主义、左派和现代主义（那些私人关系方面的激进派）所共享的事业。这种社会理论推进激进事业，是因为它有助于形成更能摆脱制度拜物教和结构拜物教的社会理解。"[3]在此，昂格尔给我们提供了一幅与众不同的政治理论的图画，我们下节将从他的结构拜物教和制度拜物教批判开始，观察他的政治纲要。

六、从解释论到政治纲要

（一）哪一种"政治"？

已故著名自由主义政治哲学家朱蒂丝·史柯拉（Judith Shklar）

---

〔1〕　*FN*, p. 279.

〔2〕　*FN*, pp. 279-282. See Cui Zhiyuan, "Editor and Introduction", *Politics Theory against Fate by Roberto Mangabeira Unger*, London & New York：Verso, 1997, p. viii.

〔3〕　*FN*, p. 200.

曾批评昂格尔简单地把法律视为一种规则体系，抽空了法治的政治内涵。[1]但正如新左派理论家佩里·安德森指出的，此类评论同样抽离掉了昂格尔的"政治"：昂格尔对于社会民主主义的反对，是他提出理论问题的起点。[2]昂格尔所理解的社会民主主义，指的是当代世界在普遍社会福利压力下形成的那种非政治性的侧重阶级调和、社会再分配、适度社会参与和政治参与的制度安排及其想象。他观察到："当今世界单一性的、最具吸引力的新兴社会组织模式——最少压制、最尊重能感受到的人类需要，并因此也最吸引多数有思想的公民最广泛多样的支持——是社会民主主义。"人们从不认为社会民主主义是一种乌托邦，也不觉得它可以适用于任何地方，只是认为，它是人类在不确定的将来能够期望的最好东西。[3]然而，在昂格尔看来，社会民主主义在政治上以宪政议会制度为基础，在经济上坚持建立在绝对财产权上的市场经济体制，在生产和工作模式中严格区分资本所有者、管理者与工人，这些特征正是结构拜物教和制度拜物教的典型表现，尽管它在再分配和政治参与方面做出了许多重要推动。

安德森没有指出，昂格尔理论思考最直接的现实关注点，是困扰着西方工业民主国家与社会主义阵营[4]的那个难题：在改革与"重新固化"（reentrenchment）之间来回震荡的处境。持续爆发的党派纷争以及公民福利要求，迫使西方民主国家不断地调整再分配方案和经济激励政策，但是在矛盾冲突略微缓和之际，新的制度框架重新固化，抵制异议和纠纷的出现，直到新一轮纷争剧烈爆发；同样，社会主义阵营在经济集权化与分权化之间反复徘徊，每一轮政策变革都在处理了旧问题的同时又产生新的问题，迫使改革政策退

---

〔1〕 Judith N. Shklar, "Political Theory and The Rule of Law", in *The Rule of Law: Ideal or Ideology*, edi. by Hutchinson & Monahan, Carswell, Toronto, 1987, pp. 1–16.

〔2〕 Perry Anderson, *A Zone of Engagement*, London & New York: Verso, 1992, p. 141. 需要指出，安德森的这个意见并非针对史柯拉而来，后者那篇内容极为丰富的论文在涉及昂格尔时，也只是提到他的早期著作。

〔3〕 *FN*, p. 25.

〔4〕 《政治学》最初出版于 1987 年。

缩。昂格尔指出，这类显得固执而且神秘的震荡，实际上是对那种宣称基本社会安排建立在自由意志和公民权利、而非强制性权威或盲目漂移之上的官方文化的一种侵扰。这种侵扰蕴涵的理论意义非常显著：结构可以被松动，制度安排拥有无限创新的可能性。[1]关键在于打破结构拜物教和制度拜物教的迷思，还基本构架一个开放性、可修正性的面貌。

　　昂格尔使用"拜物教"一词既与马克思主义有关（例如，将具体的制度形式等同于抽象理念，这个意义与卢卡奇的"物化"概念有一定的相似之处），又有他自己的独特特征。制度拜物教指的是这样一种思维：将某些具体的、高度偶然性的制度安排等同于自由、平等、市场、资本主义等诸如此类的综合、抽象的理念。制度拜物教者可以是古典自由主义者，他们把近现代欧洲历史上偶然形成的那套权宜之计的政府和经济制度，当作代议制民主与市场经济的最终表达；也可以是某类马克思主义者，他们把相同的制度形态看作阶段性的、能够借以通达未来发展的必然性步骤；同样可以是实证社会科学研究者，他们把当前的制度形式作为协调利益和处理问题无可争议的基本框架。总体而言，"制度拜物教从那种要么贬低构架—常规之分，要么将此区分系于深层逻辑社会理论特有的意图和假定的社会思想风格那里，获得了它的启示。"[2]

　　结构拜物教是与此相关联的更一般层次上的思维。它否定人们能够改变置身于其中的生发性构架的性质与内容。无神论者是其中的一种类型，他否认超验性标准的存在，认为人类只能在具体的历史情景中适用该情景中的规则。后现代主义者是另一种类型，他认为人类只有在对于既存的规约和制度持续不断的反叛中才能找到自由。这两种类型的结构拜物教都不能将现代历史主义的洞识再向前推进一步，无法理解人类的自由以及置身于其中的框架都是在历史中逐渐形成的（up for grabs）。结构拜物教的讨论主要出现在有关知识和道德问题的对话中，但是，松动结构（即松动了维护构架的常

---

〔1〕　*FN*, pp. 5-6.
〔2〕　*ST*, p. 201.

规与改变构架的冲突之间的区别）的实践、制度和信念，能够产生更多样性的人类"授权"（human empowerment），结构拜物教的政治意义同样不可忽视。[1]

结构拜物教与制度拜物教在当代各种思潮和制度理念中都有表现，昂格尔提出的两种反对意见使得他的构想不同于其他任何解放性的政治学说。整体而言，昂格尔的理论抱负在当代来说完全属于异端，霍尔姆斯仅因其"反对自由主义"就将他放在"战后非纳粹的反动思潮"中进行指责，实在过于粗疏。佩里·安德森认为："就纯粹的想象力冲击而言，昂格尔的社会重构计划没有当代的对应物（contemporary counterpart）。"[2]如我们所见，比起昂格尔的激进构想，与他思想同样活跃的哈贝马斯则已经显得"保守"了。哈贝马斯批评资本主义合理化倾向导致了系统对于生活世界的"殖民化"，需要他的交往行为理论为整个秩序重新奠定基础，正如他的程序法治主义所设想的，应当在系统（如权力）之中设置程序通途，以便生活世界的规范力量能够流入。哈贝马斯的批判哲学来自西方马克思主义，但是，正如安德森的批评所指，他的构想中对生产者和公民重构异化了经济和政治秩序这种马克思主义传统立场未置一词。"昂格尔在思想上较之哈贝马斯更远离马克思主义传统，但在这个方面的政治上则与之更近。"[3]然而，昂格尔的理论并不能归属于马克思主义。他认为，赋能民主的纲要"寻求个人的与集体的授权，这种授权能够从动摇各种形式的依附和支配的制度安排创建中产生，能够通过改变常规与革命之间的对立实现这一点"[4]。在很大程度上，赋能民主纲要接受了马克思主义的左派政治纲领，但是在以下三点上存在重要差异：首先，它坚持自己独特的解释论背景，不认同马克思主义的深层结构逻辑的假定。其次，它拒绝那些被等同于抽象理念的特定制度形式，但不反对市场经济和代议制民主此类的

---

[1]　*ST*, p. 201.

[2]　Perry Anderson, *A Zone of Engagement*, London & New York：Verso, 1992, p. 143.

[3]　Perry Anderson, *A Zone of Engagement*, London & New York：Verso, 1992, p. 200.

[4]　*FN*, p. 25.

概念，相反，“它在民主和市场的替代形式的发展中，寻找既能实现左派又能实现自由主义目标的最大希望”[1]。最后，它高度重视主流左派理论和实践充满敌意的制度思想与制度实验传统：小资产阶级激进主义传统。[2]

（二）赋能民主的制度纲领

昂格尔的法律思想只是他整个社会政治理论的一部分。本书不可能详细阐述昂格尔的赋能民主纲要，只能就其大概进行描述，我们的目的是为进一步讨论他的法律思想提供基础。[3]

1. 政治制度

需要强调，昂格尔的制度设想不是凭空产生的，他采取的是一种内在批判的思路，通过揭示既有制度在理想与现实之间的落差，构设更能激励多样性生活形式和想象的制度形态。[4]在政治制度上，昂格尔的基础是当代美国宪政安排。

（1）多头政府部门。昂格尔不满意“分权制衡”式的宪政安排，他认为，三权分立的架构既限制了政府权力推动政治变革的力量，又容易导致公共权力为党派所“俘获”（如议会政治成为“党派精英政治”的代名词，普通民众被排除在外）。他提出，赋能民主纲要是把政治权力交付给公民而不是被党派控制的政府部门。两个新的政府部门由此被设计出来。一个是“人力与资源部”（the department of Human Resources），负责整合政府各工作部门，帮助公民充分获取参与经济和政治行动的信息和资料，并且拥有干预其他部门事务以保证资源面向公众开放的权威，总之，其功能在于确保没有任何机构能够垄断足以改造社会的资料与人力。另一个是“改变现状部”（the department of destabilization），负责打破那些有可能干扰个人自由与创造力的经济、政治垄断，允许个人挑战任何赋能民主纲要之

---

　〔1〕　*FN*, p. 25.

　〔2〕　*FN*, p. 25.

　〔3〕　我的分类和概述参考了 John J. A. Burke, *The Political Foundation of Law and the Need for Theory with Practical Value：The Theories of Ronald Dworkin and Roberto Unger*, San Francisco：Austin & Winfield, 1993, pp. 63-83.

　〔4〕　这种偏离主义者或者“测绘与批判”的制度创新进路，我们放在下一章讨论。

下的制度和机构，以便充分改变个人的处身环境。为了避免新的部门成为新的权力垄断之源，昂格尔要求人力与资源部的官员必须经由政府部门、政治党派和一般公众联合选举产生，而改变现状部则继承美国联邦法院的模式，只是扩大了维护公民反对政府之权利的权限。[1]

（2）决策中心。在昂格尔的构想中，政府部门的多头性不同于权力分立的形态，各个部门分配到的优先性或权重并不一样。最重要的一个部门是"决策中心"，负责政府的立法和执行功能。昂格尔认为，决策中心的稳定性是政府运作的必要条件，它将保证推行执政党的政治理念，并且产生和指挥军队、执行对外政策等。同时，决策中心还承担协调其他各政府部门的责任。与官僚精英的治理机构设计不同，决策中心面向党派和公众的开放性要大得多，每个党派和公民代表都能在此提出政治主张，这种高度的自由度使得赋能民主能够避免陷入那种改革与僵化的恶性循环中。人力与资源部以及改变现状部是较次一级的政府部门，在它们之下，还有其他具体机构和部门。不过，虽然优先性和权重不同，多头政府部门之间并不存在隶属关系。[2]

（3）赋能民主的宪法。这个宪法的目的不是为社会设定相对稳定的框架，而是阻止社会陷入特定的制度安排和秩序之中，因此可以称为是一种"否定构架的构架"（structure-denying structure）。昂格尔强调，如果说18世纪形成的自由主义宪制精神是保障既存的社会分工和等级制，那么，赋能民主的宪政精神就是追求那种"未曾创造出来的体验形式"（uncreated forms of experience）。这种宪法创造出来的社会环境，是一种扩大和加强人们满足欲求和梦想的机会的社会环境，而不是将个人禁锢在某个特定社会角色位置上的秩序感。在赋能民主的宪法之下，昂格尔设想了一种"微宪法"体系（miniconstitutions），其目的是承接传统宪政中有关选举政治领袖、执政党派以及从事议会政治、政府治理的功能。在这种微宪法体系

[1]　*FN*, pp. 444–457.
[2]　*FN*, pp. 457–474.

中，党派敌对的概念被转化为对社会欲求的表达，因此"党争"不是最终目的，以新的冲突来改变构架才是制度设计的初衷[1]；此外，在微宪法体系中，个人得到最低限度的福利保障，这种最基本的经济和资料保障能够使个人避免流离失所的感觉。昂格尔主张，赋能民主宪法之下的权力体系应当是一种高度分权化的状态（decentralized），个人和集体有足够的保障以便自由退出特定组织、政府和联合体，公共权力的分配也更倾向更低的、地方性的政府，这种权力配置模式能够同时保证个人对于社会关系的批判感以及地方治理的自主性。[2]

2. 经济纲要

赋能民主中的经济纲要，最显著的特征就是要在现代工业社会条件下重构小商品生产，以取代那种强调规模效应和劳动分工的自由市场经济模式。我们知道，小商品生产作为欧洲封建时期盛行的生产方式，在近现代化过程中，遭到来自自由主义和马克思主义两方面的抨击，并随着现代化工商业的发达而日益出离理论研究者的视野。昂格尔对于小商品生产的重构主要出于这三种考虑：首先，他认为，小商品生产保持着旺盛的生命力，并没有如同古典社会理论及其继承者所说的那样已经被淘汰[3]；其次，他认为小商品生产更能赋予人们否定能力，而这是那种以严密分工和等级制为基础的现代化企业制度所无法做到的[4]；最后，小商品生产能够破除人们对于绝对财产权的迷信，后者已经严重地束缚了人们的制度想象，是当代最普遍、最根深蒂固的制度拜物教[5]。

对于小商品经济纲要，昂格尔设计了三个层次的制度：其一，是以流动性基金（rotating fund）为核心的经济制度。这种基金在赋

---

〔1〕 *FN*, pp. 461–462.

〔2〕 *FN*, pp. 476–480.

〔3〕 *FN*, pp. 180–195. See John J. A. Burke, *The Political Foundation of Law and the Need for Theory with Practical Value：The Theories of Ronald Dworkin and Roberto Unger*, San Francisco：Austin & Winfield, 1993, p. 74.

〔4〕 *FN*, p. 495.

〔5〕 下文将涉及财产权问题。

能民主打破财产权绝对持有的条件下，负责分派投资资金。其二，是多个投资基金构成的经济制度。这些投资基金从流动性基金那里获得资金，然后借给任何需要资金的人员。其三，是无数个小型合伙或团体构成的经济制度，包括工人团队、技术人员或者企业家等任何人士。[1]按照这样的设计，我们看到，自由主义企业理论的核心理念"资本雇佣工人"将被完全摒弃，因为通过流动性基金和投资基金，工人或者任何劳动者都能够获得必要的资金支持。同时，管理者、工人以及技术人员之间的分工也被抛弃，因为小型团体生产所要求的协作并不需要这种僵化的分工模式。

昂格尔的经济纲要设计非常精密严谨而且雄心勃勃，在此不能展开阐述，仅举出一例予以说明。例如，查尔斯·蒂利（Charles Tilly）、迈克·曼（Michael Mann）等指出，现代民族国家兴起的一个重要标志是国家对于税收的依赖程度增强，也就是说，国家不再是与市民阶层竞争的有产政府，而是以提供安全保障为条件换取来的征税权作为运作基础。现代民族国家的这个历史特征一直在各种争论中扮演着迥然不同的角色：自由主义理论家认为，这个特征正是国家恪守"正当守夜人"（right watchdog）职责的天然屏障，一旦国家行为超出这个范围，纳税人就能施以报复；左派理论家则认为，这个特征是国家容易为利益集团俘获的原因，而分散的公众由于在税收中份额极小，根本没有能力参与围绕税赋利用和政策决定的协商。在昂格尔的构想中，国家的运作并不依靠税收，而是当各个小型的生产团体财富达到某个水平时，企业所有资本超出某个值的部分将被要求归还社会资本基金，后者对之面向投资基金进行再分派。这样一来，国家机器的运行就不必受制于纳税大户，其构想已经超越了自由主义和传统左派的想象空间。同时，为了能兼顾效率和公平的要求，昂格尔设计两种并行的投资基金模式：一种是通过拍卖方式获得资金，用以保证资金流向更有效率的生产团队；另一种则禁止资本买卖，用以直接支持公共福利性的团队。

---

[1] *FN*, pp. 491ff.

3. 法律权利

昂格尔指出，不同的权利制度的设置和想象蕴涵着不同的人类联合形式的假定，自由主义私权体系是一种将规划市场的权利模式应用于整个生活领域的企图。[1]昂格尔质疑道：这样的安排的正当性何在？以契约和财产权利为例，昂格尔认为，在现行权利模式强调的利己主义和非人情化交易之外，契约中还含有利他主义的信赖利益与共同体生活的意义，如何能仅根据前一种想象安排更广阔领域的社会生活？[2]此外，绝对财产权是在认为小商品生产已经为现代化生产模式淘汰的假定前提下推行的，但是这个认识与小商品生产依然大量存在的事实并不相符，如何能就此确定绝对财产权的神圣起源？[3]昂格尔为赋能民主设计了四种权利模式，它们的功能与上述政治制度和经济纲要一样，旨在赋予人们相对化维护构架常规与改变构架冲突之间区别的能力。下面概述四种权利的内容：

（1）市场权（market rights）。市场权是用以参加经济交往的权利。当然，这种经济是在赋能民主纲要之下重建的经济体制，市场权的功能也相应被界定为：确保工人、技术人员以及企业家团体获得有条件的、临时的社会性资本进行生产和发展，并因此而增强经济分权程度以及经济制度的可塑性的权利。市场权可以分为两类：第一类是投资基金的权利，能够限制贷出资金的具体使用时间和利率，还能干预借方的工作组织模式；第二类是个体或自行或通过组织团体参与交易的权利。市场权必须与否定财产权的绝对性联系在一起，才有存在的意义，因为只有建立在有条件的、临时性的和分散化的财产权利［昂格尔称为"共有财产权"（consolidated property right）］之上，市场权才能够保障所有人获得发展资金的机会，并且不会因经济上的这种发展形成新的特权和等级。[4]

（2）豁免权（immunity rights）。约翰·J. A. 伯克（John J. A.

---

〔1〕　*FN*, p. 196.
〔2〕　关于这个问题，本书下一章还将详细讨论。
〔3〕　*FN*, pp. 198–200.
〔4〕　*FN*, pp. 520–523, and *CLSM*, p. 39.

Burke）认为豁免权的功能可以比作美国的权利法案，[1]不过从个人获得保护的方向以及力度来看，这个看法并不贴切。豁免权保护个人抵制公共的或者私人的权力加置的任何制约，其范围从足以影响其生活的集体决定，直到他自己所能感受的任何经济及文化的剥离感。这种权利模式给予个人一种可靠的信任度，相信能够免受赋能民主运作中扩大的任何冲突的侵害。正是这种信任度，确保个人在参与做出社会重组的集体决定时能够无畏而且积极。依照昂格尔的考虑，豁免权保障个人获得维护体面生活水平（a decent standard of living）的最低限度的物质和文化资源。就权利的内容而言，豁免权包括（受）教育权、健康医疗权、居住权和获取食物权等。除了这些维系生存与发展的权能之外，豁免权还是一种扩展了的政治参与权，确保个人能够直接参与影响日常生活的公共决策。此外，传统的刑法也被包括在内，用以保障个人免受外力的伤害。当然，昂格尔指出，豁免权并不帮助个人规避生活中可能遇到的不确定性和风险，例如个人不能根据这项权利去要求某个特定的工作职位，他必须在市场中经历求职的焦虑和挫败，但是豁免权应当给他自愿退出或组织共同体生活的资格，以便通过他自己的方式增强应对风险的能力。[2]

（3）改变现状权（destabilization rights）。个人无法完全摆脱生发性构架的影响，大量的组织和社会实践对于日常冲突而言依然是封闭的［或者曾经开放而后又封闭，即"重新固化"（reentrenchment）］，个人应当拥有一种权利去打破这种禁锢，防止等级和特权得到巩固。昂格尔自己承认改变现状的权利新颖得令人难以捉摸，但是他认为，在一个"否定构架的构架"（即赋能民主的宪法）中，个人必须持有这种权利，以便创造出更充分的制度实验主义机会。昂格尔曾说明，改变现状权不能依靠现有的司法条件实现，即三权

［1］ John J. A. Burke, *The Political Foundation of Law and the Need for Theory with Practical Value: The Theories of Ronald Dworkin and Roberto Unger*, San Francisco: Austin & Winfield, 1993, p. 80.

［2］ *FN*, pp. 524-530, also see *CLSM*, p. 39.

分立体制下的司法没有足够的权力给予个人这种改变现状的机会（我们以后还会遇到昂格尔的这个观点）。他认为，只有在他设计的"改变现状"部门（"destabilization" branch）中，才有可能根据个人的要求阐释这种权利诉求。昂格尔一再强调，改变现状权是赋能民主权利体系的中轴，只有通过这个权利，其他权利才可能充分运行。[1]

（4）团结权（solidarity rights）。团结权给予信赖和信任这些社会关系以法律形式，倡导一种社群或共同体的生活图景。不过，如同早期著作中论述的那样，昂格尔并不坚持共同体的、利他主义的生活图景具有价值上的优越性，他主张，团结权在保障小团体，如家庭、工场、社区等的和睦之外，应当保护个人参与这种生活的自由意志。也就是说，昂格尔期望通过团结权实现他论述有机群体时构设的"内在秩序与外在超越"的辩证结合。正是基于对于"自由意愿"的强调，昂格尔主张，团结权不是一种可以强制执行的权利，必须通过清楚的界定之后自愿的履行才能实现。[2]

---

〔1〕　*FN*, pp. 530-535.
〔2〕　*FN*, pp. 535-539, and *CLSM*, pp. 39-40.

第三章
偏离者的法律艺术

　　在整体上了解昂格尔的理论思想之后，我们就回到第一章留下的那个尾巴：作为法学家，昂格尔用什么样的技艺完成他所需要的法律制度变革?[1]昂格尔不同于批判法学运动的许多其他研究者之处，正是他基于批判而重构法律制度的努力。本章观察昂格尔从对自由主义法治的批判走向重构的内在思路。在开始讨论之前，应当指出的是，昂格尔在发表《批判法学运动》前后，其思想已经产生某些重要的发展，其问题的关注点、研究方法以及论述风格都有较为显著的变化，这种变化使得科尼尔·韦斯特认为，昂格尔的前后期著作之间存在某种"认识论的断裂"。因此，更应当根据其后期理论方案来讨论他的建构技巧。在 1983 年 5 月为新版《知识与政治》撰写的后记中，昂格尔说明了自己理论思想的这种发展与变化：

　　　　在我写作《知识与政治》时，我对一系列我尚未找到办法从头加以处理的关于社会和个性的事实及规范问题保有兴趣。实际上，回头看来，我承认我处理这些问题的方法的确非常间接。虽然自从我写作本书之后，引起我兴趣的那些问题已经发生变化，但是，它们尚不及我针对它们的方法改变得大。[2]

　　在昂格尔自己总结的三个变化领域，我们能够看到《政治学》

────────────

　　〔1〕　这个问题用杰瑞米·沃尔德龙更为贴切的表述，即："当一位法学者竭力推陈一些事情，如新的政治代议制度或者对于财产权的新思维之际，他的法律教育做出了什么增加他建议的力度和说服力的贡献?" Jeremy Waldron, "Dirty Little Secret", *Columbia Law Review*, Vol. 98, No. 2 (Mar., 1998), p. 511.

　　〔2〕　Unger, "Postscript", in *KP*, 1984, p. 337.

中的几项重要观点：在关于社会现实的观念中，确认生发性构架与常规行为之间的区别，同时相对化维护结构的行为与改变结构的行为之间的反差；在对自由主义的批判中，承认自由主义与其反对面社会主义、共产主义一样，都是世俗化的关于解放的学说，理论研究不是要抛弃自由主义，而是推进这些学说共享的理念，即推进社会作为人造物的理念，昂格尔在这篇后记中首次将这项事业称为"超自由主义"（super-liberalism）的方案，尤其是使得这些理念摆脱 19 世纪更有影响的社会理论与制度设计的制约；在哲学范畴中，致力于揭示被主导的普遍性观念所遮蔽的丰富的多样个性，由此清除加置在制度安排和想象中的偏见。[1]沿着这种思想转向，昂格尔在 1987 年推出了鸿篇巨制《政治学》，形成独特的反必然性社会理论。

　　让我们从这场思想变化的分水岭开始。1982 年 3 月，其时如日中天的批判法学运动在哈佛法学院召开第六届年会，青年教授罗伯托·M. 昂格尔发表晚餐讲话。次年，这篇题为《批判法学运动》的论文以异乎寻常的篇幅发表在《哈佛法律评论》第 96 卷第 3 册上，占用了该期杂志超过 1/2 的版面。这篇论文是批判法学的经典，同时也是理解昂格尔思想发展的重要文献。[2]在该文中，昂格尔直接在英美法学氛围中演示他的批判理论，同时从这种批判出发，进入一种更为宏大的社会、政治理论和行动纲领的谋划，预告了《政治学》的努力方向。因此，《批判法学运动》除自身的独立价值之外，也是一份过渡性质的文献，其内容的丰富性需要放在昂格尔全部著述史中加以把握。在本章中，我们主要关注这篇论文（我所使用的是作者对该文略施修订后于 1986 年出版的同名专著）中的"建构性意义"：昂格尔提出一种"偏离主义者原理"（deviationist doctrine）

---

〔1〕　Unger, "Postscript", in *KP*, 1984, pp. 338ff.

〔2〕　See Calvin Woodard, "Toward a 'Super Liberal State'", in *The New York Times*, Sunday, November 23, 1986, Section 7. 在这篇文章一部分，伍达德（Calvin Woodard）分析了昂格尔观念与正统法科学生之间的差异，并解释为昂格尔理论难以得到广泛接受的原因。

的思路，[1]从对现代法治的批判迈向了一种新的理论和政治方案。本章研究昂格尔提出的这种制度的重构原理，尤其是希望观察他从内部批判并重构法律制度的技巧。

一、再探法律不确定性

（一）形式主义与客观主义

《知识与政治》提供了自由主义法治的形而上学批判，被称为批判法学的哲学表达（威廉·埃瓦尔德语），其中关于法律不确定性的批判，主要通过规则与价值二律背反原则而表现出来。本书第一章中关于此内容的讨论，提示了不确定性与开放性的理论联系，而在《批判法学运动》中，昂格尔对法律不确定性的批判，更加具体地揭示出被自由主义法治遮蔽掉的那些社会生活的可能性。这种批判思路在《法律分析应当为何？》（1996）中得到延续和推进。

《批判法学运动》设置了对于形式主义的系统批判，这种形式主义是现代法治倡导的那种法律自治特性的扩大化版本，即相信存在着一种不同于意识形态或政治争议的法律论证方法。[2]昂格尔指出其命题的虚假性：

> 学说的每一个分支都必须或隐或显地依赖于某种人类联合形式的画面，这些联合形式在该画面所涉及的社会生活领域中是正当的、现实的。例如，宪法学家需要一种民主共和国的理论，来描述国家与社会之间的适当关系，或社会组织以及政府必须保护以实现的个人权能的本质特征。

> 没有了这样一种引导性观念，法律推理似乎贬低为一种轻松的类推游戏。回过头来看，经常可以发现，做出一套区分——或者不能区分——的多少有些合理的方法，看起来都很可信。通

---

[1] 需要指出，在1996年的《法律分析应当为何？》中，这种思路以"测绘（mapping）与批判（criticism）"的形式得到推进。本章的讨论因此将集中在这两部法学著作（《批判法学运动》和《法律分析应当为何？》），我们的目的是观察这种偏离主义者原理（测绘与批判）在制度重构方面的运用特点。

[2] *CLSM*, p. 1.

常的经验证实了这个可能性；每个有想法的法科学生或者法律人都有那种不安的感觉：能够如此之好或如此之简单地为太多相冲突的解决方案做出辩护。因为每件事都能辩护，也就没什么能得到辩护了；这种作为中介的类推方法（analogy-mongering）必须终止。由此，这样的可能性就出现了：某些已获普遍接受的理解和决定，通过诉诸有争议的法律规范理论或者这部分法律所涉及的社会实践，从而被看作是错误的，而受到拒绝。[1]

形式主义只有从一定的引导性观念出发，才能保持相对的确定性和融贯性，但引导性观念本身是多元而且相互冲突的，这就造成自由主义法律推理不可救药的不确定性。奥尔特曼在他的著作中引述了这段话，但他不认为这表明法律存在不确定性，他申言，是昂格尔误解了政治中立性和法律中立性的要求。[2]我们看到，昂格尔文章中已指出，形式主义批判必须与客观主义的批判联系起来看[3]，奥尔特曼没有指出这一点，他对昂格尔的批评，显得过分囿于英美法当代主流理念[4]。

在昂格尔的分析中，客观主义和形式主义作为一个整体，维系

---

〔1〕 *CLSM*, p. 8.

〔2〕 ［美］安德鲁·奥尔特曼：《批判法学——一个自由主义的批评》，信春鹰、杨晓锋译，中国政法大学出版社2009年版，第103页及以下。且见本书第一章论述。

〔3〕 所谓客观主义指的是根据制度内界定好的材料（无论是成文法、案例或是已接受的法律理念）进行论述的方式。*CLSM*, pp. 2, 5-6.

〔4〕 在1996年的著作中，昂格尔提出，通过观察"20世纪末期美国法学界法律评论文章的典型形式"，可以看出主流法学理论的某种弊端："这种文章典型地将扩展的法律规则和原理描述为相关联的一套政策与原则的表达。它批判已接受的规则和原理不足以实现其被赋予的理想目标。它以这样的法律改革建议作为结论：改革应在详尽的法律材料与意图说明这些材料的理想理念之间产生更值得维护、更具综合性的均衡。"昂格尔认为，这是"理性化法律分析"的典型表现，导致的结果就是法学理论在丰富的社会现实面前故步自封。*WSLAB*, p. 50. 奥尔特曼主张法官或含蓄或明确地诉诸自身的道德或政治信仰，以此强调自由主义法治并不要求"价值无涉"。他的意思是说，只要法官的这种道德或政治信仰，是"社会规约"所接受或能够为它所更新，自由主义法治就保持住了确定性和中立性。但是，这样的结果一定是使得法官不断地回溯既有判例，以便说明自己的判决保持住了融贯性。这既是"客观主义"（从法官必须选择的法律材料来讲）又是"理性化法律分析"（从法官坚持的说理来讲）的典型表现。奥尔特曼的观点，参见同前引书，第107~108页。昂格尔的"理性化法律分析"批判，下文和第四章还将涉及。

着自由主义法治的根本假定。昂格尔指出，客观主义有两个核心理念[1]：其一，区分基础政治和日常政治，认为前者负责选择社会类型，后者则是在已建立的基础框架内从事日常立法、行政、司法等操作。其二，认为每个社会组织类型存在着内在的、独特的法律结构。这两个理念如此之深重地控制着当代政治理论讨论，例如，人们不再把"市场"简单地看作是有关多元经济主体分散化决策的抽象概念，而是与相应的法律制度、经济政策等相联结的具体体系，如"市场经济""命令型经济"，抑或糅二者特征于一体的"混合经济"。客观主义和形式主义作为整体，其最严重的问题在于，它们将既存社会形态视为符合某种内在理性的演化成果，而其中不断涌现的冲突和不稳定，只是一些不可能撼动基本社会形态的小插曲。如前文所述，这是昂格尔根本反对的理论观念。至此，昂格尔重申了他在早期著作中的立场：对法律不确定性的揭示，是对既有理论所维护的社会秩序及其想象的全面颠覆。[2]

批判法律不确定性，在美国法律思想史中有着相当悠久的历史。最激进的表现，应当是法官杰罗姆·弗兰克（Jerome Frank）于 1930 年出版的《法与现代思想》，在这本著作中，身为法官的弗兰克嘲笑主流法学界：在法律中寻找"确定性"是一种儿童渴望在父亲的力量和智慧中寻找依靠的心理症状。莫顿·J. 霍维茨（Morton J. Horwitz）教授的杰出研究早已揭示，从早期进步论者对于客观因果关系的抨击，到新一代思想家关于形式主义的批判，是在同一思想线上递进延伸的过程。[3] 无论如何，批判法学不能被看作一场飘渺无根的运

---

[1] *CLSM*, p. 6.

[2] 正因为这些立场以及观点上的一贯性，本书不认可科尼尔·韦斯特关于昂格尔"认识论断裂或转向"的说法。从阿尔都塞的意义上讲，"认识论断裂"表明某种立场上的改变（如阿尔都塞指出马克思改变其青年黑格尔的思想立场），但是本书认为，虽然在《批判法学运动》与早期两部著作之间，存在着议题、方法、着力点，甚至具体术语使用等诸多方面的差异，但昂格尔的后期思想仍然能从早期著作中找到萌芽——虽然也许经常是极为幼嫩的种子。与本书相近的看法，参见朱景文主编：《对西方法律传统的挑战：美国批判法律研究运动》，广西师范大学出版社 2004 年版，第 51 页。

[3] Morton J. Horwitz, *The Transformation of American Law*, *1870 - 1960*: *The Crisis of Legal Orthodoxy*, New York: Oxford University Press, 1992, p. 62.

动，其思想立场可以说是延续并放大了19世纪末期肇始的法律社会学以及20世纪二三十年代蔚为大观的现实主义法学派。美国当代著名历史学家彼得·诺维克（Peter Novick）指出了主流法学理论对于学术界这股批判浪潮的反应："罗纳德·德沃金（Ronald Dworkin）和欧文·费斯（Owen Fiss）等主流法学理论家的论著表明，认知客观性的传统主张已被他们抛弃，法律解释被视为一种（类似于文学解释的）诠释学。他们认为，由于法学界的权威解释者把某些解读斥为'外行'，因而造成了极端的不确定性。他们希望，这种情况应当避免。"[1]我们知道，德沃金的"作为整合的法"（law as integrity）、费斯的"作为公共理性的法"（law as public reason）以及前期波斯纳的"作为效率的法"（law as efficiency）等，都是主流理论家应对法律不确定性批判的努力。值得我们重视的是，昂格尔采用什么思路与主流法学理论"交锋"？

昂格尔的矛头指向当代美国法学界最具影响力的两个理论流派，他认为它们典型地表现出那种客观主义与形式主义相联系的特征[2]：一种是法律经济学派，通过对市场这个概念的含糊使用，以抽象市场或者抽象环境中的最大化选择，剔除了推理中的不确定性；另一种是权利与原则学派，通过援引一种建立在潜在的道德秩序之上的自然权利，整合不同的法律部门。

昂格尔指出：①法律经济学派的问题在于，它把"市场"这个分析性装置[3]，等同于特定的经验和规范图景，将关于分配效率的形式分析概念等同于特定的经济增长理论或者特定的制度和社会秩序，由此造成的结果就是，一种特定的市场形态——尤其那种流行于当今西方世界的市场制度——取得了"市场"作为抽象理念所具有的指导意义[4]。②权利与原则学派的问题在于，它构造一种引导

---

[1] ［美］彼得·诺维克：《那高尚的梦想："客观性问题"与美国历史学界》，杨豫译，生活·读书·新知三联书店2009年版，第761页。

[2] *CLSM*, pp. 11–14.

[3] 依照昂格尔的界定，所谓分析装置，即完全脱离了关于社会运作的限制性条件，并且完全附属于需要独立论证的经验或规范理论的概念装置。

[4] *CLSM*, pp. 12–13.

法律进化主线并且用以批判边缘思想的客观秩序，但却无法妥善回答，这个客观秩序从哪里来？它有三种选择：其一，将既存的道德共识当作客观秩序；其二，视主流法律原则为超验道德秩序，用以指导现实；其三，在前二者之间进行折衷，主张关于已接受原则的共识不仅只是共识，还多少带有些超验的神秘色彩。但是，三种解释都或多或少地保持着对现状的依赖，帮助这个理论学派占据极为讨巧的位置：它既提出对权力进行修正的主张，又将这种修正保持在极为微妙的程度上，使得自己看上去既不是徒劳无益的辩护士，也不是不负责任的革命者。[1]

（二）推向纵深的批判

当代法理学流派具有深厚的思想史背景，昂格尔指出："法律经济学和权利与原则学派提供了一种淡化了的 19 世纪法律科学事业的翻版。19 世纪古典法学家的努力转而又表现为伴随着现代社会理论兴起的，更为常见、更为保守的社会学说。"[2]昂格尔指出：

> 这些社会学说谎称已发现法典般的社会生活和个性形式，这种形式从来不可能在根本上重新建造和重新想象，即使它可能经历过了腐败或者重生。[3]

古典社会理论的局限正在于此：它们把少数几种社会组织形式当作具有必然性、规律性的发展模式，认为社会制度框架是一种理性力量运作的成果，因此不能从根本上撼动。"（19 世纪法律科学）生气勃勃的观念是努力揭示自由政治和经济秩序隐藏的法律内容。这个内容存在于财产与契约的权利体系中，也存在于公法安排及其保障私人秩序的权能体系中。硬法（hard law）在社会分配方面，是自由社会内在法律内容确定的有关协作的中立法。它必须与坏的、软性的、政治的法律相区分，后者是使用立法权为自己分配权利和

---

[1] *CLSM*, pp. 13–14.

[2] *CLSM*, pp. 13–14.

[3] *CLSM*, pp. 13–14.

资源的集团抢夺政府权力的产物。"[1]接受了这种观念的当代法学理论[2]，一方面倡导个人权利理念（无论认为这种理念的核心是效率或是其他道德秩序）对于社会现实的批判能力，因此承认在理想与现实之间存在冲突和不稳定，另一方面又将既存的社会制度框架看作合乎理性的演化结果，从而主张个人利益之间的种种冲突最终经由妥善处理，都将导入既定的轨道内。这种执着于客观主义思维的自由主义法学理论，严重地损害了自身对于个人权利的承诺。[3]

形式主义所诉诸的那些引导性观念，如目的、政策和原则等，只能来自客观主义所勾画的那种道德或实践秩序，一旦超出这个范围来寻找材料，法律推理就需要援引一些对法律而言比较陌生的规范性理论进行说明，但是如果有了这样的说明，也就无法再维持法律推理相对于意识形态或政治争论的独特性了。[4]不过，如果坚持法律材料的这个权威范围，按照昂格尔的分析，则同样陷入那种将历史过程中偶然形成的、用以解决具体问题的规则体系和制度样式当作某种社会形态的内在制度结构的错误。昂格尔指出，这个错误在19世纪的法学家那里已经出现，他们把西方社会偶然出现的那些法律制度，视为民主和市场的镶入型法律结构（built-in legal structure），依照这种认识，在选择民主和市场的社会形态时，相应地，必须选择那些已经界定好的法律制度模式。[5]对于昂格尔而言，自由主义法学理论及其思想先驱们在致力于勾画一幅融贯的、一致的、稳定的、确定的法律运作图画时，完全压抑住了人类关于社会生活形态和制度形态多样性的丰富实践与想象，这种压抑的结果，就是

---

〔1〕　*WSLAB*, p. 41.

〔2〕　但在相当多的方面，当代法学理论已经不同于19世纪法律科学，如社会福利权的出现、私法公法化等。参见 *WSLAB*, p. 28.

〔3〕　通过区分基础框架与日常冲突来吸纳——尤其是"新政"之后导致的——社会分歧，是自由主义法理论的一个发展。例如，德沃金的自由主义二元因素：结构性政治立场（constitutive political positions）与偏离性立场（derivative positions）。Ronald Dworkin, *A Matter of Principle*, Cambridge, Mass：Harvard University Press, 1985, p. 184. 以及阿克曼关于美国宪法的"基础政治"和"日常政治"之分。[美] 布鲁斯·阿克曼：《我们人民：宪法的根基》，孙力、张朝霞译，法律出版社2004年版。

〔4〕　*CLSM*, p. 3.

〔5〕　*CLSM*, p. 5.

把人类走向未来的路径局限在少数几条（尤其是当代西方盛行的）既有选择上。

不妨如此总结，昂格尔在《批判法学运动》中完全没有否认，西方法理学中关于立法和审判的要求会诉诸一些人们视作理所当然的"真理"——如奥尔特曼所言——以解决法律不确定性的问题（即维持法律决定的客观性、融贯性或一致性），他甚至不再坚持从形而上学的角度去争辩这类"真理"的真实性，而是转向一种更具实用意义的论述策略：这些"真理"即使真实存在，也不过是通过形式主义法律推理而犯的客观主义错误，把偶然性的东西当作必然，掩盖了社会生活的多样性。彼得·诺维克曾精辟地指出：从法律现实主义开始，对法律不确定性的揭示已经在一种"相对化"的策略下进行了，即将主流法学主张的推理结果降低为诸多可能性结果之一种，从而贬低主流法学理论的权威，但是只有到批判法学那里，批判者才开始致力于揭示主流理论的那种压制性力量。[1]昂格尔的建构性努力，则是在批判的基础上再前进一步：他不仅要揭示主流法学理论的那种压制力量，而且更要打破这种压制，把那些边缘的、受排挤的可能性，拉至中心位置上来。

昂格尔说，对客观主义的批判，将使形式主义变成无本之木（失去作为推理基础的权威性材料）；同样，对形式主义的批判，也将暴露法律推理不过是一堆权宜之计（a collection of makeshift apologies）[2]，而客观主义表现出的"内在合理性"（an immanent rationality）[3]，也只是相冲突着的利益、理想、目的和意志的载体而已。自由主义法学理论之前的法律传统，将法律论证的最终基础，放在神圣观念或者必然的社会生活秩序上。现代法律学说已经或多或少地接受那种社会环境将随着冲突而得到改变的观念，遗憾的是，"现代法学家及哲学家一般希望躲避这个结果"[4]。美国法律思想中，

---

〔1〕 ［美］彼得·诺维克：《那高尚的梦想："客观性问题"与美国历史学界》，杨豫译，生活·读书·新知三联书店2009年版，第759~760页。
〔2〕 *CLSM*, p. 11.
〔3〕 *CLSM*, p. 9.
〔4〕 *CLSM*, p. 18.

为应对法律现实主义而出现的法律过程、制度角色以及目的论法律推理等学说，正是针对此类问题的补救努力。批判法学希望设置一种较少受限制的法律分析类型，以避免主流理论的这种"躲避"。[1]

　　或许会有人问：为什么主流理论界做出如此之多的徒劳之举？昂格尔认为，"最可信的托词"是这样一种"恐惧"：如果"推至极致，对客观主义和形式主义的批判将毁掉一切（leave nothing stand-ing）"——彻底批判的结果，是抽空当代法学理论的根基，使社会生活陷入一种困顿：要么完全依附于既存制度，失去对实在法的批判能力，要么导致极端怀疑主义的虚无。[2]昂格尔宣称，批判法学应当超越这种困境。

二、偏离主义者原理：基本思路

　　到目前为止，对于昂格尔早期著作法治问题的讨论，还没有涉及可以应用于制度重建的"工具"性思考。《知识与政治》中的形而上学论述、《现代社会中的法律》中的法社会理论，都不能归属于工具理性的范畴。这种情形，致使一位温和的研究者指出，昂格尔的理论构想不具现实意义。[3]同样，批判法学内部也有人认为，昂格尔的抽象理论不可能对现实政治产生任何激励。[4]产生这样的认识事出有因：其一，从《批判法学运动》开始，昂格尔已经放弃对自由主义进行的"总体批判"[5]，转而倡导一种由内而外的批判-

---

　　〔1〕　*CLSM*，p. 18.

　　〔2〕　*CLSM*，p. 14. 在《法律分析应当为何?》（1996）中，昂格尔更深刻地揭示主流法学理论故步自封的制度原因和思想史根源。我们把这个问题留在下一章讨论。

　　〔3〕　John J. A. Burke，*The Political Foundation of Law and the Need for Theory with Practical Value*：*The Theories of Ronald Dworkin and Roberto Unger*，San Francisco：Austin & Winfield，1993，p. 31.

　　〔4〕　马克·凯尔曼所言。参见朱景文主编：《对西方法律传统的挑战：美国批判法律研究运动》，广西师范大学出版社 2004 年版，第 118 页。

　　〔5〕　总体批判包括否定与肯定两方面因素（a negative and positive element）：重构和批判一个思想模式，从中期待一种替代性学说。*KP*，p. 4. 中译本，第 6 页。马克·凯尔曼将类似策略称为"横扫"（trash）。参见朱景文主编：《对西方法律传统的挑战：美国批判法律研究运动》，广西师范大学出版社 2004 年版，第 114~115 页。

重建理路，强调一步一步、点点滴滴地日积月累、层累式的改造，与那种轰轰烈烈的推倒重来式的革命性构想大相径庭，虽然在经济社会政治方案及其制度想象上具有更彻底的"革命性"；其二，昂格尔的法学家身份，使他看重法律在制度秩序重建过程中的作用，因此同样抵制那种实际存在的过于激烈的社会和政治革命[1]——这历史中存在的革命不同于昂格尔自己提出的"革命"，而且由于其经常伴随的暴虐结果而应当被拒绝（这里必须强调一句，昂格尔的社会理论希望揭示的正是，人类不仅只是通过暴力革命、灾异、疾病等求取进步和解放，而且能够通过行动能力的逐步提高而在日常生活中层累式地改变所处环境的制度和思想结构）。然而，这并不意味着昂格尔没有设计他的"工具"。在《批判法学运动》中，昂格尔指出，对于形式主义的建构性批判，其结果是产生一种"偏离主义者原理"，这种原理又将客观主义的批判转化为可替代的社会生活及制度形式。这是昂格尔关于重建工具的说明及集中展现。在他的《政治学》中，相似的术语虽然不再出现，但是在具体问题的批判与重构中，依然能够清晰地看到这种原理的基本应用。例如，昂格尔在批判思想界关于"资本主义"这个抽象概念的制度拜物教思维时，曾明确强调："我们经常能通过其关键概念的使用遇到的困难而推断出解释性理论的缺陷。因为解释性观念暗含一种对其对象事物的阐释性描述。围绕着该解释的各种谜团能够在这个阐释性描述中再现。"[2]我们后文将指出，这种从语词与其指涉之间的落差开始，拓展认识空间的方法论，与那种后结构主义哲学的分析风格有着千丝万缕的联系。在这里，我们需要了解，偏离者原理作为制度重构的方法，具有什么基本的形态和特征？

昂格尔指出，偏离者原理将是一种"拓展"（expansion）：通过把法律人熟悉的概念实践加以扩张，将自由主义法治所遮蔽的多样

---

[1] 当代极为重要的马克思主义史学家、理论家佩里·安德森，甚至认为，昂格尔的法学家背景使他过于看重宪制安排，以至于不得不过多考虑实际的国家结构和社会力量平衡等因素，这是他的方案遇到困难的原因之一。Perry Anderson, *A Zone of Engagement*, London & New York: Verso, 1992, p. 144.

[2] *ST*, p. 101.

性社会生活形态展现出来。在他看来，这种制度重构思路的起点仍
然是正统学说的要求：采用既存的权威材料，提出规范性主张，而
不是诉诸超验理念。不同的是，它既要避免简单类推，又要反对理
论对现实削足适履式的裁剪。[1]在较后出版的著作中，昂格尔把这种
方法论提炼成为"测绘与批判"两个步骤的操作过程，他指出："测
绘是这样一种努力：详细描述与法律上相关理想联结着的、那种通过
法律界定的社会的制度性微观结构（the legally defined institutional mi-
crostructure of society）。"[2]根本而言，测绘就是一种揭示被主流法律
思想遮蔽的多样性的思维活动。同样，批判是"对唯理主义法学家
讥笑为将法律分析转变为意识形态冲突的那些东西的修正性表
述"[3]。我们看到，致力于从狭隘的专业思维中拯救更为广阔的社
会认识和想象，是昂格尔倡导他的重构方法的关注点所在。

　　昂格尔指出，可以从三个方面描述他的重构方法：

　　第一，跨越经验研究与规范研究之界线。[4]我们知道，经验研
究关注所谓日常的事态，不涉及基础框架和意识形态争论，这是法
律人经常展现的思维方式：在既定的制度框架内处理冲突和纠纷。
偏离者原理则允许关于社会组织形态的意识形态争论，同时采用两
种方法跨越经验性研究：一种是直接而熟悉的方法，即修正法律因
果关系学说。昂格尔指出，法律人进行因果推理的步骤经常是，首
先推导出规则的目的，如促进家庭和谐等，然后决定怎样理解规则
更能实现这种目的。偏离者原理不提倡完全放弃法律人的这种教条
式的思维，但要求必须考虑到行动的未意图之结果（the unintended
consequences of action）和因果联系的悖论特性[5]等诸多因素，以便

---

　　[1]　*CLSM*，p. 15. 将批判法学针对主流法学理论的这个意见称为"裁剪性"，我参照了
奥尔特曼的著作。参见［美］安德鲁·奥尔特曼：《批判法学——一个自由主义的批评》，信
春鹰、杨晓锋译，中国政法大学出版社 2009 年版，第 171 页及以下。

　　[2]　*WSLAB*，p. 130.

　　[3]　*WSLAB*，p. 130.

　　[4]　*CLSM*，p. 16.

　　[5]　在《现代社会中的法律》第一章，昂格尔分析了因果推理的这种悖论特性：因果
概念越抽象，则推理越精确，但离实际生活的距离就越远；而加入具体内容，则会产生似乎
任何事物之间都存在或多或少的因果联系的感觉。

拓宽规则所能实现的目的范围。另一种是间接而系统的方法，即开放法律抽象范畴与该法律规制的社会实践之间的关联，不认为法律范畴与社会实践存在一一对应的关系，以使更丰富多样的制度形态适合同一种抽象法律范畴的要求。

第二，认可和发展原则与其对应的反原则（counter principle）之间的冲突。[1]批判法学正是在这些不和谐之中找到更多、更广泛的有关社会的规范理念，并希望将它们放在制度运作的核心目的上。对于方法论的这个特征，《法律分析应当为何?》（1996）有着更清晰的表述："服务于批判目的的测绘是这样一种分析，它将社会的生发性制度及其所制定的人类联合的教条，当作独特的、令人吃惊的构架——而且首先是能够被一点一点修正的构架——展现出来。这种已确立的安排和信念的体系，既限制了我们去实现公开宣称的社会理想和公认的集体利益，又在这些理想和利益之上附加难以言表的隐晦。"[2]主流法律方法是一种裁剪性的、遮蔽性的思维，批判法学则需要在更广阔的视野中去直接面对社会生活的多样性。

第三，超越已被广泛接受的那种学说风格。这种学说风格在《法律分析应当为何?》（1996）中被冠以"理性化法律分析"的名称，其最主要的特征是将法律运作触及的矛盾整合进标准的学说主张之中，从而维持一种正当而可行的社会结构——这种协调、和谐的社会图景反过来又使那些法律制度更容易获得理解，更能为人们所接受。但是，偏离者原理则强调，要正视那些被主流法律思维摒弃掉了的矛盾、冲突以及断裂："法律之中相互冲突的倾向，永远是在表明关于人类联合的可替代性方案。"[3]偏离者原理将"把这些不稳定性放到面上来"[4]，把边缘性的、为主流所排挤的东西纳入思考范围，它的目的在于，丰富对于社会生活和组织形态的想象力。

---

[1] *CLSM*, p. 17.
[2] *WSLAB*, pp. 130–131.
[3] *CLSM*, p. 17.
[4] *CLSM*, p. 89.

在思维上揭示出被隐蔽的多样性之后，作为方法的下一个步骤，偏离者原理将通过重新界定术语来处理问题。[1]昂格尔认为，人们对于基础框架的认识，受限于法律上的界定，而现代法律制度和理论在经历了持续性的冲突之时，已经日积月累下来大量的洞识，主流法学理论不愿意正视这些冲突，但偏离者原理必须将这些情况看作机会，通过拓宽术语的表达能力，赋予法律范畴新的实践内容。这种方法，就是昂格尔所谓的"从内部展现为主流理论所遮蔽的生活和制度形态"。至此，我们已经能够比较清楚地理解，偏离者原理倡导的是一种"内在发展"的重构理路，其基本功能在于如约翰·J. A. 伯克所总结的，"从对法律学说的人为限制中解放政治讨论"[2]。

下面，让我们从昂格尔着重讨论的两个实例，观察偏离者原理应用于具体制度重建的作用和特点。

三、偏离主义者原理：制度范例

（一）平等保护与改变现状权

我们首先观察从平等保护原则到改变现状权利（destabilization rights）的重构思路。

民主国家的法律都规定有"平等保护"的基本原则，昂格尔认为，其中包含的任务有两种：第一种指的是，要求法律一般性地对待所有的人和事，昂格尔称之为"普遍性-要求的任务"（generality-requiring task）。[3]这是一种较为狭隘的任务，与人们通常理解的"法律面前人人平等"大致相当，更多是针对法律范畴和法律适用上的一般性、普遍性而言，并不对具体法律内容提出要求。第二种是指，要求法律为不同的人和事提供平等保护，昂格尔称之为"普遍性-校正的任务"（generality-correcting task）。[4]这是一种容易产生争议的

---

〔1〕 *CLSM*, p. 20.

〔2〕 John J. A. Burke, *The Political Foundation of Law and the Need for Theory with Practical Value*: *The Theories of Ronald Dworkin and Roberto Unger*, San Francisco: Austin & Winfield, 1993, pp. 45-46. 又见："偏离者原理相对化了法律推理与意识形态争论之间的对立。" *CLSM*, p. 43.

〔3〕 *CLSM*, p. 44.

〔4〕 *CLSM*, p. 44.

任务，因为要求对法律内容进行审查，旨在否定非"平等保护"的法律，这将牵涉到人们关于社会以及宪法和法律在社会之中作用的不同看法。昂格尔指出，完成第二种任务通常有两个概念装置：一是承诺校正那些未对宪法保障的利益提供平等保护的法律；二是审查对象指向公务行为的"政府行为要求"。但是，这两个概念装置是在特定的关于政府和社会的观念中产生的，在适用中隐含地以某些"潜在的观念"作为支持。[1]正是受制于这些潜在的观念，平等保护原则在其初衷与所提供的法律分析之间，存在着非常大的不协调，偏离者原理将利用这些不协调来创建自身的原则和理论。

昂格尔以美国宪法中的平等保护原则为例。[2]美国对法律的倾向性规定进行司法审查，建立在三项判断之上：

第一，判断法律采用的分类标准属于"合理分类"还是"可疑分类"。一般而言，建立在种族分类之上的法律规定，属于可疑分类，是普遍性-校正式平等保护主要关注的对象；而一些"中间性质的分类"，如性别，同样得到许多人支持，要求引入审查范围。昂格尔指出，对这些分类的性质区分，是尽可能以一种没有争议的风格来表达关于美国社会和政治非常具有争议的观念，在采取这种方式时，其实已经预设了某种潜在的观念：宪法是协调冲突的制度框架，人们在宪法之下获得平等保护，追求自身利益。但是，昂格尔质问：那些设置或强化了关于社会劳动分工以及通达财富、权力及文化的僵化地位的法律范畴又当如何处理？他认为，这些不平等在理论描述和事实表现中都十分显著，但却得不到如同种族、性别不平等获得的那些重视。昂格尔由此表明，那是因为这些不平等涉及了已建立的原则和制度框架，平等保护原则无力对这些生发性的东西提出挑战。

第二，判断受审查的法律是否涉及"基本利益"。在理论和实践中，基本利益作为可疑分类的一种功能替代品，能够引起司法的注意。但是，昂格尔指出，对于基本利益的界定和计算，预设了美国

〔1〕 *CLSM*, pp. 45–49.
〔2〕 *CLSM*, pp. 50–52.

宪法建立的政府应当是"中立的民主政治框架"这样的观念。这种"中立性"的预设限制住了公共权力更深层次地校正社会不公平、不平等的力度。例如，局限在"中立性"的理念框架中，联邦最高法院只能否定公共教育中基于种族的隔离政策，但是，无法把这种平等保护的理念进一步推广到公私学校分立等立基于社会分工、财富分配等结构性不公平的歧视性问题上来。"学校在民主中的首要任务，是将孩子从他的家庭、他的阶级、他的国家以及他的历史时期中拯救出来，通过扩大他接触新异经验的机会配备他独立思考的手段。未来的公民必须是小预言家。但是，教育机会的世袭性传播与经济优势的世袭性传播聚合在一起，制造了一个阶级的社会。阶级社会与社区和家庭共谋，阻碍和抑制着小预言家。"[1]对于这个问题，平等保护原则无能为力，甚至想也不敢想。[2]

第三，判断和将与基本利益相关的政府目的加以分类。只有那种最高阶的政府目的才能证明对基本利益的侵犯或者可疑分类的使用是合理的。判断政府目的的位阶，必须援引某种潜在的观念，该观念同样是平等保护原则无法加以挑战的。

无论如何，昂格尔这样总结，平等保护原则在设计目的与实际效果之间存在着脱节，之所以存在这种理想与现实的背离，是因为它犯了一些客观主义式的错误：在特定的潜在观念下，形式主义地推理法律决定，排挤了关于社会生活以及宪法、法律作用的政治争议。平等保护原则最基本的潜在观念，是"创建一个政治过程作为公正的设置，以便于综括个人关于政府适当作用的意志"[3]。依照这个观念，宪法的功能就在于建立一个中立制度框架和公正的政府，

---

〔1〕　*WSLAB*，p. 84.

〔2〕　在批判法学家看来，沃伦法院对于布朗诉教育委员会的判决，是在风起云涌的政治冲突中小心翼翼做出的。请参见［美］莫顿·J. 霍维茨：《沃伦法院对正义的追求》，信春鹰、张志铭译，中国政法大学出版社2003年版，第17~32页。霍维茨教授说："我们不该认为布朗诉教育委员会的判决是凭空而起的，恰恰相反，此前在反对种族隔离上的斗争，已经为布朗案判决搭造了舞台"（第2页）。昂格尔则认为，联邦法院与民权运动的这次联手，是"一个意外"。*WSLAB*，p. 95. 这种观点推进的结果，就是左翼法学家深刻怀疑联邦司法系统在进步事业中能够起到的作用。

〔3〕　*CLSM*，p. 48.

个人或团体依此自由地竞争政府权力、追求自身利益，同时，又不至于导致政府权力完全掌控在某些团体手下。[1]然而，如同《知识与政治》所着力揭示的，这种中立性的规则或者政府角色是不可能存在的。平等保护原则在提出校正不平等法律的愿望的同时，不触及造成现实中不平等的政治、经济、文化基本框架，当然无法实现真正的平等保护（例如，有中立政府以及只能审查政府行为的要求，社会资源占有不平等造成的不公就不能得到司法救济，而那种资源占有上的不公反过来又会影响对于政治权力的追求）。

昂格尔提出，应将平等保护原则隐藏的规范性讨论摆上台面来，法律分析应当公开与潜在的理论假设进行辩论[2]，通过将这些潜在观念纳入法律分析中公开讨论，对已确立的理想及制度进行内在批判和重新安排，使之适应更为开放性的社会生活和制度想象。对于平等保护原则的这种偏离主义重构，获得的是一种"改变现状权利"："它们表达那种打破已确立的制度和社会实践形式的主张，这些制度和社会实践形式已经获得保护，并鼓励着社会分工和等级制的固化"[3]。从根本而言，改变现状权利适应的是一个更加开放的社会，保护个体反抗任何阻止他们实现其生活规划的制度及生活形式。

那么，改变现状权利在哪些具体理念上与平等保护原则不同？其一，它拒绝那种视宪政制度框架和政府为中立，从而免受日常冲突干扰的假定，转而主张"一种便于政府打破那些分工和等级形式的政府权力"。[4]依照这个学说，普遍性-要求保护为个人提供免受歧视迫害的一般性保障，普遍性-校正保护为个体提供审查具体法律内容的机会，同时这些保护将拒绝那些恣意的分类选择，而是"寻求打破制度生活和社会实践的全部领域"。其二，它拒绝在理想与现实之间设置鸿沟，主张改变现状权利"产生自社会理想与关于社会实际运作的信念之间的相互作用"。[5]一方面，改变现状权将扩大平

---

〔1〕 *CLSM*, p. 46.
〔2〕 *CLSM*, p. 53.
〔3〕 *CLSM*, p. 39.
〔4〕 *CLSM*, p. 53.
〔5〕 *CLSM*, p. 53.

等保护法律产生的那种理想与现实之间的紧张，在现实的法律之下无法实现的理想，就是勾画新型法律模式具体内容的机会。另一方面，社会对于冲突的开放性越大，则加置在个体之上的限制就越小，持续地重新组织社会的要求也将越强烈，这将引发政治和文化上的革命，导致政府、经济、社会组织的不断变革。[1]

昂格尔指出，改变现状权利有两种运作方式[2]：一是可以通过直接裁定已建立的法律无效而运作；二是可以通过打破特定制度或社会实践领域中的权力秩序而运作。昂格尔强调，要执行这两种权力，必须建立完全不同的政府部门。他认为，前一种方式还可以交由类似传统的司法部门，但应当拆除加置在司法过程之上的程序性限制，以便司法部门能够突破"形式正义"的故步自封；后一种方式则完全应当由一个新的公共部门来操作（他为赋能民主设计了"改变现状部"）。当然，这并不意味着制度创新是一种推倒重来的变革，"改变现状"的诉求和制度性决定在许多领域都曾经出现，新的公共部门只是用一种集中的、制度化的手段来承担这种回应公民要求的责任，因此它表明了是"当前法律和法律思想的一种扩展"。[3]

（二）契约、市场、团结

昂格尔认为，合同法可以被理解为一些正相反对的理念的表达，这些理念将具体的法律规则和标准与关于人类联合的背景假设联系在一起。由于常规的法律分析方法坚持法律推理与意识形态或哲学之间的对立，它避开了关于背景理论的讨论，以教条的形式将某种人类联合的理念置于中心位置上。[4]偏离者原理需要从事的工作，就是揭示那些被遮蔽的理念，并通过将意识形态讨论公开纳入法律分析，改造合同法原理。

在昂格尔看来，合同法中存在着两对原则与反原则的关系[5]，

---

〔1〕　正是在这个意义上，昂格尔认为，在更强转变性的、更为理想的社会中的权利体系，将有助于引导既存社会原理的发展。*CLSM*, p. 43.

〔2〕　*CLSM*, pp. 54-55.

〔3〕　*CLSM*, p. 55.

〔4〕　*CLSM*, p. 60.

〔5〕　*CLSM*, pp. 60-75.

试以比较如下：

原　则	反原则
（1）缔约自由：合同当事人选择交易对象的自由。	（1）社群原则：选择交易伙伴的自由不允许颠覆社会生活的社群维度。
（2）缔约自由：合同当事人选择合同条款的自由。	（2）公平原则：不公平的合同无效。

　　其中，社群原则是对选择交易对象自由的限制，同样，公平原则是加置于交易内容自由之上的限制，因此昂格尔认为，合同法存在着内在的紧张。重要的是理解，这些内在紧张是在怎样的背景理论支撑下而能保持表面上的稳定的？

　　昂格尔分析，第一对关系界定了合同法所依赖的那种关于人类联合的规范模式，这种模式的基本要义，是将社会生活划分为两个独立但有所相连的领域，"合同法中原则与反原则之间的关系能够被解释成，人们可以并应当如何在合同法涉及的社会生活领域内交往的两种不同观念的表达"〔1〕。这两种生活领域就是商业领域和家庭领域。在商业领域中，权利和义务的设置以"分配性"（assignability）为基本特征，表征着个人根据自身利益的考虑而从事财货的买卖和交流，因此合同法需要通过非人情性的规则保障个人的这种自由；在家庭领域内，基本关系以"私隐性"（privity）为特征，排除国家法律的规制，因此合同法只能通过禁止性规定，保证家庭关系免受商业化活动的侵扰。〔2〕根据昂格尔的这一分析，我们知道，合同法第一对理念关系所揭示的那种人类联合理想，其实决定着自由主义法治的一系列基本原则：区分公法与私法、法律与道德、利己交易与家庭伦理等二元理念。但是，昂格尔主张，这样的生活图景描述是可质疑的。首先，家庭生活并不是伊甸园式的和谐天堂，而是同

〔1〕 *CLSM*，p. 63.
〔2〕 *CLSM*，pp. 63-66.

时具备情感分配和权力等级的结构（structures）[1]，在这种共同体中，存在着内在秩序要求和超验批判需求这两种相反相成的心理意识。将家庭作为私的社群排除在公共视野之外，并不是值得辩护的理论立场。其次，商业交易所要求的忠诚和义务，并不是一次性合同的规定所能涵摄的，相反，交易活动可能培养一种非人情规则无法包容的社群式关系。[2]在商业的利己活动与家庭的情感生活之间人为地划分界限，构成了合同法隐含的、未经反省的规范性基础。

第二对关系涉及所谓"市场"和"政府权力"的假定。当事人被认为具有选择交易内容的自由，而反原则是加置在这种自由之上的一个限制，这样的法律规范预先设定了一种关于市场的理念：当事人根据自身计划、依照自身的利益考虑进行交易，此时无需政府权力的干预，只有当个人的力量和知识的不平等积攒到使合同关系受到外在权力秩序的影响时，市场便不复存在了，政府权力才能作为校正市场失灵的机制出现。在这个意义上，"合同体制只是市场的另一个法律名称"[3]。但是，昂格尔指出，合同自由和公平原则这对关系本身并不能区分合同的有效或是无效，司法实践中采用的区分标准，是诸如"诚信"和"无意识"（unconscionability）这样的模糊词语，导致法庭判决无法获得稳定、可信和合理的结果。[4]此外，公平原则的限制作用只能被视为意外和非常规。[5]也就是说，市场在绝大多数时间里能够运行良好，政府干预只能在出现反常现象时存在。然而昂格尔认为，这样的假定使得合同法无法为它所定义的市场提供一种融贯一致的规范，例如人力资源的合同规范（劳动法）

---

〔1〕　*CLSM*, pp. 65, 66. 不过，如同伯克指出的，昂格尔在这里没有解释，为什么现代家庭法日益深入地管理家庭关系。John J. A. Burke, *The Political Foundation of Law and the Need for Theory with Practical Value*：*The Theories of Ronald Dworkin and Roberto Unger*, San Francisco：Austin & Winfield, 1993, p. 54.

〔2〕　伯克指出："昂格尔拒绝合同法假设商业关系中忠诚的不可信和缺失。"John J. A. Burke, *The Political Foundation of Law and the Need for Theory with Practical Value*：*The Theories of Ronald Dworkin and Roberto Unger*, San Francisco：Austin & Winfield, 1993, p. 54.

〔3〕　*CLSM*, p. 67.

〔4〕　*CLSM*, p. 71.

〔5〕　*CLSM*, p. 74.

就必须从合同法中拿走。劳资双方平等谈判的交易地位，只有在公共权力干预下才能获得保障，这个事实动摇了合同法关于市场必须是分权化（decentralized）的假定。[1]

显然，昂格尔的这两项争辩同样指向自由主义法治关于法律与政治、公法与私法、形式正义与实质正义、公权力与私权利等概念分离的假设。按照莫顿·J. 霍维茨教授的分析，这类二元性假设是伴随着工业化社会的兴起而产生的，核心理念是对于"多数人之暴政"（a tyranny of the majority）的警惕，现实功能有利于工商业发展。[2]然而，如同昂格尔曾指出，对于个人生活影响最紧密的权力不平等，并不仅存在于国家权力的等级之中，更存在于家庭、工作场所及市场之内[3]，合同法的规范性基础导致它无法实现作为自由主义法律制度的根本承诺——保障个人的自由与平等。

昂格尔主张，与主导性自由原则不同，合同法的反原则支持另一种建立在相互依赖关系上的社会生活图景，可以据此重构一种新型的合同责任。[4]通过将两个反原则从附属位置提升至中心地位，合同法的偏离主义重构获得两种新型权利（本书第二章已经交代了两项权利的内容）：团结权（solidarity rights）和市场权（market rights）。团结权是一种参与社群生活的法律权能，目的是保障个人自愿参与或退出共同体生活，因此给予相互信赖关系和退出意愿以

---

[1] *CLSM*, p. 73.

[2] Morton J. Horwitz, *The Transformation of American Law*, *1870 – 1960*: *The Crisis of Legal Orthodoxy*, New York: Oxford University Press, 1992, chap. 1.

[3] *CLSM*, pp. 28–29, and *LMS*, p. 179. 中译本，第 151～152 页。查尔斯·弗里德（Charles Fried）认为，昂格尔把自由主义契约观念与伦理观念混为一谈，在这个基础上建立了关于合同法主导原则与反原则二元对立的可疑的批判。奥尔特曼在讨论中指出，弗里德低估了昂格尔洞识到的那种合同法原则社会化发展的趋势。不过，在我看来，两位评论者都没有足够重视昂格尔要求突破法律与政治相隔离的学术立场，这种立场使得他必定反对弗里德的论点。同时，他也不会接受奥尔特曼经过修正德沃金而得出的多元化自由主义政治道德，因为这种"多元论"局限于一些前定的假设，对于私有权利的绝对性、民主政治中立性等生发性制度和信念，没有任何触动。[美]查尔斯·弗里德：《契约即允诺》，郭锐译，北京大学出版社 2006 年版，第 99～105 页；[美]安德鲁·奥尔特曼：《批判法学——一个自由主义的批评》，信春鹰、杨晓锋译，中国政法大学出版社 2009 年版，第 166～169、179～182 页。

[4] *CLSM*, p. 81.

法律保障力。[1]市场权表示对于分散的社会资本的一种有条件的、临时性的索取权（claims），需要国家权力保障这种权利的临时性和灵活性[2]，这将从根本上打破立基于财产所有的不平等——当然，应当提醒的是，在昂格尔主张通过国家权力构设多样性社会生活的地方，他所预设的是那种经过他的赋能民主纲要重构了的"公共权力"，必须避免与左、右翼立场知识分子通常的争论相混淆。

四、实用主义的方法论

（一）批判者的关切

依照昂格尔的归纳，上述两种偏离者原理重构制度代表了两种制度创新的模式，这两种模式都由三个层次的五个具体步骤构成。三个层次是：比较部门法材料、比较原则与反原则、比较关于社会生活组织形态的不同理念。第一种模式的五个步骤是：①分析特定部门法的主要议题；②辨明隐含在这些主题中的事实和理想；③根据文化中而非法律实体中的进步理想批判传统的法律理想；④在这种法律之外的理想基础上重构部门法；⑤将重构的部门法应用于特定问题。第二种模式的五个步骤是：①将法律制度缩减为原则与反原则；②显示原则与反原则怎样在不同的案件中起作用；③重新界定原则与反原则之间的关系；④将这种关系扩展为一般性的法律理论；⑤将此理论应用于特定问题。[3]可以肯定的是，在昂格尔的制度重构中，第一种模式的第3个步骤、第二种模式的第2个步骤最为关键，因为只有通过与更广阔的生活世界进行比较，才有可能揭示主流法律思维的裁剪性、局限性。通过这个批判性比较的步骤，制度重构才能够走向下一步：将边缘性的东西拉至中心。

昂格尔的方法演示，很容易让我们联想到后结构主义或后现代

---

〔1〕　*CLSM*，pp. 40，86.

〔2〕　*CLSM*，pp. 39，87.

〔3〕　*CLSM*，pp. 88-89. See John J. A. Burke, *The Political Foundation of Law and the Need for Theory with Practical Value：The Theories of Ronald Dworkin and Roberto Unger*，San Francisco：Austin & Winfield，1993，p. 46.

主义的学术言说。事实上，昂格尔也长期被贴上"后现代主义法学"的标签，似乎这个标识足以说明他的构想的地位和价值。我们承认昂格尔的某种后现代主义倾向，然而，我们需要争辩的是，昂格尔不倡导解构，他的"破坏"以"建设"为目的。

容易引起联想的地方是，如同偏离主义者原理主张的"将边缘中心化"，后现代主义的一个中心议题就正在于"消解中心"：在文本之外没有"主旨"，在存在之外也没有"主体"，在话语之外没有"真理"。福柯用他那种冷峻的"考古学"，接近遭到排斥和排挤的边缘事物，他的气度显得与昂格尔十分合拍：

> 难道就不能进行一种话语分析，假设被说出的东西没有任何遗留，没有任何过剩，只是其历史形态的事实，从而避免评论的覆辙？话语的种种事件因而就不应该被看作是多重意旨的自主核心，而应被当作一些事件和功能片断，能够逐渐汇集起来构成一个体系。决定陈述的意义的，不是它可能蕴含的、既揭示它又遮盖它的丰富意图，而是使这个陈述与其他实际或可能的陈述联结起来的那种差异。其他某些陈述或者与它是同时性的，或者在线性时间序列中是与它相对立的。由此就有可能出现一个全面系统的话语史。[1]

在福柯看来，主流的话语言说通过排挤、分离和净化等权力策略，把不符合其规范的存在当作疯癫、罪犯和异类进行挤压，并且通过学校、教堂、监狱等权力设施加以压制和剿灭。在尼采的启迪下，福柯的考古学把历史学当作"一种反科学"，与"隐藏在理性历史当中并因而遭到贬斥的人文科学对立起来"[2]，由此展现一种万花筒般、复调式的历史画卷与生活图景。

如果有人反驳，自由主义法律难道不是维护所谓的人权或者一

---

〔1〕 Michel Foucault, *Naissance de la Clinique*, Munchen, 1973, p. 15. 转引自［德］于尔根·哈贝马斯：《现代性的哲学话语》，曹卫东等译，译林出版社 2004 年版，第 285 页。

〔2〕 ［德］于尔根·哈贝马斯：《现代性的哲学话语》，曹卫东等译，译林出版社 2004 年版，第 285 页。

种公平正义的生活？比昂格尔更为激进，福柯根本不相信这样的意识形态神话。我们暂且不去考虑福柯那非常晦涩的主体批判，仅从他的赞赏者和解读者那里，就能获得这样的认识："共和政体与西方君主政体的共通处，在于都必须树立一套原则上以权力为前提的法律实体，以达成一种同质的司法再现即'司法形式'将重新覆盖策略地图。"[1]权力的运作逻辑是共通的，无论是以君权神圣或是以自由平等为名义，这是来自马克思的真知灼见，在福柯那里得到更犀利的展现："法律永远由非法行为所建构，它透过对非法行为的模塑来区分非法行为。只要在商业社会的法规中，便足以看出法律并不尽然对立于非法，而是很明显地以一方倒转另一方的方式组织起来。法律是对非法行为的一种管理：其中有些非法行为由法律所允许，并使其成为可能或创造成统治阶级的特权；另一些非法行为则被法律所容忍，视为对被统治阶级的补偿或视为对统治者的服务；最后，有些非法行为则被法律禁止、隔离并视为对象与统治手段。"[2]

　　福柯的努力与昂格尔心有灵犀。在《批判法学运动》中，昂格尔告诉了我们他的意旨："批判客观主义以及对之进行重构性发展，动摇了已确立的意识形态争议的语汇。它们分裂开当代能够获得的制度选择与任何有关实践或道德指令的潜在方案之间的那种隐晦的联系。它们拓宽集体可能性的意识，使得通常作为规范性主张起点的理想理念更具争议，也更为确切。"[3]昂格尔和福柯一样，所要从事的工作，不是如同自由主义理论家那样"绑住人民的手脚"或者为他们设定一个可疑的"中立性框架"，让他们温文尔雅地从事着命运大致注定了的日常生活，而是要攻击那些束缚人民手脚的理性、规范或者框架本身，把通常理解的疯癫、罪犯、异类，或者其他边缘性人群带到社会生活的中间地带。"在这种攻击的背后，我们有可能发现关于人性和社会真的是什么、我们怎样能够如我们所是那样

---

〔1〕〔法〕吉尔·德勒兹：《德勒兹论福柯》，杨凯麟译，江苏教育出版社、凤凰出版传媒集团2006年版，第31页。

〔2〕〔法〕吉尔·德勒兹：《德勒兹论福柯》，杨凯麟译，江苏教育出版社、凤凰出版传媒集团2006年版，第30~31页。

〔3〕 *CLSM*，pp. 109-110.

生活在社会之中之类问题的分歧。"[1]自由主义理论家很富有感情地主张，自由主义是通过与专制主义、宗教压迫、思想禁锢进行斗争而换来的人类解放，昂格尔和福柯等后结构主义者则要提醒，这种解放永远不能止步！

（二）批判之后的灰烬？

批判者的这种关切仍然会产生疑虑。熟悉柏拉图洞穴之喻的人，肯定会对这种疑虑心领神会：引领人们走出洞穴，是沐浴在阳光下，还是抛向不可测的强力？如同哈贝马斯针对福柯的担心：在话语这座冰山被翻腾变动之后，能够留下的是什么？"唯一保持不变的是权力。"[2]无论福柯揭示现代性的压制性质有多么深刻，他都无法避免，在话语批判之后留下的是一大堆使人们无法安生的"微观权力"。这不应该是人们所渴望的"自由生活或实践"，也不会是一片白茫茫的灰烬，以便万物重新生长。在霍布斯的自然状态中，没有势均力敌的相安无事，只有万人对万人的战争。走出洞穴的人们只会遇到弗里德里希·威廉·尼采（Friedrich Wilhelm Nietzsche）的"超人"或者马丁·海德格尔（Martin Heidegger）的"上帝"横空出世，后现代主义哲学家不是已经承认了吗？命运的偶然性就如同"掷骰子"，"权力关系"在其中不断叠加，很轻易地就摧毁掉最初的那点"自由"，"福柯意指的力量关系不仅涉及人，而且涉及被偶然抽取或根据组成某种语言的出现频率而相互牵引的元素或字母。偶然仅在第一把时有其价值，第二把可能就产生于被第一把部分决定的条件下，就如一条马尔可夫链般，成为一种部分再链接的接续过程？"[3]

前文已经指出，昂格尔用他的"超级理论"来回应人们对解构主义者的"极端理论"产生的疑虑：超级理论不会要求摧毁掉一切生发性构架，而是希望增强人们的"否定能力"，在意识上和行动上撼动生发性构架的防御性，缩减维持构架的常规与改变构架的冲突

---

[1] *CLSM*, p. 97.

[2] ［德］于尔根·哈贝马斯：《现代性的哲学话语》，曹卫东等译，译林出版社 2004 年版，第 299 页。

[3] ［法］吉尔·德勒兹：《德勒兹论福柯》，杨凯麟译，江苏教育出版社、凤凰出版传媒集团 2006 年版，第 123 页。

之间的差异，以便人们能够真切地通过改变结构性制约来改善自身所处的环境。问题在于，一旦进入法律领域，这样有条件的撼动也同样会使整个大厦崩溃。为什么？

这是因为，支撑着法律理性大厦的除了那些起源于启蒙哲学的理念体系之外（批判这些理念体系是《知识与政治》的主旨），更重要的是沉浸在欧洲悠久法律文化传统中的职业共同体。他们希望根本上改变这种传统的运行模式（如法律分析方法、司法权设置、法律教育模式等），不啻抽掉这个职业群体的生存之基，从而颠覆整个法律传统的大厦。

韦伯曾经满怀情感地阐述这种法律家群体对于西方独特的生活方式的重要性：受过大学教育的法律家（Juristen）阶层"对于欧陆的整个政治结构，有决定性的意义"。他认为，这种意义与近现代西方引以为傲的自由民主主义紧密相连："近代辩护律师和近代民主，绝对是在一起的"。他对此详细说明："在政党出现后的西方政治中，律师之所以居于重要的地位，并不是偶然的。……最有效地处理客户的利益问题，是受过训练的律师的看家本领。在这种工作上，律师胜过任何'官吏'……一个在逻辑上言之有'坚强'论证支持的主张或立场，唯有律师才能加以成功地处理，也就是说唯有律师，才能'有利'地处理一个'有利'的主张或立场。"[1]

这种议论不是异数，在托克维尔的名著中，我们能找到他在美国的类似发现："在民主政体下，人民也信任法学家，因为人民知道法学家的利益在于对人民的事业服务；人民听法学家的话而不气恼，因为人民预料法学家不会出什么坏主意。事实上，法学家根本不想推翻民主创造的政府，而是想不断设法按照非民主所固有的倾向，以非民主所具有的手段去领导政府。法学家，从利益和出身上来说，属于人民；而从习惯和爱好上来说，又属于贵族。法学家是人民和

---

〔1〕　〔德〕马克斯·韦伯：《学术与政治》，钱永祥等译，广西师范大学出版社2004年版，第219~223页。

贵族之间的天然锁链，是把人民和贵族套在一起的环子。"〔1〕

即使如同许多法律家指斥的，法律家共同体在现代工商业条件下已经集体衰落（或者如同邓肯·肯尼迪的批判，法律教育一直就是等级制的生产场所），也不能轻视与其职业利益相联系的普通民众的期望。昂格尔有可能为他的法律理论构想提供一种替代性的法律职业观吗？昂格尔说过，转变可能性最可能、也是最温和的设置是法学院："我们法律学术的任务通过对于我们学生的回应得到最好的展现；他们的处境比我们自己或我们的同事更清晰且更直接地揭示了我们所有人共处的环境的道德性质。"〔2〕在被教授的法律方法与其实际的应用之间的反差，将使法律学生倍生疑虑，这种处境的尴尬将使他们很容易认同来自批判法学家的批判与重构。这是昂格尔所希望获致的一种结果，这种结果与他的"内在的批判与重构"正有着声息相通的意义。

与上述法律职业的考虑相关的是，现代法律理论家或多或少已经接受了批判法学的某些观点，只是他们更愿意努力在传统给予的技巧中进行修正。对于法律制度的偏离者重构，倘若推广到极致，也势必要彻底推翻主流法律理论进行自我修正的可能性。无可否认，除了我们议论过的哈贝马斯、罗尔斯、霍尔姆斯等哲学家、政治学家之外，更为"职业化"的法律家的这种面向现实的修正工作，也为现代法学积累了大量可观的库藏。昂格尔的法理重构必须面对来自这些法律家新近理论的挑战：如果不能从根本上应对这些努力，昂格尔的重构工作就是一场徒劳之举——如同杰瑞米·沃尔德龙对于昂格尔的意见：赞赏并接受他的批判，但否定和质疑他的重构。

请容许我们暂且搁置这个问题，在下一章再作详细论述。在这里，我们需要回答关于后现代主义激进批判的疑虑。我们的回答是这样：昂格尔是一种实用主义而不是哲学意义上的批判，他对于构架或者法律制度的否定，并不以生活世界的灰烬化作为目标。也就

---

〔1〕 [法]托克维尔：《论美国的民主》，董果良译，商务印书馆1998年版，第303、306页。

〔2〕 *CLSM*, p. 112.

是说，如同昂格尔的社会理论一再强调的，对于结构的松动不会引致无政府状态。

让我们回头再看偏离主义者原理的关键步骤。第一种模式的第3个步骤，要求的是"根据文化中而非法律实体中的进步理想批判传统的法律理想"；第二种模式的第2个步骤，要求的是"显示原则与反原则怎样在不同的案件中起作用"。这两项要求中作为批判准则的，都不是某种超验理念，而是来自生活本身的理想：无论是进步思想或者反原则所涉及的生活图景，都是现实存在的，可以感知的。从生活理想出发的批判，怎么会是冲倒一切的破坏力量呢？同时，更需要强调的是，这种理想也是受到既存法律制度和想象压抑的部分。昂格尔要求大家注意，在美国20世纪八九十年代所谓的阶层自由流动中，最大的流动性就发生在蓝领工人的子女变成了白领工人，而他们与其父辈一样在经济和政治上一无所有。昂格尔问道：既然平等保护原则要求给予公民平等的法律对待，为什么不能去改变影响这些人群经济和政治地位的基本构架？联邦司法判例中的平等保护原则，把基于"种族""性别"的分类当作可疑分类加以否定，从而给予了黑人和女性平等待遇，但是，真正从中受益的只有那些进入了职业–商业阶层（professional-business class）的少数黑人和女性，绝大多数人被排挤在这个阶层之外，根本享受不到来自那些判决的利益，而这些少数人却"在法律迷人的光照下，作为（受排挤的人群）实际的代表"。[1]昂格尔所要求的，正是通过重构法律去考虑那些受排挤的利益诉求和生活想象。

将平等保护原则改造成为改变现状权，是否过于标新立异？昂格尔承认这个构想的新异之处，但是，他请我们想想，布朗案件判决不也是一种革命性的创举吗？"对社会隔离的冲击将随着对种族隔离的冲击而来。对'隔离但平等'的拒斥在一个领域发生，现在也将在另一个相邻领域发生。从种族到阶级的这个序列运动将在与民主的社会和文化要求最紧密的地方出现。"[2]如果把这个希望当作一

---

[1] *WSLAB*, p. 88.

[2] *WSLAB*, p. 94.

种"浪漫主义"，那它也是一种属于实用主义改革家与理论家的浪漫。约翰·杜威（John Dewey）在《民主与教育》（*Democracy and Education*，1916）中阐述了那种对知识的面向将来时或具有前瞻性的解读，在《公众及其问题》（*The Public and Its Problems*，1927）中论述那种实验主义的社会制度对于个性的培养，昂格尔的偏离主义者原理与此殊几相似。[1]正是出于这种理解，理查德·罗蒂在他的评论中，一方面邀请读者一起欣赏昂格尔的"建构性"："使得他不同于绝大多数批判美国自由主义的理论家的是，他指向未来而不是过去——他的满怀希望"；另一方面也提醒大家，不要把昂格尔与当代历史上那些著名的浪漫主义政治家（如希特勒、斯大林）和哲学家（如尼采、海德格尔）等量齐观。[2]

昂格尔提出一条政治准则："对于将边缘人群包容进积极而有生产性的生活中的每一个进步，社会安排中都必须有回应。"[3]相信不管左派还是自由主义都会同意。需要质问的只是，为什么做不到？

五、激进的进步主义法律观

通过对法律制度的偏离主义者重构，昂格尔要挑战的是那种在富裕的北大西洋工业国家中流行的宪政与民主制度及其想象。[4]这种制度和想象，将宪政和民主看作是中立的协调日常冲突又免于这些冲突攻击的基础框架。主流理论致力于限制所谓多数人专制带来的"暴政"，同时修正权力、资源、财富和文化的不平等造成的社会不公，但是，那种岿然不动的基础框架以及在其间进行的修补，从

---

　〔1〕　昂格尔在 2007 年出版的新著《醒觉的自我》中，专门阐述了他的那种"未受束缚的实用主义"，其中涉及与传统实用主义的分歧，限于议题，在此不能展开引述。

　〔2〕　Richard Rorty，"Unger，Castoriadis，and the Romance of a National Future"，in *Critique and Construction*：*A Symposium on Roberto Unger's Politics*，eds. by Robin W. Lovin & Michael J. Perry，New York：Cambridge University Press，1987，pp. 31，42-44. 埃瓦尔德把昂格尔主张的"文化和社会革命"与中国的"文化大革命"联系在一起，颇有些"上纲上线"的味道。参见 William Ewald，"Unger's Philosophy：A Critical Legal Study"，*The Yale Law Journal*，Vol. 97，No. 5（Apr.，1988），pp. 740ff.

　〔3〕　*ICLSM*，p. 94.

　〔4〕　*ICLSM*，pp. 25ff.

来不会触及政治权力为少数人所控制、社会资料占有严重不公的现实。然而，主流制度和想象并不能抑制在理想与现实之间发现落差的社会情绪，昂格尔提醒大家，社会中频繁暴发的冲突和不稳定，正蕴含了种种新的制度的可能性。昂格尔说，需要特别关心的，是给予个体或集体以反抗既存秩序和想象的"否定能力"（negative capability）〔1〕，使个人或团体免受日益僵化的基础框架的压制。不过，与重新设想一种乌托邦式的民主政体不同，昂格尔指出，制度重构的任务在于从思想到制度技术环环相扣的具体安排，因此，他提出从内部重构法律制度、彻底改革政治和社会文化以及体制的构想。这种恢宏的理论创建在《政治学》中得到更为系统的阐释。

作为建立在自由主义法治批判之上的重构，昂格尔的法治理论要求一种与流俗完全不同的法律思维。事实上，如前文述及，昂格尔已经指出，偏离主义者重构下的法律制度不能依赖于当前司法体制的执行。从整体而言，昂格尔的努力应当放在批判法学针对法律教育的批判性重构中来把握，依照他的构想，只有从思想和法律思维上彻底从现代法治的困境中解脱出来，才可望掌握足以推进左派政治任务的法律工具。〔2〕一位评论者非常清楚地表达了这个体会："从对法律学说的攻击中，获得那种使我们的意识摆脱社会分工和等级制腐蚀的'否定能力'。从学说的碎片中获得自我的重生。这是一种文化革命。在我们个体得到解放的时候，我们的集体生活也得到解放。在我们有新的法律之前，我们将有新的法律人。"〔3〕

本章作为对第一章结尾那个提问的回答，其实在两个地方已经偏离了预设，这两个偏离都与昂格尔的思想发展有关。其一，赋能民主纲要虽然在许多方面与有机群体理论相关，但不能认为是后者的发展或者衍生物，它是昂格尔的一种全新的理论构想，因此，本

---

〔1〕　*ICLSM*, p. 93.

〔2〕　在《批判法学运动》的结尾部分，昂格尔指出了其构想对于法学院主流思想的冲击力，甚至毫不掩饰地宣称：当批判法学家出场时，主流法律人将沦为失去信仰却又要保住工作的牧师。

〔3〕　Joseph Isenbergh, "Why Law?", *The University of Chicago Law Review*, Vol. 54, No. 3 (Summer, 1987), p. 1119.

章观察的法制重构技艺，已经不是针对那个"后自由主义社会的法律"，而是赋能民主纲要所要求的法律制度创新。其二，昂格尔不再强调现代法治在后自由主义社会（福利型国家和法团型国家）中的衰落，这里讨论的法律重构也同样不再与他早期著作中指示的"螺旋型"法律发展相关联，毋宁说，这里的法律制度创新更多是从现代法治的内部入手、通过打碎制度构成要素进行重组而成。昂格尔在这种制度重构中展现的想象力和分析能力，的确值得赞叹。需要一再引起注意的是，对于昂格尔而言，法律制度的重构不应该是孤立的，它应当与整体社会、政治文化的变革、经济纲领的重建、政治制度的革新紧密相连，虽然昂格尔也指出过，权利体系的设计可以作为整个纲要的启动力量。

不过，昂格尔的思考也为我们留出了一个值得讨论的尾巴，让我们在此简要界定一下这个问题。昂格尔的理论思路给人留下一个印象：他的关切在于现实，而他的构想在于整体变革——如同"测绘与批判"方法表示的那样，现实的关注是发动批判性重构的引擎。这个印象造成了昂格尔在主流理论界独特的"接受学"现象：主流理论接受他对于现实的观察和批判，却拒绝他的重构方案，杰瑞米·沃尔德龙对《法律分析应当为何?》（1996）的评论就是一个非常典型的表现（我们在下章将讨论）。主流理论界的态度揭示一个问题，需要我们严肃探讨：昂格尔的重构方案是不是他对现实关切的必然结果？或者说，从昂格尔的批判到他的重构之间，没有另一条路可走了？实际上，主流理论界在或多或少接受昂格尔的批判性诊断之后，已经提出了自己的方案，那么，这些方案是否足以修补左派和自由主义共同的关切，从而说服人们不必接受昂格尔更为激进的构想？

罗斯福新政推动的进步主义变革，在法律实践与思想上引发了深刻变化。科尼尔·韦斯特关于进步主义法律观有过一段非常精彩的阐释：

> 进步的法律实践必须对民主的宝贵理想做出解释，因为它使人们对大企业的不合常规的、令人无法理解的权力产生怀疑；

它也必须对自由主义的完美理想做出解释，因为它具有文化保守主义的赤裸裸的独裁专制观点。这两种交叉的意识形态的策略应该包括一种对实质性的民主主义（以权力下放，而非流于形式的方式）和最广泛的自由（正如权利法案中阐述的那样）的不断维护。这种防御是乌托邦式的，因为它试图时刻保持社会运动的可能性；它又是现实的，因为它承认在社会运动被镇压和吞并后，自由主义法律实践对于激进法律人保护胜利成果而言是必要的。[1]

左派事业要求超越传统的法律观念，在相当多方面与新政自由主义具有共通之处，新兴自由主义法学理论家明确表示过可以接受这些要求（例如欧文·费斯对优势集团强势言论能力的警惕，凯斯·桑斯坦对于公共权力"中立性"的质疑以及对福利权的关注等）。但是，昂格尔的方案却不限于此，这是一个需要认真对待的问题。

昂格尔把新政自由主义的制度变革称为"悲观的进步主义改革论"（pessimistic progressive reformism）[2]：以一种调和精英利益与大众权利主张的姿态，限制了民主的权力。这种改革论采用的法律手段是一种理性化重构的方法（理性化法律分析），即通过把分散的法律材料解释为个人权利和社会福利理念支配着的发展过程，给予法律一种融贯性、一致性的面貌。昂格尔在这里坚持了他的偏离主义者原则，批判这种理性重构对于边缘的、离散的诉求的压制。在他看来，悲观的进步主义改革论是一种妥协、半途而废的进步主义产物，它一方面表现为这样一种承诺：

> 将社会中最屠弱、最贫困的人群——那些最有可能在立法的政治竞争中败北的人们——当作法律理性和回溯性重构的受益者。通过将法律表述为相联系政策与原则的表达、关注公共

---

〔1〕 〔美〕科尼尔·韦斯特：《法律在进步政治中的作用》，载〔美〕戴维·凯瑞斯编辑：《法律中的政治——一个进步性批评》，信春鹰译，中国政法大学出版社 2008 年版，第502 页。

〔2〕 *WSLAB*, pp. 78ff, also see *DR*.

物品或政治权利的非人情理念，法学家获得驯化强者和保护弱者的权力。他能够零散地但却有意义地再分配权利和资源给那些最有需要的人们。[1]

但在另一方面，悲观的进步主义改革论却极少能触及造成那些劣势处境和边缘状态的深层原因。[2]在昂格尔看来，导致这个所谓进步主义法律观半吊子形态的原因，正是这种改革论基于妥协形成的运作特征：在社会民主主义妥协中，中央政府赢得反周期地管理经济的权力与权威，作为回报，它放弃了激进地重构生产和交换系统、重塑财富和收入的初始分配体系的意图，而以法学家群体作为裁断者，从上至下地维护个人权利和社会福利。[3]昂格尔认为，这是优势利益集团、政治精英与法学精英之间的分工协作，篡夺了民主的权力。

显而易见，昂格尔的批判锋芒远远超出了通常理解的进步主义革新，他指向自由主义法学理论本身存在的支柱。我们将在下一章中详细辨识昂格尔的激进构想。

---

〔1〕 *WSLAB*，p. 81.

〔2〕 *WSLAB*，p. 105.

〔3〕 *WSLAB*，pp. 35，105.

第四章

民主的法学

　　挑战自由主义法治理论与实践，必定会涉及对于法学和法律职业的根本反思。通常也认为，推动法律现代化建设，最重要的工作大体有两项：一是通过自上而下的国家立法，建立合乎现代理念的行为规范体系；二是通过专业人士的教育和培养，形成秉持法律信仰的职业共同体。例如，从清末法制变革到晚近的社会主义法治建设，中国法学者一直强调"专家参与立法"。这种主张的理论依据即在于自由主义法治理论的职业主义预设：一方面，独立的法律职业所维护的自由权利话语，是民众得以制衡国家权力的保障，形成对法规和诉讼活动的正当性追问；另一方面，法律职业所阐释的规则的理性价值，是规导民众诉求的有效指引，形成对民意的合法约束，法律职业共同体被赋予连接国家与社会的媒介功能。但是，正如批判法学揭示的种种社会边缘化生活状态，在主流法律思维视为"非法""违法"的领域，存在着大量与现代化法律意识形态激烈冲突的现实情境，法律思维仅仅将此排除在外，还是以更具创新的形式将其设计成为督促制度变革的契机？昂格尔提出"作为制度想象的法律分析"就反思和挑战作为独立、自治的"科学"或者理性化的技术体系的自由主义法学及法律职业预设。本章梳理昂格尔法理思想的"重构努力"：通过对法律人的基本技能——"法律分析"——的批判与重构。在这里，我们将展现昂格尔如何基于他的激进民主理论彻底改造"法学"这门古老学科给予人们的想象。

一、从法学自主性说起

对"真正'职业的'、依理性而行的'法律家'的活动"[1]的重视，是自由法治理论的一个起点。韦伯指出："近代文化愈是复杂与专业化，其外在支撑的装置就愈是要求无个人之偏颇的、严正'客观'的专家，以取代旧秩序下容易受个人之同情、喜好、恩宠、感激等念头所打动的支配者。官僚制即为此一外在装置提供了最为完满的结合。具体而言，只有官僚制才为一个合理的法律——以'法令'为基础，经概念性体系化而形成的，一直到晚期罗马帝国时才首次以高度洗练的技术创造出来——之执行（裁判）提供了基础。"[2]然而，要理解自由主义法治理论的理念，需要对如下两点加以反思：

第一，是否存在一种堪媲医学或者化学独特性的法律知识体系？传统型法学家会回答得非常肯定，因为法律职业一向宣称拥有相对于其他任何学问体系的自主的技术和知识："什么是律师和法官知道，哲学家和经济学家不知道的？答案很简单：法律。"[3]然而，如同西方古老谚语所说的，"法律太过重要，而不能留给法律人"[4]，要求一种更开放的、非垄断性的知识状态，一直是这个职业面对的压力。

第二，是否存在一种相对独立于其他政治、社会、经济力量的法律职业地位？一位显然不同意法律技术独特性的当代法律家沿着霍姆斯（Oliver Wendell Holmes）大法官的表述强调："最好还是把法律描述为我们称为法官的这样一些有从业执照的业内人士的活动，其执业范围只受外部边界相当松散的职业礼节（professional propriety）

---

〔1〕 ［德］马克斯·韦伯：《法律社会学》，康乐、简惠美译，广西师范大学出版社 2005 年版，第 149 页。

〔2〕 ［德］马克斯·韦伯：《支配社会学》，康乐、简惠美译，广西师范大学出版社 2004 年版，第 47 页。

〔3〕 Charles Fried, "The Artificial Reason Search Term Begin Search Term End of the Law or: What Lawyers Know", 60 *Texas Law Review* 35, 57 (1981). 转引自 ［美］理查德·A. 波斯纳：《法理学问题》，苏力译，中国政法大学出版社 2002 年版，第 541~542 页。

〔4〕 Cf. Talcott Parsons, "Review of *Law in Modern Society* by Roberto Mangabeira Unger", *Law & Society Review*, Vol. 12, No. 1 (Autumn, 1977), p. 149.

和道德共识的限制。"[1]他非常鲜明地表达了一种立场：法律即使缺少独立的方法论基础，法律职业依然可以享有自主的规范地位。但是，仅仅依靠规范强制力就能保证法律职业的卓然独立吗？哈贝马斯不同意这个看法，他的主张是，应当在法律与民主之间建立更直接的联系："通过那要求公民共同运用其交往自由的自决实践，法律归根结底从社会团结的源泉中获得起社会整合力量。"[2]不过，哈贝马斯也并不反对法律（尽管是相对化）的专业性，虽然他认为法律专家应该根据他的商谈论而不是自由主义法范式来理解法律。[3]

可以把上述意见分为四类范畴："技术独特性""技术非独特性""职业独立性""职业地位不独立"。"技术独特性"与"职业独立性"的结合，反映最老派的法学家的意见，既反对技术知识层面的开放化，也反对民主力量对职业地位的冲击；"技术独特性"与"职业地位不独立"的结合，反映某类法哲学家的看法，要求法律职业向着民主化方向转变，但不完全反对法律的专业化，从而主张技术的革新而非民主化；"技术非独特性"与"职业独立性"的结合，这是美国当代最有影响的法律经济学或法律社会学的特点，不反对

---

〔1〕 ［美］理查德·A. 波斯纳：《法理学问题》，苏力译，中国政法大学出版社2002年版，第570页。

〔2〕 ［德］哈贝马斯：《在事实与规范之间：关于法律和民主法治国的商谈理论》，童世骏译，生活·读书·新知三联书店2003年版，第48页。

〔3〕 我们可以从这段话中了解哈贝马斯的相关见解："政治上自主的公民要能够把自己理解为他们作为私的国民（private Subject）所服从的法律的创制者的话，那合法地制定的法律就必须规定政治权力运行的方向。在政府的层面上，比方说，有助于做到这一点的是选民对于通过大选而产生的领导人物的授权。但是，有助于这一点的首先是行政的合法律性原则，它构成了对行政的议会监控和司法审查的基础。这些监控涉及行政活动的两个方面：第一是法律之实施的专业性质；第二是对一些规范责任的遵守，这些责任确保执法行为是合乎法律的，同时也确保行政干预是具有法律依据的。由专家凭借其专业能力来完成任务，并不能成为行政部门的家长主义式的自我授权和自我计划的挡箭牌。"［德］哈贝马斯：《在事实与规范之间：关于法律和民主法治国的商谈理论》，童世骏译，生活·读书·新知三联书店2003年版，第228页。必须指出，在这段话的后面，哈贝马斯强调与自由主义法范式的最大不同，在于对"法规的概念"（Gesetzebegriff）的理解上（即"主体间形成的意志"与个体意志加叠的区别，并请参见 ［德］哈贝马斯：《在事实与规范之间：关于法律和民主法治国的商谈理论》，童世骏译，生活·读书·新知三联书店2003年版，第207~215页）。对本书而言，指出这种强调很重要：它表明了，与昂格尔更为激进的构想相比较，自由民主主义理论的新近发展，推进的只是对于"法律"的民主化认识，而不涉及法律职业的基本形态。

技术知识的开放性，但也不认为法律职业地位具有民主化的可能。对于这三种立场来说，"民主的法学"（the democratic jurisprudence）应当被看作是一个矛盾的修辞（an oxymoron）[1]：法学必定是经过某种"专业性"培养的人群的知识技能，虽然这种"专业性"日益被要求参入其他的学问和方法。只有"技术非独特性"与"职业地位不独立"的结合，对于法律技术和职业地位的双重否定，才可能彻底否定传统法学自主地位的存在。但是，这个意义上的"民主的法学"还是"法学"吗？

认识到上述意见，我们能够预想到：当昂格尔提出，法律分析应当作为一种替代性未来的制度想象时，所遇到的反对意见有多大。本章以下将从昂格尔批判主流法学入手，着重观察他在自己的激进民主参与构想中为"法律分析"（法律职业群体的基本方法）留出的位置，希望剖析昂格尔构想的理论基础。

二、"肮脏的小秘密"

（一）对法律的两种认识

昂格尔的主张建立他对当代法学的批判之上。在 1996 年出版的法学理论专著中，昂格尔接继他在《批判法学运动》（1983/1986）中的看法，指出法律中存在着根本不确定性："对相同问题的相互冲突的解决方法将共存在一起。它们的应用边界将仍然不明确。一些领域得到支持的利益和理想，在其他领域将大打折扣，没什么理由，只是因为特定冲突发生的时序以及竞争着的意见党派的相对影响

---

[1] 我从杰瑞米·沃尔德龙的论文中借用了这种表述，我们马上可以看到他的观点。在此还应该说明，这里所谓"法律职业"或者下文的"对法律的职业性理解"，从广义上来讲，指的是一般理解的"法律职业共同体"，即接受共同的法律教育和训练的法律家群体，但下文主要针对的是狭义上的意思，即法官或者司法官僚这个群体。之所以如此处理，是如昂格尔所言："甚至当代'法律过程'理论已经将司法转化为法律代理人体系之一时，它也是其中处于（对法律进行）'合理阐释'之金字塔尖顶的首要的一个……" *WSLAB*, p. 107. 法官作为法律发展的主导力量，这是包括德沃金、米歇尔曼等这样在许多意见上针锋相对的当代重要法学理论家的共同观念。可以参见［德］哈贝马斯：《在事实与规范之间：关于法律和民主法治国的商谈理论》，童世骏译，三联书店 2003 年版，第 243 页。

力。"[1]他认为，当前的主流法学理论已经不再主张自由政治和经济
秩序中存在固定的公私权利体系，并且拒绝这个观念的推论结果，
即认为财产和契约的私法体系提供了判断政府"干预"正当性的分
配性中立标准（distributively neutral standard），但是，"从这个主张
的破灭中，（主流法学理论）拯救了将法律表述为追求在政策与原则
的语言中能够被描述的公共利益，从而绝对不同于通过立法推进党
派利益的承诺。"[2]

　　昂格尔把当前主流法学理论称为"理性化法律分析"（Rationali-
zing Legal Analysis）。与19世纪法律科学始终自称的那种"理性化"
不同，理性化法律分析赋予了旧的法律推理新的特殊内容："理性化
法律分析是一种将扩展的法律片段当作相互联系着的政策与原则的
表达——尽管是有缺陷的表达——的一种方法。"[3]简要而言，它是
一种目的性叙述（a purposive mode of discourse）。其一，其主要特征
是将集体福利政策与道德和政治权利原则作为塑造法律的主导目的，
这些政策与原则所具有的普遍性特征反过来把法律阐释为通向福利
和权利全面配置的有目的的社会事业。其二，将司法判例阐释为暗合
目的，并且指向更具综合性的政策与原则的普遍、融贯和清晰的法律
理性表达。其三，它确立了法律分析者的两项任务：一是辨识法律材
料中内含的理想因素；二是推进法律及其已被接受的理解。[4]

　　这是一种专业化或职业化法学观念的当代表现。依照昂格尔的
论述，我们可以发现主流法学理论的内在紧张，让我们大概把它称
为"对法律的职业性认识"（认为法律中潜藏着政策与原则的理想理
念）与"大众性认识"（一般性对于法律的理解）之间的紧张。根
据《知识与政治》中关于理论与事实二律背反的阐述，我们发现，

----

　　〔1〕　*WSLAB*，p. 66. 在之前著作中的相近看法，参见 *CLSM*，pp. 8-9.
　　〔2〕　*WSLAB*，p. 47. 昂格尔认为那种自由政治和经济秩序中存在固定公私法体系的观
念，是19世纪法律科学的特点（p. 41）。之前的著作中，他认为这种法律科学对于当代法学
具有重要影响，并把这种影响力追溯到"伴随着现代社会理论兴起的更为常见、保守的社会
学说"那里。*CLSM*，p. 14.
　　〔3〕　*WSLAB*，p. 36.
　　〔4〕　*WSLAB*，pp. 36-37.

对法律中所谓理想的阐释是一种因人而异的事情，于是，理性化推进法律的任务必须要求，在发展所谓潜在理念的同时，点点滴滴地排除那些不符合这种理念的认识和理解。昂格尔指出，法律分析者由此陷入一种颇为为难的分寸感中："过于假装在既存法律中发现现存的而且充分有效的理想理念，则法律分析者就成了玄学家和辩护士。过于将法律作为它表达为已接受的理解那样，来进行建构性推进，则他转而成了民主权力的篡取者。"昂格尔要我们注意，主流法学理论的问题就出现在这里："事实上，因为辩护式的玄学家在实际法律材料中可能非常没有保障，这两种相辅相成的对理性重构的颠覆可能以分析者对立法权不正当地争夺而告结束。"[1] 换句话说，分析者最稳妥的做法，就是放弃宣称发现了法律材料内含着的潜在理想，而是通过理性化分析的面目，将法律材料拼凑成为指向某种潜在理想的发展道路。这其实也是对大众性法律认识的排挤，是一种职业主义对于民主主义的篡夺。

法律的不确定性与理性化分析者建构出的融贯性，是当代法律并存的两大特征，前者表征的是多种利益和理想的冲突，后者则通过一套迈向公共福祉的语汇对前者进行矫饰。在理性化分析者的努力下，那套公共福祉的语汇成为蕴涵在凌乱的法律材料体内，并不因利益和理想的相互争斗而遭受损害的"理性的狡计"（黑格尔意义上）。但是，大众把握法律发展的可能性就此被否定，"内在演进的理性"的话语规定了法律的发展。[2]

昂格尔指出，理性化法律分析能够从"法官，或者其他如他们一样的人，是法律思想的首要代理人（the primary agents of legal thought）"[3] 这个理念中找到自身的理由。法官之所以被当作法律的详细阐述者，是因为法律是经由非司法机构创制出来的，司法权因此既能够制衡立法和行政的权力，又能把自身限制在"法典"之内，并在一种职业共同体的伦理规范中，保持"忠于法律"的操守，

---

　〔1〕　*WSLAB*, p. 37, also see pp. 40-41.

　〔2〕　*WSLAB*, p. 70.

　〔3〕　*WSLAB*, p. 106.

如同亚历山大·比克尔（Alexander Bickel）在为联邦大法官的政治审议功能作辩护时所雄辩的那样：

> 我们的体制中包含着详尽而明确的机制以使他们处于隔绝状态。有若干控制措施被内建在他们的技艺中，他们在一个专业群体的严格审查下行使这些技艺，而被这个专业群体预期和认可是他们必然十分在意的。人们公开地与法官们进行辩论，而他们只能私下里论战。因此，他们通常都会公开地系统阐明他们的裁决，提出支持性理由，然后就会遭到人们一遍又一遍的论难。我们可以预期，他们事实上是与争议的当事人相隔绝的，他们将会驱除纯属个人、集团或阶层的利益和偏见，而在人类力所能及的范围内，采取一种更为超然、也更具有包容性的关于公共问题的看法。[1]

依此，政治或立法是利益交涉的领域，只有司法和法官才能中立地按照"先定规则"维护个人的权利。正是在这个观念下，立法逐渐被移入从属地位，理性审议的力量失败之时的最后防范工具就只能是司法。[2]任何要求改变法律分析的建议都会遭遇这样的拒绝：

---

〔1〕 ［美］亚历山大·M.比克尔：《最小危险部门——政治法庭上的最高法院》，姚中秋译，北京大学出版社2007年版，第215页。

〔2〕 *WSLAB*, pp. 107-108. 法西斯统治时期法官的恐怖主义表现，是引起战后自由主义法学家反复警醒的一段历史，由此产生了法官应当超越实在法而忠诚于正义和人权的主张。在这种颇具影响力的主张中，立法的作用和地位更加被边缘化。例如，意大利诉讼法大师皮罗·克拉玛德雷（Piero Calamandrei）曾经大声疾呼，法官应该遵从怜悯和同情的原则，关怀当事人的苦难。他说：法官"不应把法律看作来自天国的外物，而应在自己良心中找到法律的寄身之所；当他打算把普遍规则转化为具体命令时，该命令必须与自身情感如出一辙。"他呼喊着："司法判决是经由法官良心过滤后的法律"。他的学生、同样身为诉讼法国际大师的莫诺·卡佩莱蒂（Mauro Cappelletti）在为"法官造法"辩护的一篇论文中，更雄辩地论述到：一方面，随着工业社会的急剧发展，立法机构已经无力充当指导社会发展的全能工具，法规制定缓慢滞后，且为利益集团所操纵；另一方面，国家行政权力扩张，过度的官僚化已经侵蚀最初设计行政权的初衷和理想，司法权威的相应增长势所难免。而且，二战后欧洲大陆国家人权保护中心、宪法法院等新型机构的发展充分说明了，法官如果不能主动、勇敢地承担保护人权的重任，司法的传统权威将会被新型的权利保护机构所取代。参见［意］皮罗·克拉玛德雷：《程序与民主》，翟小波、刘刚译，高等教育出版社2005年版，第27页；［意］莫诺·卡佩莱蒂：《比较法视野中的司法程序》，徐昕、王奕译，清华大学出版社2005年版，第22~33、70~73页。

法官能以这样的方法做些什么？然而，昂格尔却认为，这种将司法作用作为中心的主流法学理论必须受到批判，因为它以一种职业化的理性话语和技巧，将法律重构为一种按照某种潜在理性运动的事物，从而排斥了民主行动的能量：

> 当代法学——理性化法律分析时代的法学——的两个肮脏的小秘密，是它对右翼黑格尔的社会和法律历史观念的依赖以及对民主的不安：崇敬历史胜利和恐惧大众行动。在产生自毫无希望的一堆历史冲突和妥协的日常实践之中强调历史的狡计（the cunning of history），右翼黑格尔主义找到了表达途径；而对于民主的不安表现在当代法律文化的每一个领域内：对于多数决原则的各种限制，而非对于占统治地位的少数人的权力的诸项限制进行喋喋不休的界定，并以此作为法官和法学家的首要责任；随之而来反对多数决的实践和安排，其势汹汹，蔚为浩荡；反对一切体制性改革，特别是反对那些旨在提升人民政治参与水准的改革，而将其视为对于权利的威胁；有多少财产权就有多少异议权；希望悄悄改进阐释以努力获得法官的认同，大众政治毫无进展；在国家改革的关键和微妙时刻，却放弃制度性重建；一味强调较高位阶的法官及其遴选才是民主政治最为重要的内容；理想中最可接受的是审议民主，认为此与18世纪一间画室中绅士之间温文尔雅的谈话在风格上最为接近；而且，有时候，明确认为政党政治是法律变革的补充性的、最后有效的渊源，在没有更为精准的法律解决方案可供适用之际，亦可容忍其存在。人民的恐惧和厌恶总是有成为这一法律文化的主导性情感的危险。[1]

（二）低度共识与根本分歧

熟悉昂格尔偏离主义者原理的人应该不会对这种批判意见太过

---

〔1〕 *WSLAB*, pp. 72–73. 这一段译文很大部分参见［英］丹尼斯·劳埃德：《法理学》，许章润译，法律出版社2007年版，第451~452页。

吃惊，虽然他的法律理论在很多方面已经有了重大推进。值得关注的是主流理论界新兴人物们的态度，它将意味着昂格尔要在新的智识环境上迎接挑战。[1]

杰瑞米·沃尔德龙接受昂格尔关于当代法学"对民主不安"的指责[2]，他在两个意见上承认昂格尔的批判。其一，当代法学给予了相互冲突的法律一种理性的、融贯的面目。沃尔德龙认为，依照昂格尔，理性化法律分析从法律材料中发现的理想并不是对立法者意图的反应，立法者的意图被认为是一堆不同动机的混合物，分析者的目的正在于将一幅好的面目放置在这个混乱的法律现实之上。沃尔德龙表示赞同昂格尔的这个观察。[3]其二，当代法学对于法院的偏重关注，正是法律制度及其实践排除民主参与的重要体现。问题是，法学理论家认为法律一旦制定，就有责任使之显得更好，"但是，使之更好，意味着将它移交法庭以便修正和重构；很少做出工作将法律解释系统地指向大众自治的理想。"[4]昂格尔指出，现代法治构设出一幅将特定的、稳定的权利赋予各类角色承担者，从而能在固定构架内妥善应对分化利益和理想的图景。[5]沃尔德龙接受这个发现，他进一步认为，在当代美国，个人只能通过司法程序做出一点个体参与者独特的事情来，这正是排挤了大众民主的法律制度与实践导致的结果。[6]

沃尔德龙的看法在新兴主流法学理论家那里并不显得孤独。凯斯·桑斯坦在之前评论昂格尔的《政治学》（1987）时，表示赞同赋能民主对于多元主义和古典共和主义政治理论的抨击，在强调利益

〔1〕早期主流法学理论对批判法学的态度，参见［美］安德鲁·奥尔特曼：《批判法学——一个自由主义的批评》，信春鹰、杨晓锋译，中国政法大学出版社2009年版，第1~3页。

〔2〕Jeremy Waldron, "Dirty Little Secret", *Columbia Law Review*, Vol. 98, No. 2（Mar., 1998）, pp. 510-530.

〔3〕Jeremy Waldron, "Dirty Little Secret", *Columbia Law Review*, Vol. 98, No. 2（Mar., 1998）, p. 514.

〔4〕Jeremy Waldron, "Dirty Little Secret", *Columbia Law Review*, Vol. 98, No. 2（Mar., 1998）, p. 521.

〔5〕*WSLAB*, p. 109.

〔6〕Jeremy Waldron, "Dirty Little Secret", *Columbia Law Review*, Vol. 98, No. 2（Mar., 1998）, pp. 518-519.

和理想多元异质并且难以通过功利主义式的加聚或古典公民美德进行整合这个方面,与沃尔德龙一样接受了昂格尔的见解。[1]同时,桑斯坦也指责当代法学理论对于司法判例(尤其是联邦最高法院判例)的过度关注,导致了法学研究者被遗忘在法院之外,还有其他政府部门以及大众必须承担的法律责任。桑斯坦的主张是,法院应当保持一种克制的美德,以便把政治和道德问题留给更为广阔的社会加以讨论,他认为这是美国宪政"审议民主"的特点和要求。[2]

不过,应该马上指出,或许共识仅限于上述两个基本点。沃尔德龙声称,他完全不同意昂格尔立基于正确批判得来的重构方案。他指出,昂格尔要求将理性化法律分析掩盖的利益和理想揭示出来,公开在法律分析中进行讨论,从而将法律分析重构为一种真实的制度实验主义的形式(用昂格尔的术语表达,即"作为制度想象的法律分析"),根本不是"法学"能够承担的工作任务:"法学者能够为激进改革贡献什么不同于社会科学家或文化理论家贡献的东西?昂格尔不断展示的只是,法学者的贡献只在于他最后成为社会科学家或文化理论家。"[3]在评论中,沃尔德龙提示,增强法学者对于制度实验主义的贡献,与其取缔这门专业的独特性,不如在法学教育中增加比较法学的训练,以便法学者具备更多样丰富的制度知识服务于更具民主开放性的法律制度与实践。同样,桑斯坦否定昂格尔关于改变现状权利的构想,他认为并非所有的构架都必须被打破,有的构架可以保护普通公民免受剧烈变动的惊吓,有的则能在逐步的改动中促进对于个人安全的保障[4]。依照这个谨慎观念,桑斯坦

---

〔1〕 Cass Sunstein, "Routine and Revolution", in *Critique and Construction*: *A Symposium on Roberto Unger's Politics*, eds. by Robin W. Lovin & Michael J. Perry, New York: Cambridge University Press, 1987, pp.46-47.

〔2〕 这是桑斯坦多部著作的主题。参见 Cass Sunstein, *The Partial Constitution*, Cambridge, Massachusetts: Harvard University Press, 1993; Cass Sunstein, *One Case at a Time*, Cambridge, Massachusetts: Harvard University Press, 1999.

〔3〕 Jeremy Waldron, "Dirty Little Secret", *Columbia Law Review*, Vol.98, No.2 (Mar., 1998), p.529.

〔4〕 Cass Sunstein, "Routine and Revolution", in *Critique and Construction*: *A Symposium on Roberto Unger's Politics*, eds. by Robin W. Lovin & Michael J. Perry, New York: Cambridge University Press, 1987, p.68.

也不会同意彻底改变司法的或法学的专业性质，对他来说，司法极小主义（judicial minimalism）所要求的克制与审慎，正是审议民主所需要的法律职业技术和美德。

对照我们前面提到的四种组合，沃尔德龙和桑斯坦可以模糊地归入第二类和第三类之间，他们质疑传统法学主张的专断式的法律技术，也对法院把持法律解释的规范地位表示不满意，因此会要求以比较法学或者其他的学科知识（如沃尔德龙的政治理论和桑斯坦的行为经济学）补充传统法律技术，也要求法院本位（court-centeredness）的法学理论向着更广阔的民主审议开放，但是，他们都坚持拒绝昂格尔更彻底、更激进的重构方案。可以说，这些新一代主流法学理论的重要人物，与昂格尔之间的低度共识不过是一种非常脆弱的智识欣赏，分歧才是最根本的。沃尔德龙把立场说得非常到位：如果把昂格尔的重构方案纳入思考，则会发现，昂格尔本来可以得到支持的批判意见，也变得立不住脚了。在沃尔德龙看来，经过昂格尔扩展、重构之后的法律分析，将不再是一种"法律人"或者法学能够容纳的制度方法。用沃尔德龙在他那篇评论结尾处的话说，"民主的法学"即使可能，也不会是昂格尔的那种视角。

本章将深入观察昂格尔的理解及构想，我们的关注点依然不是在争论中辨别是非，而是希望突出昂格尔的理论特点以及他所针对的问题。

三、法律技术的政治维度

（一）技艺理性的神话

法律是一门独特的技术知识，传统法律家会用以下这段脍炙人口的话来佐证这个观念的政治思想史地位：

> 确实，上帝赋予了陛下以卓越的技巧和高超的天赋；但陛下对于英格兰国土上的法律并没有研究，而涉及陛下之臣民的生命或遗产、或货物、或财富的案件，不应当由自然的理性，而应当依据技艺性理性和法律的判断来决定，而法律是一门需

要长时间地学习和历练的技艺，只有在此之后，一个人才能对它有所把握：法律就是用于审理臣民的案件的金铸的标杆（量杆）和标准；它保障陛下处于安全与和平之中：正是靠它，国王获得了完善的保护，因此，我要说，陛下应当受制于法律，而认可陛下的要求，则是叛国；对于我所说的话，布拉克顿曾这样说过：*quod Rex non debet esse sub homine, sed sub Deo et lege*（国王应当不受制于任何人，但应受制于上帝和法律）。[1]

这段话出现在 17 世纪的英格兰。国王詹姆斯一世在一次会议中提出，国王应从法院拿走一些案件，以"国王的身份"进行裁决。他的理由是：法官只是国王的代表，法官能胜任的工作，国王当然更是胜任有余。但是，普通诉讼法院（the Court of Common Pleas）首席大法官爱德华·柯克爵士（Sir Edward Coke）代表全体法官拒绝了国王的要求。他声称：经英格兰全体法官、财税法庭法官见证，并得到他们一致同意，国王本人不能裁决任何案件，不管是刑事的，比如叛国罪、重罪等，还是各方当事人之间有关其遗产、动产或货物等的案件；这些案件应当在某些法院中，根据英格兰的法律和习惯来裁判。[2]国王对此质问道：既然法律以理性为基础，国王和其他人都一样具有理性，为什么不能取代法官审判？柯克用上述那段后世法律人最津津乐道的"技艺理性"回复了国王。

"技艺理性"的理念给予了后世法律人怎样的鼓励？罗斯科·庞德（Roscoe Pound）认为，从柯克这里开始，普通法国家的司法权战胜了王权，保障个人利益成为法院设置的目的。理查德·波斯纳也同样认为，这个观点隐含着"法官是自然法的阐述者，法律虽然权威，但它并非来自'主权者'"[3]。但是，走出法学家的阵营，

---

〔1〕 转引自 [美] 小詹姆斯·R. 斯托纳：《普通法与自由主义理论：柯克、霍布斯及美国宪政主义之诸源头》，姚中秋译，北京大学出版社 2005 年版，第 48 页。

〔2〕 Roscoe Pound, *The Spirit of The Common Law*, Boston: Marshall Johns Company, 1921, pp. 60-61.

〔3〕 [美] 理查德·A. 波斯纳：《法理学问题》，苏力译，中国政法大学出版社 2002 年版，第 14 页。

得出的看法却并不如此乐观，例如一本流传甚广的非法律类教科书就认为：柯克其实代表了一种极端保守主义的法律观，它把法律当作土生土长的东西，并且否定主权者通过制定法推动变革的可能性。[1]如果正视这些不同观点，则能够注意到，仅以"技艺理性"为法律职业或者法学的自主性辩护，并不具有足够的说服力，必定还有其他更容易为人们接受的理由。

技艺理性在法学史中最突出的表现，是兴起于19世纪中期之后的形式主义或者概念主义法学。这种形式主义的法学虽然标榜"科学"和"非政治"之名，然而却显著地坚持着其维护自由政治经济秩序的"政治功能"，如同昂格尔非常敏锐地指出：19世纪法律科学致力于发掘那种潜藏于自由政治经济秩序中的法律内容，该内容包括了一个以财产权和契约权利为核心的私法体系，以及一个维护司法秩序安全的公法体系，但这些内容并非一成不变，随着政治经济环境的转变，这些法律内容同样发生变迁，所谓法学的"科学任务配合其政治责任"。[2]以美国为例，在19世纪早期以前，盛行着两种表面上相互冲突的法律思想：一种是在私法领域强调功利主义和工具主义，即通过商法完善救济制度，通过财产法和侵权法支持国家发展低成本项目的法律思想；另一种是在公法领域强调反功利主义和形式主义，即反对通过国家立法进行财富再分配的法律思想。商人阶层对于私法的政治功能非常看重，因为这样能够实现法院而非立法（政治）对于经济秩序的管理，从而降低经济发展成本。但是，公法私法取向上的差异，也导致法律实践中的冲突，例如大法官约瑟夫·斯托里（Joseph Story）非常奇特地坚持一种矛盾立场：在私法中推崇功利主义的工具性主张，在公法中持有保守主义和形

---

〔1〕［美］乔治·萨拜因：《政治学说史：民族国家》（下卷），邓正来译，世纪出版集团、上海人民出版社2010年版，第132~133页。在斯托纳更为复杂的研究中，同样可以看到这种观点："对于英国来说，柯克的著述的力量在于它具备同化吸收并整合出一个法律整体的能力，而它的弱点则在于，它没有能力从头开始——或者说适应时运的剧烈变化。"［美］小詹姆斯·R.斯托纳：《普通法与自由主义理论：柯克、霍布斯及美国宪政主义之诸源头》，姚中秋译，北京大学出版社2005年版，第107页。

〔2〕 *WSLAB*, pp. 41-42.

式主义观念。如在伍德诉达默案（Wood v. Dummer，1824）中，他宣布公司股本是为债权人利益设立的信托基金，从而创立了一个扩展的"利益相关者责任"（shareholder liability）。他的目的是使破产公司的股东对其不能认购的全部公司股份承担责任[1]。但在达特茅斯学院诉伍德沃德案（Dartmouth College v. Woodward，1819）中，他明确区分了公共公司与私人公司，认定设立公司的特许（charter）是契约，从而质疑州设立竞争性公共项目的权力。[2]在前一个判决中充分肯定私法维护所谓社会福利的功能，而在后一个判决中却根本否认通过立法推动社会变革的能力。在1820年左右，有法学家掀起了一场声势颇为浩大的法典编纂运动，希望改变公法与私法这种矛盾取向，重新界定法官享有的普通法上的权力。然而，法典编纂者主张普通法也具有政治性的激进观点，在法律职业者那里激起强烈的反弹，19世纪20年代之后大量法学著述的出版，都是在"法律即科学"的旗帜下系统论述高度技术化的法律操作技艺，主张法律推理方面的非政治性、演绎性和"科学性"。到19世纪40年代，自由竞争的市场经济逐步让位于新兴大集团、大企业的垄断经济，这些集团要求大幅度减少法律制度对财富再分配的干预，与法学家强烈的形式主义观念正好合拍，致使后者一举占据美国法律思想的主流位置。

莫顿·J. 霍维茨教授认为，法律形式主义的出现可以理解为独立战争之后美国社会三种主要因素的汇聚与综合[3]：其一，法律形式主义表明独立战争后法律界力量的大幅度兴起，通过将法律视为客观、中立、非政治性的制度，最大限度地确立了独立的和自治的专业利益。其二，法律形式主义反映了法律界精英的利益与新兴而强有力的商人和企业集团利益的汇合。两者的联盟"使法律界第一

---

〔1〕 Morton J. Horwitz, *The Transformation of American Law，1870 - 1960：The Crisis of Legal Orthodoxy*，New York：Oxford University Press，1992，p. 93.

〔2〕 ［美］莫顿·J. 霍维茨：《美国法的变迁：1780—1860》，谢鸿飞译，中国政法大学出版社2004年版，第170~194页。

〔3〕 ［美］莫顿·J. 霍维茨：《美国法的变迁：1780—1860》，谢鸿飞译，中国政法大学出版社2004年版，第389~390页。上文关于美国法律史的回顾也参阅了这部著作。

次真正获得了威望和权力"。其三，法律形式主义代表了商业和企业集团第一次掌握为自己的利益而变革法律的能力：他们"冻结"法律规则主导社会变革的功能，并通过赋予法律固定的、不可改变的逻辑推理的性质，否认它们是为他们利益而服务的本质。

依照这样的法社会史研究，技艺理性的神话应该可以获得新的理解。事实上，单从专业技术入手，无法解释法学或者法律职业的自主地位，技艺理性之所以备受推崇，正因为它具有将职业利益与社会最主流、最强势的利益相联结的能力。在洛克纳案中[1]，法官主张遵循公权力相对于劳动契约保持中立的先例，这是一种"技艺理性"；在布朗案中[2]，法官要求推翻公立学校设置种族隔离的先例，也是一种"技艺理性"。前一种技艺理性遭到新政自由主义者的猛烈抨击（如桑斯坦），被认为是保守主义的象征；后一种技艺理性则被视为革命性创造而获得广泛赞誉。"技艺理性"本身没有告诉我们任何事情。批判法学的重要人物戴维·凯瑞斯（David Kairys）教授指出，审判之中从既定规则（stare decisis）一步一步推导出审判决定的技术方法，完全是政治上的障眼法："既定规则的意义和重要性并不是固定的或者独立于社会或历史环境的。也没有朝向精致推理的长期运动。毋宁说，在法院的正当性和权力能够通过公开地拒斥偶然性而有益于政治上的大众变迁的时期，既定规则被方便地拿在了手中。"[3]重要的问题显然是，谁掌握这种法律技术？用来做什么？——在这个意义上，那种认为法官因为是个人权利或社会福利的捍卫者，故此当然作为法律的首要代理人的观念，似乎也没有可信的依据。[4]

（二）如何理解法治？

揭示出法律技术的政治功能，马上会产生疑虑：既然法律技术

---

〔1〕　Lochner v. New York，198 U. S. 45（1905）.

〔2〕　Brown v. Board of Education，347 U. S. 483（1954）.

〔3〕　David Kairys，"Legal Reasoning"，in *The Politics of Law：A Progressive Critique*，ed. by David Kairys，New York：Pantheon Books，1983，p. 16.

〔4〕　昂格尔非常深刻地指出，即使承认法学家群体对于法律重构具有潜在的权威，法学家自身内部也难以达成统一的意见。*WSLAB*，pp. 74–75. 这个意见是对本书第一章开始讨论的法律不确定性问题的拓展。

只是政治运作的一种隐秘工具，那么那种限制权力、保障权利的法治，岂不是没有什么存在的意义？在早期著作中，昂格尔已经让我们看到现代法治的内在紧张以及在实现自身承诺方面的无能为力，然而，自由主义法治支持者进行的理论修正也不可被忽略，要认识昂格尔的思想地位，就必须认真观察这些修补性的努力，通过对这些新近努力的辩驳确认昂格尔理论构想的力度。

在 19 世纪中后期，面对马克思主义与社会学思潮对古典法律思想的冲击，韦伯用系统的历史社会学阐述重新塑造了人们对形式理性法律的认识。[1]马克思主义法学家曾经批判自由主义法学理论标榜保障自由平等意志的法权，"好像法律是以意志为基础的，而且是以脱离现实基础的自由意志为基础的"[2]。马克思主义者指出这种自由意志表层下隐藏着的财产占有关系：

> 这种把权利归结为纯粹意志的法律幻想，在所有制关系进一步发展的情况下，必然会造成这样的现象：某人在法律上可以享有对某物的占有权，但实际上并没有占有某物。例如，假定由于竞争的缘故，某一块土地不再提供地租，可是这块土地的所有者在法律上仍然享有占有权利以及使用和滥用的权利（*jus jtendi et abutendi*）。但是这种权利对他毫无用处：他作为这块土地的所有者，如果除此之外没有足够的资本来经营他的土地，就一无所有。[3]

在马克思主义法学观中，缔结契约根本不是从意识自由原则推断而出的个人行为，而是先定于所有制关系中的派生性社会关系。

---

〔1〕 参见［美］邓肯·肯尼迪：《逻辑形式法律理性的"祛魅"或，韦伯关于西方法律思想现代模式系统的社会学研究》，载［美］查尔斯·卡米克、菲利普·戈尔斯基、戴维·特鲁贝克编：《马克斯·韦伯的〈经济与社会〉：评论指针》，上海三联书店 2010 年版，第 310 页。肯尼迪教授的这篇论文主要处理韦伯对社会性思潮的回应，我的论述则简要阐述他对马克思主义法学的反驳。

〔2〕 马克思、恩格斯：《德意志意识形态》（第 1 卷），载《马克思恩格斯全集》（第 3 卷），人民出版社 1971 年版，第 71 页。

〔3〕 马克思、恩格斯：《德意志意识形态》（第 1 卷），载《马克思恩格斯全集》（第 3 卷），人民出版社 1971 年版，第 71 页。

依照这种思路，那种基于财产占有的社会强势力量，就能够左右法律的存在和发展："每当工业和商业的发展创造出新的交换形式，例如保险公司等的时候，法便不得不承认它们是获得财产的新方式。"〔1〕这个观点如果获得普遍认可，则古典法律思想所坚持的科学性、个人主义、意志自由等原则都将失去立足之地。

　　韦伯采取的回应方式是，首先，他提出反对马克思"经济基础/上层建筑"之分的理论框架，否定法律是经济基础所决定的"上层建筑"：经济的因素在法律发展中只占"间接的地位"，因为，经济理性化固然能使法律和政治团体向着理性化的方向发展，后二者却也反作用于前者，强烈地影响经济的性质，毋宁说法律与经济之间的关系是一种复杂、互动且多变的联系，不能认为一方决定性地支配着另一方。〔2〕其次，在此基础上，韦伯提出反对法律是为统治阶层利益服务的这样一种观念，坚持主张形式理性法律与资本主义作为独特的经营方式之间的"亲和力"："市民阶层往往对理性的法实务表现出最为强烈的关注，也就是关心是否能有一种体系化的、毫不含糊的、合于目的理性所创造出来的、形式的法律，这种法律不仅能排除传统的束缚和恣意，并且主观的权利也因此只能以客观的规范为其唯一的根源。"〔3〕他甚至强调，欧洲大陆知识界对这种"亲

---

　　〔1〕　马克思、恩格斯：《德意志意识形态》（第 1 卷），载《马克思恩格斯全集》（第 3 卷），人民出版社 1971 年版，第 72 页。

　　〔2〕　《韦伯作品集：法律社会学》，康乐、简惠美译，广西师范大学出版社 2005 年版，第 26 页。应该说明，韦伯关于法律与经济之间关系的见解，直接针对的是施塔姆勒而非马克思的观点。

　　〔3〕　《韦伯作品集：法律社会学》，康乐、简惠美译，广西师范大学出版社 2005 年版，第 225 页。韦伯考虑过马克思提出的对法律意志论的批判，他承认，在所谓"从身份社会向契约社会"（亨利·梅因语）的现代化发展中，个人自由地步入契约关系、自由地利用法律，并不能等同于意志平等和自由的体现："这个趋势实际上到底能够在塑造一己生活样式的条件上，将个人的自由提升到什么程度，或者尽管趋势是如此（或部分而言正因为如此），生活样式会越来越赋予被强制地定型化到何种程度，并不是光从法律形式的发展入手就可以判断的问题。因为，尽管被认可的契约范型在形式上是如此的多样化，而且，可以无视所有官方范型而一凭自由意愿来决定契约内容的形式授权也确实存在，但这并不保证此种形式的可能性实际上是对任何人都管用的。实际的财产分配上的不平等性受到法律的保障，对此造成了特别的阻碍。劳动者可以任意和任何企业缔约者缔结任何内容的劳动契约，此种形式的权利对找寻劳动机会而言，实际上并不表示他在决定劳动条件上具有最起码的自由，也不保证他能

和力"的认识是可以达成共识的，因为西方法学研究对此已经表现出相应的独特品质："法律之所以可能达成现代意义上的那种特殊专门的、法学上的提升纯化，是因为其具有形式的性格。"[1]最后，更进一步，韦伯把法律教育方式看作影响法律发展最重要的因素，尤其是英国的普通法教育与欧洲大陆的理性法律教育，决定了现代法律发展的两种形态。[2]

韦伯的系统论述对于后世法律家具有决定性的影响，从凯尔森（Hans Kelsen）的纯粹法学到富勒（L. Lon Fuller）的规则之治，包括中间出现的社会学法理学（R. 庞德）、现实主义法学（K. 卢埃林）、新分析法学（H. L. A. 哈特）等，其实都没有走出韦伯的视野。在这种思想传统中，所谓法治，着重的是规则的在先存在性，规则解释、适用和执行的透明性和公开性，法院判决的合规性等内容。[3]戈兰特（Marc Galanter）教授用 3 类范畴、11 条特性，非常精巧地描绘现代法治的面貌[4]：

第一，法律规则的类型：①适用的统一性和稳定性。规则适用

对此发挥什么影响力。这毋宁是意味着，至少主要是这样的可能性：市场的较有力者，此时通常是企业者，可以依照自己的判断来决定劳动条件，然后听任劳动寻找者接受或拒绝，并且，当他所提供的劳动对寻求者而言比平常更具经济上的紧迫性，他就更能强要他们接受。因此，契约自由的结果首先是，公开机会让人得以在善于运用市场上所拥有的财货而无碍于法律的限制下，利用这些资源成为取得对他人权势的手段。市场上拥有权势的人就是这样一种法律秩序的利害关系者。最符合其利益的，莫过于'授权法命题'（Ermachtigungsrechtssatzen）的创制——依此命题而制定出有效协议的范型。就形式上的自由而言，这些范型的确是任何人都可加以利用的，而事实上，唯有有产者才用得上，也因此而成为支持有产者的（而且唯独他们的）自律与权势地位的范型。"他认为在资产阶级经营方式下，这种不平等性产生的强制具有一种"内生性"的特质，即通过"契约自由""授权规则"的形式扩大这种强制的权威力度以及范围（第138~141页）。不过，韦伯并不认可左翼思想家采用公共权力校正这种内生性不平等的主张，虽然他认识到，这种不平等性将导致形式理性的法律中孕生出非形式理性的因素（第325~328页）。

〔1〕《韦伯作品集：法律社会学》，康乐、简惠美译，广西师范大学出版社 2005 年版，第 225 页。

〔2〕《韦伯作品集：法律社会学》，康乐、简惠美译，广西师范大学出版社 2005 年版，第 182~189 页。

〔3〕 *WSLAB*, p. 64.

〔4〕 Marc Galanter, "The Modernization of Law", in Myron Weiner ed. , *Modernization: The Dynamics of Growth*, Basic Books, Inc. , 1966, pp. 155~156.

是地域性而不是个殊化的，即同类事情相同处理，不考虑被适用者宗教、种族、阶级、籍别和性别的差异。②交易性。权利和义务是从当事人相互的交往行为中产生，而不是来自如身份地位或某个神圣的固定来源。③普遍性。法律规则的适用是可重复的、可预期的，不针对特定人和事。

第二，管理规则的制度安排和技术的类型：①等级性。法律规则以等级式的结构排列，每一级的规范适用的范围不一样，相互之间协调一致。②组织上的科层性。法律规则依循可预期的程序进行操作，"非人情化"地（impersonally）运作。③理性。法律程序有成文规则的依据，程序规则是工具性的、功能性的、形式性的，可学习、可复制。④职业性。法律由专业的法律家管理，法律家的特点是通过学习掌握了法律技术，与身份来历无关。⑤职业中介性。普通人需要依靠职业法律家作为中介。⑥可修正性。法律系统本身没有神圣的品质，保持着依特定的程序进行修正的可能。

第三，法律与政治权威的关系：①政治性。国家垄断处理纠纷的权能。②分化性。在单个政府中，制定法律、适用法律的任务是分化的。

然而，可以看到，在法律技术遭受质疑之后，这种现代法治的构图也是摇摇欲坠：规则体系本身是相互冲突着的政策目的的表现，没有任何内在机制保障其适用的统一性、稳定性和普遍性。我们注意到，柯克在阐述技艺理性时，首先讲述了"英格兰全体法官、财税法庭法官"等，传统理解的法学自主性需要知识技术上的独立和职业共同体支持两个条件，但失去"技艺理性"这个神话支持的法律职业群体，却的确如同昂格尔在《批判法学运动》结尾处奚落的那样，失去了信仰又亟待保住工作。在昂格尔看来，理性化法律分析原本就是当代法学理论拯救现代法治的一种努力，通过给予零散的法律材料一种理性的面目，维持现代法治所宣称的那种融贯性和一致性。在规则之治的内在合理性遭受打击之后，对"法治"的理解就只剩下霍姆斯-波斯纳的"法官活动"，但是，法官在法治中的"主导作用"（the commanding role of the judge，昂格尔言）却同时引起自由主义内部和外部的理论家的双重抨击。

新一代自由主义法学理论家接受了批判法学的某些意见，承认法律与政治的关系并非泾渭分明。沃尔德龙甚至认为，当代法学理论家不是从法律材料中"发现"他们将要赋予法律发展的那个理性，而是在"建构"这种理性，他以德沃金的"建构性法律阐释"为例强调了这一点。[1]由此，将"法治"奠基在技艺理性的科学性、客观性或者确定性上的神话，对于新兴主流理论而言，已经没有什么效力了。新一代理论家要为"法治"寻找更有力量的基础。进一步，新兴主流理论家不再羞羞答答地用"价值无涉"或者"科学性"来矫饰专业主张，反而大方地亮出价值立场。沃尔德龙声称，他不但要回答昂格尔正确指出的那种"对民主的不安"，即将法治从法官之活动中拯救出来，而且要在立法理论中考虑立法主体多元性的问题，在昂格尔重构方案失败的地方建造真实的"民主的法学"：一种在关于法律性质、正当性基础、法律解释任务以及立法者、公民和法院各自责任的考虑中，更多关注个人自治的理想，并使这个理想得以实现的法哲学。[2]桑斯坦则出于同昂格尔相近的看法，表示了对主流法律理论误解类推适用的不满，但与昂格尔的建构方向不同，桑斯坦的法律推理方法是要重塑自由主义法治，使得法治与宪政为他提出的审议民主服务。

与批判法学一样，新兴自由主义法学理论表达了对民主的关注以及对传统法学研究的不满，但他们能否提出超越法律职业性认识的创见？这是我们需要认真对待他们理论贡献的理由。

四、社会多元与法律理论

主流法学理论不接受昂格尔激进民主的规划方案（如赋能民主纲领设想的激进的大众参与），更不会接受他以法律分析作为可替代

---

[1] Jeremy Waldron, *Law and Disagreement*, New York: Oxford University Press, 1999, pp. 515-516.

[2] Jeremy Waldron, *Law and Disagreement*, New York: Oxford University Press, 1999, p. 9.

性社会未来的制度建构工具。但是，他们也必须正视昂格尔提出的问题：如何在法治和宪政安排中增强民主参与？如何使法律制度保持更具灵活性的民主实验性？沃尔德龙和桑斯坦分别提出了自己的构想。对于本书的目的而言，重要的是，如果他们的构想能够展现出一种应对批判者质疑的能力，那么，昂格尔更为激进的方案就将显得夸大其实而不具有说服力；相反，倘若这些坚持在主流法学传统中的修正方案，无法回答激进思想家提出的问题，那么，颠覆这种法学传统本身，就并非不现实和没有必要了。应当说明，作为新兴一代自由主义法学理论的杰出代表人物，沃尔德龙和桑斯坦在法学研究的诸多领域都卓有建树，即使以下讨论的几部著作也蕴涵了相当丰富的思考，我所涉及的只是其中极小的一部分内容。

（一）立法至上的理论构想

沃尔德龙认为，法哲学对于立法机构（legislatures）关注得极少，通常对立法活动（legislation）的研究，一般是将立法者当作一个实体或者拟制的个人，而没有注意到，在多元的民主社会中，"立法者"本身也极为多元而且就许多基本社会正义问题持有分歧。沃尔德龙在此认识上，赞同昂格尔关于主流法学理论"对民主不安"的看法。他指出，法院审判的特征在于人们对于法官保持中立的期待，而多元主体的立法活动从来都带有显著的党派性质，"一个立法委员会从不试图抹消这样的事实：其成员与它所面对的个体们一样具有党派性"。[1]不认真对待立法活动中的权力与利益的交涉，就无法思考法律在多元民主社会中的正当性与权威。

沃尔德龙设想的起点，是我们通过《知识与政治》已经颇为熟悉的那种现代政治与个人自由的尴尬处境：一方面，现代政治权威应当给予每个人平等的尊重，并且从个人的认可那里获得正当性基础："至少从17世纪开始，我们在政治哲学中主张的观念被这样一种理念所引导：社会、政治以及法律的制度，原则上对那些生活于

---

〔1〕　Jeremy Waldron, *Law and Disagreement*, New York：Oxford University Press，1999，p. 24.

其下的人们而言是可说明的和可论证的。"[1]另一方面，现代社会最显著的特征就在于，关于政治结构、个人权利以及正义问题存在着剧烈的分歧，而且没有一种有说服力的方法去辨别各种意见的真伪。[2]因此，一般理论著作中主张的政治与法律权威得以形成的两条路径——霍布斯的绝对主权者的命令和美国的反多数决的司法审查制度——从民主意义而言都不可取。沃尔德龙提出的处理机制是多数决原则之下的立法会议，他明白地表示："立法会议的要点是代表社会中各主要的派系，以认真对待他们之间的差异，而不是以假装他们的差异不重要或者不存在的方式制定法律。"[3]

沃尔德龙当然清楚，在投票选举立法会议代表的过程中，每一选票所能获得的权重微乎其微，但他依然不同意卢梭式的直接民主。他主张民主与个人权利之间存在包容性[4]，反对卢梭有关私人利益的考虑只能构成"众意"而无法形成"公意"的见解。在沃尔德龙的民主理论中，主要关心的问题是如何在一个大型规模的立法会议中克服"盲目的群众"（blind multitude）的难题。[5]按照孔多塞定理的启示：假设某个集团成员在两个方案之间选择的正确率要高于1/2，则投票人数的增加也将使得趋向真理的概率更有机会无限接近于1；而倘若平均正确率低于1/2，则投票的人数越多，结果趋向真理的可能性就越小。那么，在大规模集团中，民主的难题就在于如何解决"因为什么东西对自己好，他们知道得太少了"这个卢梭提出的导致"多数无知"的难题。与哈贝马斯、罗尔斯所启发的"审议民主"理论（a theory of deliberative democracy）一样，沃尔德龙认

---

〔1〕 Jeremy Waldron, *Law and Disagreement*, New York：Oxford University Press，1999，p. 229.

〔2〕 Jeremy Waldron, *Law and Disagreement*, New York：Oxford University Press，1999，p. 106.

〔3〕 Jeremy Waldron, *Law and Disagreement*, New York：Oxford University Press，1999，p. 27.

〔4〕 Jeremy Waldron, *Law and Disagreement*, New York：Oxford University Press，1999，pp. 282-283.

〔5〕 Jeremy Waldron, *Law and Disagreement*, New York：Oxford University Press，1999，pp. 51-53. "盲目的群众"一语，来自 [法] 卢梭：《社会契约论》，何兆武译，商务印书馆2003年版，第48页。

为只有通过充分的信息流通、专家责任的承担以及沟通交流的畅通无碍，才能保证选民的理性判断。不过，他认为，此前的"审议民主"构想过于偏重商谈审议的"非强制性条件"，无视了在真实世界中，人们即使经过"审议"后仍然会对政策、正义、权利和原则等基本问题存在分歧。[1]换言之，非强制性条件下的审议结果并不能保证商谈不会流为循环往复的语言游戏。沃尔德龙提出，将立法会议中经过审议后投票通过的立法，作为保障进一步审议和处理分歧的"先定约束"。

沃尔德龙毫不掩饰这个主张的"循环论证"性质，但他认为，比之霍尔姆斯的意见（见本书第一章），自己的这个设想要更具包容性而且真实可行得多。因为霍尔姆斯将此前存在的多数决结果作为"先定约束"，排除了后代人通过多数决去审议该约束的可能性，故此包含了太多的实质内容和强制性。[2]沃尔德龙则强调，通过多数决原则下的投票，人民可以审议的议题不仅包括当前面对的日常事务，而且可以就先前的立法进行再次审议，这将使得人民获得改变生发性构架的权力，从根本而言，多数决原则和投票规则只具有程序正义的意义。在一定程度上，我们可以说，沃尔德龙的这个构想相对化了所谓基础政治与日常事务之间的对立，在通过行动改变基本构架这个方面，比霍尔姆斯等理论家走得要远。

不过，即使搁置《知识与政治》中昂格尔对多数决原则的质疑，需要追问沃尔德龙的问题还有，如何保证普通公民意志在立法会议中的真实体现？民主国家的选举活动已经成为职业政治家的一项"事业"，普通选民极容易受到职业政治家的操纵和影响，约瑟夫·熊彼特（Joseph Schumpeter）在其名著《资本主义、社会主义与民主》（*Capitalism，Socialism and Democracy*，1942）中，正是基于这种情况的考虑而主张精英民主，拒绝参与式民主。美国的总统选举投票率、

---

[1] Jeremy Waldron, *Law and Disagreement*, New York：Oxford University Press, 1999, pp. 91-93.

[2] Jeremy Waldron, *Law and Disagreement*, New York：Oxford University Press, 1999, pp. 278-281.

国会选举投票率，在 20 世纪 60 年代之后，都大幅度降到 50% 以下，而且投票人的阶级分布极其不均，一般平民都不愿意把选票投给控制着选举舆情的职业政治家。[1]在现代的"职业政治""政治家政治"或者"组织化的政治"中，普通平民很难发出声音。沃尔德龙虽然用不小的篇幅来强调民主对于个人权利的平等尊重，但是，如同克里斯托弗·L. 艾斯格鲁伯（Christopher L. Eisgruber）在其评论中指出的，沃尔德龙的多数决立法理论所关注的其实还是"选民"而并非"人民"，因为在他那里，人民只能选举立法会议的议员而不能就立法本身进行决议，这种制度安排无法摆脱当今西方民主国家中，职业政治家操纵和扭曲普通选民意志的痼疾。[2]沃尔德龙显然不愿意挑战职业政治家、普通公民、法哲学家此类现代社会的职业分工[3]，对他而言，法学家的职业功能是为立法至上的体制提供更多有利于民主参与的制度知识。正如他在评论昂格尔时主张加强比较法教育所表现的那样，法学家与柏拉图式的哲人不同的地方只在于，前者教授给统治者的不是"哲学"而是"法律知识"。无论如何，在沃尔德龙更重视"立法机构"而非司法过程的论述中，大众依然被否定具有直接行动的权力。

（二）审议民主中的司法技艺

如果仅就细节上观察，桑斯坦比之沃尔德龙有更多的对于昂格尔的认同。桑斯坦强调，美国文化是一种经过理性建造的"人造物"（artifact），因此反对那种关于事物的自然秩序的观念。[4]这种自然秩序的观念在当代主流法学理论中还有表现，即认为政府权力应当面向私人利益保持中立，因为这种私的利益是一种应该受到尊重的"现状"（status quo）。但桑斯坦指出，所谓现状的权利分配形态，其实

---

〔1〕 王绍光：《民主四讲》，生活·读书·新知三联书店 2008 年版，第 209~216 页。

〔2〕 Christopher L. Eisgruber, "A Comment on Jeremy Waldron's *Law and Disagreement*", in *Legislation and Public Policy*, Vol. 35, No. 6 (2002), pp. 41-42.

〔3〕 这一点可以从他虚拟的政治家与法哲学家之间的对话清楚看出。Jeremy Waldron, *Law and Disagreement*, New York: Oxford University Press, 1999, pp. 22-23.

〔4〕 Cass Sunstein, *The Partial Constitution*, Cambridge, Massachusetts: Harvard University Press, 1993, p. 19.

也是制度与权力运作的产物，并不存在脱离具体情景制约的个人偏好或者私人利益［他因此提出"内生偏好"（endogenous preference）的命题］，那种主张政治权力应该对现状保持中立、以避免在资源或机会配置上"赤裸裸偏好"的观念，实际上却放任了现实中权力与资源分配的不公平。在桑斯坦看来，"对赤裸裸偏好的禁止"并不意味着公共权力应被视为多元利益的中立性调和者，相反，在理性地构筑民主共和国这么一种观念下，政治权力应当是有助于通过审议和辩论进行价值选择的政治工具。[1]根据这个观点，桑斯坦反对洛克纳案（1905 年）的判决，认为法院在否决管理劳资关系契约的州法律之效力时，已经隐含了那种基于财富和权利的分配现状保持中立的观念。[2]

能够肯定的是，桑斯坦对"根据现状而中立"（status quo neutrality）原则的拒斥，使他可以部分赞同昂格尔关于基本政治或者生发性构架应当接受民主控制的见解（参阅本书第一章）。然而，与沃尔德龙一样，桑斯坦从未设想过将整个法学大厦对着普通公民开放，非但不能全面开放，他甚至更为维护传统职业分野的特征，主张通过联邦法院以一种司法极小主义（judicial minimalism）的技术和美德为审议民主服务。[3]

桑斯坦思考的基本起点，也是多元民主社会的根本特征：人们通常对一般性的原则、正义和权利问题存在剧烈的分歧。但是，有趣的是，桑斯坦发现人们经常能够就具体案件以及应用于这些案件的一些次高原则（lower high principle）达成共识。[4]例如，有人认

---

〔1〕 Cass Sunstein, *The Partial Constitution*, Cambridge, Massachusetts：Harvard University Press, 1993, pp. 26ff.

〔2〕 Cass Sunstein, *The Partial Constitution*, Cambridge, Massachusetts：Harvard University Press, 1993, pp. 45ff.

〔3〕 桑斯坦说明，司法极小主义不是一般理解的司法消极主义，它有时甚至要求某种程度的司法积极主义，而且与通常所说的形式正义、实质正义，或者自由主义、保守主义都有区别，毋宁说，这是一种综合了所有司法技术的至高艺术。桑斯坦对法律职业的要求和期望，显得更强于沃尔德龙。See Cass Sunstein, "Preface", in *One Case at a Time*, Cambridge, Massachusetts：Harvard University Press, 1999.

〔4〕 Cass Sunstein, *Legal Reasoning and Political Conflict*, New York：Oxford University Press, 1996, p. 37.

为濒临灭绝的物种对于保持生物多样性有益，有人认为有利于维持生态稳定，有人则认为能给人类提供某些好处，但无论所持理由的差异有多大，大家在"保护濒危物种"这个具体点上达成了协议；同样，工会是维护劳方利益的组织，还是民主社会中不可缺少的力量，或者是处理企业纠纷的工具，这些争议都不能否定大家就"发展工会"这个意见具有了共识。桑斯坦显然认为，民主社会的这种特征与司法极小主义正相契合："民主以及民主制中的法律必须与不信任抽象理论的人们打交道。法律的参与者们也不例外。法官当然不是普通公民，但他们也不是哲学家。更特殊的地方在于，法官不得不决定大量案件，而且不得不很快决定它们。大量判决必须当着关于宽泛的基本原则的显然难以理解的社会分歧的面快速做出。这些分歧会在司法和其他审判制度以及整体公民中得到反映。"[1]司法极小主义因此是一门极高要求的艺术，它应当使得多元异质的社会"在共识为必要的地方可以获取这种共识，在不可能有共识的地方不必去（费力）求索"[2]。

桑斯坦关于极小主义的司法技术有着非常精致复杂的阐释，本书在这里简要观察他对于"类推适用"这种方法的说明。简单而言，类推适用指的是根据先例的相似性做出的判决。在严格遵循"法治是规则之治"理念的法学者那里，这种法律技术由于赋予了法官太多的自由裁量权而被严加限制。桑斯坦则认为类推推理有四个相互支持的特征，使它能适应司法极小主义理念的要求[3]：其一，原则的一致性。法治要求对案件的判决应当相互一致，这个要求将使得类推推理所参照的特定案例之间存在着一定的一致性，由此也使得人们在解释具体案件时能够援引某种原则。其二，对于特殊性的关注。类推推理关注案件的特殊性，它是从具体争议中产生的。桑斯坦

---

〔1〕 Cass Sunstein, *Legal Reasoning and Political Conflict*, New York：Oxford University Press，1996, p. 4.

〔2〕 Cass Sunstein, *Legal Reasoning and Political Conflict*, New York：Oxford University Press，1996, p. 8.

〔3〕 Cass Sunstein, *Legal Reasoning and Political Conflict*, New York：Oxford University Press，1996, pp. 67–68.

引用霍姆斯大法官的名言"判决在先，确定原则在后"，指出类推推理是"从下至上"的推理方法，通过不断参照特例引申出原则。其三，形成"未完全理论化的判定"（incompletely theorized judgment）。类推思维不是求助于更高层次或者更具综合性的深奥理论来解释特定案件结果，这个特征能暂时搁置关于高层次抽象问题的争执，将争论留给更宽广领域去思考（而不至于因这种争议影响案件的及时判决）。其四，类推推理能得出低层次或中度层次的抽象原则。这个特征使得法律人能够做出有限但却重要的工作，以保证案件得到大体一致的判决，从而避免颠覆法治的基本要求。基于这四项特征，桑斯坦指出，类推适用的司法技术将产生一种对于"法治"的新的理解，所谓规则之治，不再是把社会生活的所有方面都限制在法条或先例的框架中，当然更不是通过以法院为中心的法律解释取代其他政府部门和普通公民的遵从法律的政治责任。也就是说，法治将作为"民主社会中的法治"这样一个理念出现，"在美国政府以及所有运行良好的宪政民主中，高深原则的真实论坛是政治，而非司法——并且，最基本的原则也是通过民主而非法院得以发展的"[1]。

　　桑斯坦的确不满意法律人的职业技艺和风格，他清楚地说过：法律人的推理，即使是最有能力的执业者，也比经济学家的推理逊色，因为它缺少统一、明确的标准，也没有普遍适用的价值作为保证。[2]但他提出的"促进民主的司法极小主义"（Democracy-Promoting Minimalism）却不是一个低的技艺要求。[3]斯蒂芬·霍尔姆斯曾论述"言论限制"在民主社会中的积极作用：只有"不说什么"，才能保证"说些什么"——平等而自由的人们之间的民主合作，正如邻居

---

　　〔1〕 Cass Sunstein, *Legal Reasoning and Political Conflict*, New York：Oxford University Press，1996，p. 7.

　　〔2〕 Cass Sunstein, *Legal Reasoning and Political Conflict*, New York：Oxford University Press，1996，p. 68.

　　〔3〕 Cass Sunstein, *One Cass at a Time*, Cambridge，Massachusetts：Harvard University Press，1999，chap. 2. "谨慎的法官能用更多极小主义的策略促进民主审议，这些策略被设计用来处理一些更具深度的问题，也能既确保说明责任又保障反思。"（p. 26）

间相处之道，避免相互伤害的话题对于维持和睦友好以及协作非常有益。[1]桑斯坦也强调未完全理论化共识"对沉默的建构性使用"[2]：在法庭面前如同在其他场合一样，人们应当避免去挑战他人最愿意捍卫、最信以为真的信念，这是多元异质的民主社会维持协作所必需的前提条件，因此"在法律中，与在其他地方一样，说些什么并不比不说什么更重要"[3]。桑斯坦一方面指出，法官在专业能力和民主责任上的局限性，使得他们必须对宏大而抽象的理论保持谨慎，并且由于既定规则（stare decisis）原则的存在，法官应当遵循规则和先例，从而有可能就具体个案制造出未完全理论化的共识[4]；另一方面，他也很清楚所谓先例之间相似性的相对意义：在某种情况下的相似性，换一种情境之后未必仍然有决定意义。这将要求，所适用的先例只有与在足够多的案件进行参照比较之后，才能保证类推推理的正确性。[5]然而，这个技术操作要求却与桑斯坦自己认识到的（也在波斯纳法官的著作中多次得到强调）法官在时间、职责、技术上的限制相矛盾。换句话说，沃尔德龙的立法至上理论旨在教导立法者成为法学专家，桑斯坦的司法理论则是把法官改造为民主的斗士。桑斯坦当然可以说，他并不要求法官把民主的价值和原则时时挂在案件审判中，相反，"未完全理论化共识"的构想正是要暂时搁置这些争执不休的抽象理论问题，把判决维持在个案推理的有限程度内。但是，如果要求法官懂得适时地说些什么、

---

[1]　[美]霍尔姆斯：《言论限制法或议程排除策略》，载[美]埃尔斯特、[挪]斯莱格斯塔德编：《宪政与民主：理性与社会变迁研究》，潘勤、谢鹏程译，生活·读书·新知三联书店1997年版，第30页。

[2]　Cass Sunstein, *Legal Reasoning and Political Conflict*, New York：Oxford University Press, 1996, pp. 38ff.

[3]　Cass Sunstein, *Legal Reasoning and Political Conflict*, New York：Oxford University Press, 1996, p. 39.

[4]　Cass Sunstein, *Legal Reasoning and Political Conflict*, New York：Oxford University Press, 1996, p. 40.

[5]　Cass Sunstein, *Legal Reasoning and Political Conflict*, New York：Oxford University Press, 1996, p. 74.

不说些什么，他就必须首先懂得什么是桑斯坦的"审议民主"。[1]这如同德沃金心目中的法律阐释只有那位"海格拉斯法官"才能胜任一样，桑斯坦的极小主义司法美德的化身也只会是有限的几位联邦大法官的综合体。

简而言之，桑斯坦和沃尔德龙对局限于司法判决的法学理论表示出极大的不满意，他们都希望将视野投向更广阔的民主领域，但是，如上所见，他们的理论如果可以被称为"民主的法学"，那也只是"立法精英主导的民主法学"和"司法精英主导的民主法学"。很难认为，这些理论构想已经突破了传统对法律的职业性认识的局限。

（三）"作为制度想象的法律分析"

沃尔德龙和桑斯坦都主张，在多元异质的社会中，更需要一种低度的、形式主义的机制作为社会正义的基础，使基本价值观存在巨大分歧的人们在社会问题上能有形成最低共识的可能性。可以肯定，这样的主张尽管具体细节上不无分歧，但依然被笼罩在哈贝马斯、罗尔斯这两位当代自由民主主义理论大师的问题意识之内。但是，如果有人提出，对多数决的立法机制和自下而上的法律推理本身就有不同看法，那么，两位新兴自由主义的法学理论家就只能用他们的"民主理论"来同化这些极端的意见了。沃尔德龙会说，在此次立法审议中接受强制的少数派，可以在下一次审议中，借助相同的程序成为多数派。桑斯坦也会说，不满意某个案件判决的参与者，可以在更广阔的民主审议中得到支持，从而影响下一个类似案件的判决。依照程序主义的实践和想象，民主似乎获得了一个立足的基础，个人权利也似乎能够得到一种动态的保护。然而，这样的

---

〔1〕　桑斯坦对于"非强制性条件下的商谈"有一个较为独特的批评，他认为，实证研究表明，自由商谈的结果未必是意见的理性沟通或达成共识，反而更可能是在持相近意见者之间形成相互支持，强化原初的立场，而加剧分歧。基于这个认识，桑斯坦提出了一种"管制主义法学"，主张通过法律的民主化，以公共权力促成不同意见之间的充分交流。这个看法应该是桑斯坦"审议民主理论"中最具特色的一点。See Cass Sunstein, "Deliberative Trouble? Why Groups Go to Extremes", *The Yale Law Journal*, Vol. 110, No. 1 (Oct., 2000), pp. 71 - 119.

主张中依然把某些基本认识当成了不可被触动的构架，一旦关注点聚焦在强烈的意见差异上，这些基本构架的防御性和反民主性就清晰可见了。

在昂格尔看来，自由主义法学理论对于社会的"多元异质性"的考虑还远远不够。"法治理想和类似的行政效率都要求，法律被明确表述为规则和原则的实体，它将特定的、稳定的请求权赋予宽泛的角色承担者：公民、纳税人、消费者、工人；债权人和债务人；配偶和子女。即使在产生这个法律实体的利益与意识形态之间存在着分化，这种分化并没有——统治精英的分散化、宗派化也没有——深重到以至于他们不能保持他们之间共识的相对未完全性（leave their agreements relatively incomplete）并要依赖于专门的政府机构对之加以完善的程度。"[1] 只有在这种有限的"多元异质"的假定之下，这样的现实才有可能被一定程度地接受：法官和其他的职业法律适用者通过反思的力量，将法律材料重构为一种内在逻辑一致的理性事物。然而，"随着民主政治表达的分化和替代的日益尖锐，利用一种内在逻辑被回溯式地显明化的方法，将法律处理为一系列未完全共识的权宜之计，失去了其现实依据"[2]。

昂格尔为他的上述批判意见设置了两条理由：其一，法官或其他法律职业者的理性化法律分析，阻碍了选择的权利与制度安排之间的辩证关系的发展，正是这种辩证关系的发展"使得个人和集体的自决发生效力"[3]；其二，法官或其他法律职业者的理性化法律分析，通过在法律材料之上设置一副融贯性、一致性的面目，排斥了对于法律的不同理解，"偏离和矛盾成为智识与政治上的威胁，而非有利于替代性建构的智识与政治上的机会和材料"[4]。对昂格尔而言，前一条理由指责的是束缚个人或集体的选择权，从而在法律上将个人和集体局限于代议民主、市场经济、市民社会此类既定制

---

[1] *WSLAB*, p. 109.

[2] *WSLAB*, p. 109.

[3] *WSLAB*, p. 39.

[4] *WSLAB*, p. 40.

度安排，这是一种制度拜物教的体现；后一条理由指责的是通过"理性的狡计"篡夺民主对制度安排的选择权，这是一种"对民主的不安"的表现。沃尔德龙和桑斯坦难以接受社会多元异质达到杰斐逊主张的那种对制度安排不断重新选择的地步，因此主张必须保留一些自认为最低限度的共识，于是不得不依赖既有宪政制度的实践和想象。但昂格尔却尖锐地指出，美国宪政制度的那种自以为是的"美国例外论"（即自诩彻底摆脱了旧的阶级对立和意识形态，建成了有序自由的纲领），其实已经成为最具防卫性的制度部分。只有在极端危机的压力之下，美国人才会将实验主义的冲劲包容在他们的制度之内，昂格尔说，杰斐逊（建国时期）以及杜威（大萧条的背景）的时代，事实上是利益和理想与制度安排剧烈冲突，从而以优秀的经验主义重构所谓美国例外论的重大历史时期[1]——我们知道，昂格尔论述这个见解的时候，美国人还没有经历"9·11"恐怖袭击和金融大风暴，这两桩恶性事件迫使当代美国人更深入地反思他们的制度构设——美国能否把握更大的转型性契机？

昂格尔的彻底批判，把思考引向这样一个认识：分散的法律材料缺少一种潜在的理性方案，这并不是缺失民主的表现，相反是民主活力的前提，"因为通过将社会生活面向有意识的实验开放，民主才得以扩展"[2]。出于这个认识，将法律完善和法律重构的责任托付给在理性审议中与世隔绝的专家群体，根本就是毫无意义。昂格尔认为：法律分析"这种专门技术更适合于公民。任何多元的、民主的社会都可以有良好的理由保持某些共识的未完全性，但是，只有反民主的迷信把持住的民主，才相信由法学的秘术师（a cadre of juristic mystagogues）承担根据假定潜藏在那些交涉中的权利或福利理念阐释这些共识的任务"[3]。对照我们前文引述的亚历山大·比克尔的雄辩言论，昂格尔的批判锋芒显得异常锐利。

昂格尔说："我们需要把'法官应该如何判决案件？'这个问题

---

[1]　*WSLAB*, pp. 29–30.

[2]　*WSLAB*, p. 109.

[3]　*WSLAB*, pp. 109–110.

降低到专门性的、次一级的地位上，作为一个要求特别回答但为指导其他目的的法律分析实践保持开放的问题。"[1] 既然沃尔德龙的立法至上的民主理论和桑斯坦的司法极小主义的审议民主理论都不同程度地主张要降低法官解释的重要地位，那么，他能否赞同该二者的理论呢？答案是否定的。即使如沃尔德龙和桑斯坦那样强调了法官、议员、行政官员、法学家各自对法律的理解和责任，这种主张也只是希望各种不同理解和责任在一个社会民主主义的妥协中协调共处。为维护这种社会民主主义机制的良性运作，沃尔德龙和桑斯坦式的法学家能够做的工作，不过是在立法议员或法官耳边窃窃私语[2]，以一种极大压缩了的柏拉图式的理想指引着受限的民主的发展，而更广泛的大众的法律理解则被排除在外。昂格尔明确指出，不能把"法律分析能够为共和国及其公民做什么"贬低为"它通过调和其雄心与焦虑能为法学家做什么"，对于民主而言，"法学家，而不再是想象中的法官，必须成为公民的助手。公民而非法官必须变成法律分析的首要对话者"。[3]

法律分析应当作为一种制度想象（legal analysis as institutional imagination），这是昂格尔指明的理想和方法。这种重构了的法律分析，并不是要将利益和理想与制度安排之间的冲突理性化地解释为一种融贯的、内在一致的发展历程，而是更公开地展现那些相冲突着的利益和理想，为更宽广的民主理念提供制度养料。[4] 沿着《批判法学运动》提出的"偏离主义者原理"，昂格尔指明这种新的法律分析的两个阶段：测绘与批判。我们在本书第三章中已经接触到这两个术语，这里仅引述昂格尔的文字，说明它们对于制度想象或创新的意义。

第一，测绘阶段的任务：

是将既存的制度状况理解为真实存在的复杂和矛盾的结构，

---

[1] *WSLAB*, p. 107.

[2] *WSLAB*, p. 111.

[3] *WSLAB*, pp. 111–112, 113.

[4] *WSLAB*, pp. 129–130.

理解为你不可能从诸如"混合经济"、"代议民主制"或者"工业社会"等抽象概念中猜想出的陌生和令人吃惊的设置。在这个观念中，法学家应当作为现实和可能性的集体意识的放大者来从事工作。他必须模仿艺术家，使熟悉的东西陌生化，将某些已经失去的和受压抑的转型契机的意识，回复为我们关于自身状况的理解。[1]

第二，"法律的理性重构将法律和已接受的法律理解的绝大部分，要么论证和解释为道德与政治理念演化系统的表达，要么论证和解释为无情感的功能要求的结果。肯定的是，我们希望的服务于这个分析实践第二阶段——批判阶段——的观念是在这样的时刻出现：当我们关注法律的不和谐，关注政策和原则中表明的理性理念，或纲要和策略表达的集团利益，如何被它们已接受的制度形式削足适履、消除其意义时。"[2]

第三，重构的法律分析是否需要在某种理论下运行，并且有没有提供一种关于可替代未来的行动纲领？昂格尔这样回答："我们需要一个成熟的理论，一个社会解释的实践，一套纲领性理念，和纲领性思考与社会解释之间关系的概念来指导测绘吗？答案既是肯定，又是否定。我们需要这样的理念去充分发展和阐明法律分析的修正性实践。但是，我们不需要有这样的理论来开始测绘。"[3]也就是说，理论工作的意义只集中在重构法律分析这样的工具上，而应用这个工具则不需要理论的指示：丰富的社会实践将会借助合适的工具展现出自身的制度想象或制度创新潜能。昂格尔想象了三种自由社会的替代性未来（基于个人自决的扩大的社会民主制度、基于小团体自治的激进的多头政治、基于社会自治的动员式民主制度），他并不肯定通过法律分析的制度想象会实现哪一种可能性，但他相信，在重新启动已停滞的法律思想之后，民主可以向着反对宿命论，同

---

[1] *WSLAB*, p. 133.
[2] *WSLAB*, p. 133.
[3] *WSLAB*, p. 134.

时反对流离失所的方向发展，"这些遥远的纲领既非预言也非蓝图。它们只是制度性的想象地放大了我们熟识的社会选择的库藏，虽然服务于修补的实验走到了我们在日常政治和法律议论中采纳它的地方的前面。……无论如何，通过这种政治和法律想象的扩展，我们能够更坚决地反对命运和漂移（drift），弱化环境凌驾于我们心智之上的权力。我们可以更清楚地看到被当前的承诺隐藏的选择，将战术融合在幻想之中。"[1]从这个意义上看，昂格尔完全抛弃了柏拉图式的哲人理想，在他的心目中，法学家只是一种"服务于"民主和公民的职业群体，没有资格也没有能力为大众指示未来。

五、法律职业理念的批判与重构

至此，昂格尔对"民主的法学"这个传统看来似乎为矛盾修辞的见解，已经非常清楚：法学在知识技术上不具备显著的独特性，其职业作用也仅在于为激进的民主参与提供服务。沃尔德龙、桑斯坦等新兴自由主义法学理论家相当大程度上也拒绝了传统的法律技艺观，但在法律职业观念方面，却走得并不远。如同韦伯有力地论述，法学自主性是社会分工的产物，支撑这种自主性的最为有力的因素，是伴随着社会分工而形成的职业群体。昂格尔将法律分析重构为民主行动的工具，势必与这个职业群体的自我理由激烈冲突。在前文中，我们已经接触了批判法学家（莫顿·J. 霍维茨教授）对于法律职业的法社会史研究，至少可以明确，所谓法官（以及其他法律职业家）作为个人权利或社会福利的主要维护者，这样的职业理由并不能稳固屹立。但是，希望彻底颠覆民众、立法官僚、司法官僚、法学家等社会角色之间的"分工协作"的实践与想象，似乎还需要为昂格尔另找些理论支撑。

（一）自由主义的职业观

韦伯指出："近代文化愈是复杂与专业化，其外在支撑的装置就愈是要求无个人之偏颇的、严正'客观'的专家，以取代旧秩序下

---

〔1〕　*WSLAB*, p. 138.

容易受个人之同情、喜好、恩宠、感激等念头所打动的支配者。官僚制即为此一外在装置提供了最为完满的结合。具体而言，只有官僚制才为一个合理的法律——以‘法令’为基础，经概念性体系化而形成的，一直到晚期罗马帝国时才首次以高度洗练的技术创造出来——之执行（裁判）提供了基础。"〔1〕这个观点中隐含着两种似乎相互矛盾但同时又相互支持的预设：

第一，是劳动分工的自然主义观念。在亚当·斯密看来，所谓的劳动分工并不是契约的结果，当然更不是政治规划的产物，它毋宁说是一种适宜于人类秩序本性的社会演进的现象："人类如果没有互通有无、物物交换和互相交易的倾向，各个人都须亲自生产自己生活上一切必需品和便利品，而一切人的任务和工作全无分别，那末工作差异所产生的才能的巨大差异，就不可能存在了。"〔2〕依照这种演进论的分工观念，工作上的巨大差异以及建立在此差异上的互通有无，这两个条件共同催生了社会的进步与经济发展。依此，司法官僚等法律职业群体对于法律解释的主导，可以称为是一种"自然主义"的生发过程。

第二，是人类控制和规划秩序演变的理性主义观念。韦伯很清楚，并不是自然生发的事物就必然具有正当性，他在论述新教伦理中的市民"天职观"时，明确指出了新教伦理的反传统主义性质，强调资本主义精神中主张的那种由于社会分工生成的职业受规则控制的道德性："市民阶级的企业家，只要守住形式正当的范畴、道德行为没有瑕疵、财富的使用无可非议，那么他就能以充满神的恩宠受到神明显可见的祝福之意识，来从事其营利的追求，而且也应该

---

〔1〕　［德］马克斯·韦伯：《支配社会学》，康乐、简惠美译，广西师范大学出版社 2004 年版，第 47 页。韦伯的法律发展理论背景是大陆法，不过，他也指出，在英国，统一而强大的律师公会阻碍了法典化的可能，但是法律依然被控制在法律职业手中，律师公会被望族阶层所垄断，高等法院的法官都出自其间。昂格尔也指出，法学家群体通过自身权威扩大法官权力，在德国与美国是一样的，法官在法律解释技术上出现越来越多的相似之处。*WSLAB*, pp. 108-109.

〔2〕　［英］亚当·斯密：《国民财富的性质和原因的研究》（上卷），郭大力、王亚南译，商务印书馆 1972 年版，第 15 页。

这么做。"[1]针对法律职业，需要确定的是"忠于法律"的道德操守，这就是法律人的"责任伦理"。不过，韦伯清楚地了解："法官最好就像个自动机器，从上面投入案件资料与费用，它就会从下面吐出判决并机械式地从法条读出判决理由——这样的观念已被极力非难。"[2]他指出，"忠于法律"的关键因此在于，法律对行政官僚和司法官僚产生一种障碍，使拥有自由创造力的行政和司法裁判"并不会形成一个受个人之喜好与评价所操纵的、自由、恣意的行动与自由裁量的王国"。[3]依此，司法官僚等法律职业对法律的主导，是在一种受限同时又鼓励不断更新的"理性主义"的实践过程中形成的。

这种自然主义与理性主义相辅相成的职业观，支撑着自由主义法学理论的存继基础，韦伯关于形式理性的法发展的论述，高度依赖于这样的职业观：

> 在形式上已有某种程度发展的"法"，亦即作为有意识地下决定的准则的复合体，若无训练有素的法律通达者的决定性协力，即不可能成立，而且无论何处皆不可能存在。……从事法发现的"法实务家"阶层，除了司法的官方担纲者之外，还有"法律名家"，亦即宣法者、判决发现人（Rachimburgen）、审判人（Schoffen）以及（有时候）祭司等。随着司法裁判越来越赋予讲求经验，并且最终要求要有专门知识，我们发现法利害关系者的私人顾问和代理人（辩护人、律师）纷纷登场，成为法实务家的另一个范畴。……法学专门知识的高涨需求，造就了职业律师。对于法实务家在经验和专门知识上的这种逐渐升高的要求，以及因此而使法的理性化全面的向前推动，其实多半

---

〔1〕〔德〕马克斯·韦伯：《新教伦理与资本主义精神》，康乐、简惠美译，广西师范大学出版社 2007 年版，第 181 页。

〔2〕〔德〕马克斯·韦伯：《支配社会学》，康乐、简惠美译，广西师范大学出版社 2004 年版，第 52 页。

〔3〕〔德〕马克斯·韦伯：《支配社会学》，康乐、简惠美译，广西师范大学出版社 2004 年版，第 52~53 页。

是肇始于财货交易及从事此种交易的法利害关系者越来越赋予显著的重要性。为了要解决因此而不断产生的新问题，专门的，也就是理性的训练是无以规避的要求。[1]

在这个理念的基础上，法律职业形成了关于专门知识与职业地位垄断性的独特论证：法学知识是一种来自学习和实践，因此兼备历史传统和实践理性双重特性的学问；职业地位则是社会发展的结果，既是社会分工的必然产物，同时又是政治社会不可或缺的组成部分。在现代工商业高度发达的背景下，传统法律家重视的法学专门知识，已受到现实主义法学、社会学法学、法律经济学、批判法学等流派的猛烈冲击[2]，但从韦伯传统中提炼出来的"职业中介性"（戈兰特教授）却依然横亘在法律与普通公民之间。令人不安的问题在于，韦伯期望的规制法律职业的"形式正当的范畴"，只能规约这个职业共同体在谋利方面的道德性，却无法阻止它成为玛丽·A. 格林顿（Mary A. Glendon）教授所批判的那种现代国家的专断性力量。[3]由此，托克维尔所期望的那种法学家对"多数派专政"的制衡，演变成了法律职业群体篡夺民主的借口，更为遗憾的是，在所谓法制欠发达国家，"法律人控制的国家"，成为现代文明国家的某种决定性标示，职业共同体的建构被等同于法律精英政治地位的争夺。

然而，自由主义法学理论的职业观念，却并不是能免于批判的。首先，在自然主义与理性主义之间就存在着紧张：理性规划的分工理论多少是以"反自然"的面貌出现。波斯纳法官在其著作《超越法律》中批评当代法律职业形成价格卡特尔，正是出于人为垄断将损害社会发展的担忧。其次，在理性失去普遍性地位之后，法律职

---

〔1〕 ［德］马克斯·韦伯：《支配社会学》，康乐、简惠美译，广西师范大学出版社2004年版，第181页。

〔2〕 我国法学界一个稍显夸张的说法，是认为美国法学中法律与社会科学研究已经取代了传统法律知识的地位。对这个说法的质疑，参见贺欣：《转型中国背景下的法律与社会科学研究》，载《北大法律评论》第7卷第1辑，北京大学出版社2006年版，第22页。

〔3〕 Mary A. Glendon, *A Nation under Lawyers*, Cambridge, Massachusetts: Harvard University Press, 1996.

业的"理性"极有可能伴随着这个职业垄断地位的形成而蜕变为压抑其他理性发展的强制力，昂格尔、哈贝马斯、沃尔德龙以及桑斯坦等理论家共同意识到了这个问题。最后，更重要的是，职业的"理性"很容易获得一种自然主义的伪装，掩盖职业分工深受权力、资源分配现状影响的真实面目，从而导致对于职业的思考龟缩在既有社会制度和想象的构架之中。[1]

在批判那种认为生产过程是劳动分工自然表现的看法时，马克思曾经非常深刻地揭示了我们指出的第三点。在反驳"企业主收入是劳动的监督工资"这个观点时，马克思说道：

> 凡是直接生产过程具有社会结合过程的形态，而不是表现为独立生产者的孤立劳动的地方，都必然会产生监督劳动和指挥劳动。不过它具有二重性。
>
> 一方面，凡是有许多个人进行协作的劳动，过程的联系和统一都必然要表现在一个指挥的意志上，表现在各种与局部劳动无关而与工场全部活动有关的职能上，就像一个乐队要有一个指挥一样。这是一种生产劳动，是每一种结合的生产方式中必须进行的劳动。
>
> 另一方面，完全撇开商业部门不说，凡是建立在作为直接生产者的劳动者和生产资料所有者之间的对立上的生产方式中，都必然会产生这种监督劳动。这种对立越严重，监督劳动所起

---

[1] 昂格尔指出当代主流的这种法学理论，即理性化法律分析，对制度实验主义的阻碍："随着它在世界范围的传播，理性化法律分析阻碍了使得个人和集体的自决发生效力的那种在选择权与制度安排之间的辩证关系的发展——这种辩证关系正是当前法律的特质。做到这一点最重要的方式，是默认制度拜物教。它将法律上界定的社会实践和制度表述为大致符合一种可理解、可证立的社会生活方案。它将已建成的代议民主、受规制的市场经济以及市民社会，描述为自由社会虽有缺陷但真实的想象——这是一个其制度安排产生自个人和集体自决的社会。根据这个观念，如果这些制度形式不是仅有的可能选项，至少也是历史使之有效了的选项——那是充满了难以处理的社会冲突、稀缺匮乏的有效制度安排的历史。"*WSLAB*, p. 39. 这段论述可以用于主流的法律职业观的批判，因为理性化法律分析的特征之一就是法官等法律官僚对法律解释的主导；这段论述也应当引起对法律移植实践的反思，因为职业共同体建设已经普遍被当作法制欠发达国家现代化法律运动的关键路径，然而在这个建设中，却排挤掉了民众的法律理解。

的作用也就越大。因此，它在奴隶制度下所起的作用达到了最大限度。但它在资本主义生产方式下也是不可缺少的，因为在这里，生产过程同时就是资本家消费劳动力的过程。这完全同在专制国家中一样，在那里，政府的监督劳动和全面干涉包括两方面，既包括执行由一切社会的性质产生的各种公共事务，又包括由政府同人民大众相对立而产生的各种特殊职能。[1]

在马克思看来，社会分工具有二重性：一方面是基于天赋和技能的差异而形成的分工与协作；另一方面是所有制基础决定下的社会关系。倘若将后者视为自然过程的一部分，则无法揭露所有制决定的社会关系的实质，于是也无法提出改造这部分现实的革命性主张。马克思要求通过生产资料公有制度的构建，根除劳动分工中的隶属因素，最终相对化分工（劳动成为生活的必需而非谋生手段，在分配领域实现"按需分配"）。昂格尔推进马克思的理论，构想出一种旨在突破社会分工和等级制制约的职业观念，他对于"民主的法学"的回答，能够从这种新的职业观念中找到支援。

（二）变革性的职业观

昂格尔强调，职业的理念隐含着有关自我、家庭以及社会的观念。他认为，存在着三种职业观：第一种，可以称为"体面的职业"（an honorable calling）。[2] 按照这种观念，劳动可以帮助个人支撑其家庭，家庭反过来为个人提供了最重要的可持续关系。体面职业的工作有助于塑造个人自身的尊严感，一方面表现为个人履行工作职责同时也满足了某种社会的自然需求；另一方面表现为工作职责的履行要求具备一定的熟练度和经验。因此，体面的工作标志着个人具备某种程度的学习能力、专业性，使得个人不同于流民、依附者以及无所事事的人。

体面职业的理念中隐含着关于社会与家庭的想象。首先，社会

---

〔1〕《资本论》（第3卷），人民出版社1975年版，第431~432页。我在援引马克思的观点时，不涉及他与英国古典经济学之间的关系这个专业性极强的问题。

〔2〕 *ST*, pp. 26-27.

存在着一系列工作职位，每个职位都配备有独特的技艺要求和报酬承诺。从事其中某项工作的个人，将有机会与其家庭过上特定的生活，也将在工作中与他人建立某种特定的联系。由于工作职位构成了社会的自然秩序，个人的生活形态与社会关系形式，根据工作职位的情况大致能够被预想出来。其次，体面职业维护的社会世界同样存在着冲突，但这些冲突始终发生在社会生活的边缘地带，例如某人索取了高于他的职位能提供的报酬等，此类争议非但不会损害社会秩序的基本构架，对其进行的处理更能维护和巩固这种构架的自然性质。最后，个人在工作中赢得的职业尊严也为他支撑家庭提供了经济能力，在家庭内外形成一种同质的道德秩序。家庭成员依照与工作职位相似的分工和等级被安置在特定的位置上，各安其职、各守其责，成为整个社会共同遵循的法则。当然，这并不意味着社会的停滞不前，但是，所有的流动都应该处于有序化、可预期的状态中，个人能力的展现以及道德情感的完善，被要求恪守这种有序化和可预期的轨迹。

第二种可以称为"工具性的工作观"（the instrumental view of work）。[1]在这个观念中，工作失去了内在的权威和尊严，也承担不了指引生活方向的任务，工作的重要性只在于其维持个人和家庭生计的功能。

工具性的工作观表明了个人丧失其构设自我以及生活的期望，这往往是那种攀登更高社会地位、寻求更体面的生活方式却遭受失败之后的表现。在富裕的西方国家，有三类人持有这种职业观：一是那些努力投入体面工作却遭遇挫折或者被淘汰出局的人们，他们只能在一个个临时性的、无前途的工种间游荡，属于苦难的下层阶级；二是从外国或落后体制过来的移民，他们是在自己无法完全理解的严酷规则下从事工作，他们的目的是回到母国或者跻身入体面的职业中，但生存压力的残酷却使这些理想全然不可能实现，他们只能在生活着的社群中找到工作关系不能提供给他们的安慰和自尊；

---

[1] *ST*, pp. 27–29.

三是从事临时工作的年轻人或已婚女性，他们的目的在于日后的体面职业或重回家庭生活，因此，目前从事的工作只具有工具的性质。

昂格尔指出，由于"工具性的工作观"的存在，体面职业中隐藏的那种自然秩序的理念变得不具有说服力："那些失败者和受排挤者更容易理解自欺欺人的体面的工作者倾向于遮蔽的东西：整个工作和等级秩序——不仅是它的细节和修正——产生自争斗以及对争斗的围堵。"[1]生存竞争就是永恒的、最大的"政治"，昂格尔在这里推进了马克思和韦伯的共同关注，在生存的竞技场中，严重影响人们的并不只有个人在天赋、资质甚至运气方面的差异，更多来自构成生活环境的那些构架性因素。所以，分工与竞争并不如同古典政治经济学预想的那样，在"看不见之手"的魔力下将互通有无安置在一种动态和谐的秩序中，这场竞技毋宁会流血、牺牲，会把人划分为三六九等、高贵与低贱、幸福与不幸，而无论结果如何，都是自由主义理论支持者原初希望消除的现象。

第三种职业观是将个人的自我实现（self-fulfillment）与转型相联系的"变革性的职业理想"（the ideal of the transformative vocation）[2]：改变个人生活实践的或想象的框架的任何方面。依照这个理念，为了健全人格，就必须参与到对于既存社会或可获得的知识的缺陷及限制的反抗之中。自我实现和服务于社会的目标联结着这样一种观念，即要求个人以事物真实的面貌来对待它们，而不是以如同前两种职业观所预设的那个幸福的远景来消弭现实中的分歧。昂格尔认为，这种变革性的职业观更多出现在超越了个人和集体生活的语汇，从事艺术、哲学、科学等抽象工作的人们中间，就当今世界而言，它已经首先在受教育的或特权阶层那里扎下了根。他指出："你能够确实地在知识分子、煽动家、艺术家和科学家中间发现它。但是，它也扩展进入更大的职业范围。每一个职业都不仅将特权经验与对专家的主张相联结，而且也服务于体面职业理念与更具雄心的变革

---

〔1〕 *ST*, p. 28.

〔2〕 *ST*, pp. 29ff.

性的职业标准相冲突的场景。"〔1〕

变革性的职业理想同样隐藏着有关自我与社会的理念：个人是一定框架中的主体，又在实践中和想象中表现出对于这个框架的反抗，因此自我既是世界的中心，又时时感受到被这个世界边缘化，从而产生超越世界的梦想；社会不存在自然的需求、工作分工和等级，社会秩序只是已经发生的各种争斗以及被避免的争斗相激荡的结果。针对转型性的社会理念，昂格尔说："你的工作可以服务于要求你确切注意的人类需求。但是，人们塑造你、塑造你的地位和你的工作的东西，并不是你能够理所当然作为事物自然秩序的东西。这个给定的构架可以肯定、扭曲，或者击溃你的意图。"〔2〕针对转型性的自我理念，昂格尔指出："你通过改变世界的事物满足你的欲望。你通过转型性的变量——在实际中或幻想中——理解现实的图景：在现实是什么或似乎是什么之外去想象它。所有关于个性难以理解的事业，都涉及个人在其中活动的那种实践或想象的框架同样令人难以理解的修正。通过这种努力，也只有通过这种努力，你发现了自我、制造出了自我。"〔3〕从这种理念看，个人与社会都是人为的制品，因此能够展现出丰富的可塑性。

昂格尔抽象的职业理论，在两个层面反对自由主义秉持的那种法律职业理念：第一，法律职业其实是受社会和制度的结构因素制约的产物，因此，主张其"自然主义特性"不具有可信的说服力。这种社会和制度的结构性制约较之马克思关心的所有制基础更为广泛，因为它关涉到人们对于自我、家庭以及社会的总体认识和想象；第二，法律职业的自由主义理念具有固化既定社会分工和等级制的作用，所谓的"理性主义特性"极有可能是以某一种强势的理性观念排挤、压抑其他关于社会生活想象的力量。

依此来看，法律职业的牢固性应当并非是不证自明的观念。司法官僚等法律职业主导法律发展和解释是社会分工的结果，这样的

---

〔1〕　*ST*, p. 29.
〔2〕　*ST*, p. 30.
〔3〕　*ST*, p. 30.

观点显然是一种"体面的职业观"的表现，以一种有关社会分工和等级的自然秩序的理念作为其基础。这种自然分工的认识联结着司法官僚等职业自身的利益垄断以及再生产机制（如法学院教育、共同体伦理、晋升制度等），使得这个职业的独特地位难以被撼动，韦伯就曾不无遗憾地发觉，官僚制一经建立之后，即为社会组织中最难被摧毁的一种。[1]但是，认为法律职业的独立表现出了某种不可被触动的自然秩序，却是极大的谬论。古代罗马法曾经历过一个从祭司阶层垄断到平民习传的"民主化"过程[2]，中世纪西欧法律职业也有相似的变化，马克思的社会理论基于改造经济基础从而改变上层建筑的革命性主张，更是激进地打破了人们有关社会分工自然性质的看法，当代美国法律实践中同样出现过杰克逊式的大众审判尝试以及路易·布南代斯"人民的律师"的努力。[3]无论如何评议这些构想和实践，将法律职业铆钉在不能移动的自然秩序之上，肯定没有说服力。

　　在昂格尔看来，马克思主义那种革命见解虽然也是变革性的职业观的一种表达，但过于雄心勃勃的革命主张在完全抛开了日常的生活实践之后，则可能被转化为颠覆性的力量。[4]大众文化中其实早已萌动那种冲击传统职业观念的冲动，个人通过不断改变周遭环境的努力将自我实现与转型相联系的实践也不断出现在哲学家、艺术家、科学家等关注抽象问题的人群中间。如果放大这些被主流意识贬损为边缘化、碎片化的生活方式，昂格尔对僵化的法律职业的分工性质展开批判，就具有三个非常值得注意的理由：其一，法律职业就是一门"固定的"职业分工，这个认识面临着巨大的挑战[5]；其

---

〔1〕　[德] 马克斯·韦伯：《支配社会学》，康乐、简惠美译，广西师范大学出版社 2004年版，第 65~67 页。

〔2〕　[意] 朱塞佩·格罗索：《罗马法史》，黄风译，中国政法大学出版社 1994 年版，第 100~102 页。

〔3〕　Clyde Spillenger, "Elusive Advocate: Reconsidering Brandeis as People's Lawyer", *The Yale Law Journal*, Vol. 105, No. 6 (Apr. , 1996), pp. 1445-1535.

〔4〕　*ST*, p. 31.

〔5〕　如同我们认为市场化是对"铁饭碗"的挑战一样。昂格尔只是将这种动态的生活方式的想象推向极端。

二，流动性的社会多元阶层对权利和原则的不同理解，动摇了司法官僚等法律职业主导的法律权利话语[1]；其三，变革性的职业观念的兴起，动摇了现代审判理论建立在以社会角色分工为基础的社会正义想象上[2]。作为饭碗的职业图景不稳定了，又加上被抽离掉了权利话语以及所谓的"通过法律的正义"（justice accord to law，罗斯科·庞德语），以司法官僚为主流的法律职业还剩下什么？

昂格尔主张，新的职业观念已经提出了有关自我与社会各个方面转型的要求，而以法律精英来承担主导法律发展和解释的任务，只是一种反民主的社会规划。与民主制相符合的法律职业者应当是公民的助手而非他们的导师，"民主的法学"因此是一种如何保障大众来判断社会选择的法律艺术，在大众与法律之间不应该插入"法律职业"这样的过滤器。

---

[1] *WSLAB*, p. 28. 昂格尔认为新政自由主义的不彻底性形成了司法官僚对权利话语的垄断权：经过妥协，政府机构获得干预社会和经济的权力，司法部门获得防止更激进的社会重组方案的力量，并以个人权利和社会福利的话语回应大众的正义主张，缓解社会不满情绪（见本书第三章）。

[2] 这种社会正义想象，即指法庭审判维持一种低度的、形式主义的正义，与大众的多元的正义理解保持共容的观念。昂格尔认为他的这个批判意见，在实践中表现在审判过程中日益增多的使用诸如合理性、无意识性、诚信等开放性标准。也就是说，司法日益开放地介入社会正义问题的争议，不仅局限于所谓形式正义的自我限制。这个意见是对《知识与政治》《现代社会中的法律》的拓展。*WSLAB*, p. 116.

余 论

在这一部分，我将首先厘清从昂格尔法理思想中发现的那条思想主线，然后简要分析这个论述脉络所针对的问题以及其间可能存在的可质疑之处，最后将指出为更深刻理解昂格尔的思想所应当进一步研究的几个议题。

昂格尔以法律不确定性问题或者非客观性问题作为起点，揭示自由主义法治的内在紧张。在早期著作中，昂格尔认为，在自由主义的前提之下，自由与秩序将存在一种难以消解的冲突：尊重每个个体的主观价值，势必无法为公正维持秩序建立一个客观、中立的规则框架。这种内在紧张使现代法治面临走向衰落的可能：它不得不在实质正义的要求下，日益走向自己最独特的形式主义特性的反面。但从《批判法学运动》开始，昂格尔搁置了关于上述认识的哲学思考，转而选择一种颇具实用主义色彩的策略，强调在主流法律叙事的视野之外，还存在着众多有关个人特质以及社会生活联合方式的实践与想象，例如，在契约自由的主导观念之外，存在着通过交往形成社群生活的可能，而在基于种族的平等保护之外，还可能有基于阶级差异的歧视被遗漏掉等情况。昂格尔认为，只有解除法律分析设置于自身的那些所谓非政治性、科学性、客观性的限制，才能打破主流法律叙事的这种主导地位，把边缘化、零散化的生活方式纳入法律制度的创建意图中。在昂格尔看来，这种把生活理念或者说意识形态争议公开导入法律分析的努力，将使法律制度呈现出面向未来的开放性特征，他把这样的法律分析称为"制度想象"，其目的并不是为社会生活建立一个乌托邦式的远景，而是为具有不同生活理念的大众决定未来提供一个制度工具。从"法律不确定性"

到"人性和社会生活的多样性",再到"作为制度想象的法律分析",这条思想路线贯穿在昂格尔的法理论述中。

昂格尔的法理思想应当放在他整个百科全书式的思想构图中加以理解。现代的学术思想都是对"作为人造物的社会"理念的推进,这是昂格尔思考的根基所在。比较列奥·施特劳斯关于古今之争的复杂阐述,可以赞同昂格尔的这个判断。在昂格尔看来,在否定自然秩序的正当性之后,现代思想对于缺少一个可依靠的基础始终忐忑不安,这表现在为社会发展寻找某种决定性的规律或潜在力量(深层结构社会理论),或者将社会发展寄托于相对稳固的冲突协调机制(实证社会科学),两种理论构想都不同程度地放弃了思考个性和社会发展免受生发性构架制约的任务。昂格尔强调,个体具有安于既定束缚又期望摆脱这种束缚的双重冲动,重要的是增强他们对于生发性构架的"否定能力",相对化改变构架的行动(如革命)与日常行为之间的差别,弱化构架的防御性。这种反必然性的社会理论应用于法律理论,产生了一种完全不同于当代自由主义理论的构想。事实上,对法律不确定性的修正,一直是当代法理学家的努力所在。哈特的社会规约论试图为法官的自由裁量权寻找来自社会共识方面的支持,德沃金的"整合性"概念在政治传统中汲取弥合法律内在分歧的资源,哈贝马斯力图用社会团结的力量重建法律系统,罗尔斯则将他的正义论缩小到政治领域,以便多元异质的人群获得低度的协作基础。昂格尔指出,自由主义法学理论的种种努力,都不得不在理性主义与历史主义两种相分裂的思想渊源中求取援助[1]:理性主义使它们显示出一定的超越现实制度安排的批判性,历史主义使它们保持在所谓传统或社会习俗方面的立足点。问题在于,历史主义视角局限了理性主义的批判力度,理性主义的因素也遏制了历史主义强调的"逐渐形成"(up for grabs)的特性。在这两种不可或缺的因素之间存在着内在紧张,自由主义法学理论只能表现出一定的故步自封、自我论证。在昂格尔看来,当代思想学术领

---

〔1〕 *WSLAB*, pp. 170ff.

域根深蒂固的结构拜物教和制度拜物教正是自由主义理论不彻底性的体现。但是，丰富的历史实践已经展现了突破这些结构拜物教和制度拜物教的范例，例如中国乡镇企业的产权形态，就不是所谓私有制、公有制或者混合经济等既有抽象概念能够解释的事物。认为某些框架性因素不能被动摇，或者认为某些制度可以具备普遍适用的性质，是对丰富多彩的社会生活以及制度形态视而不见的结果。

可以向昂格尔提出三个疑问：其一，建立在西方思想发展脉络中的"作为人造物的社会"理念能否成为一切理论言说的评判尺度？昂格尔用大量篇幅论证，传统中国的儒家观念以及印度种姓制、日本封建制度中都缺乏个人自主的理念[1]，同时也以民族国家兴盛衰败的历史证明基础结构的开放性的重要意义[2]，然而这种历史重释能否为一种更开放、更多样的社会远景提供辩护？更确切地说，即使承认昂格尔有关思想史及历史解释的正确性[3]，也不能因此得出面向未来的价值判断。施特劳斯学派对现代性问题的诊断，把症结归咎于"自然正当"的丧失，昂格尔还在现代性的方向上进一步推进，能否获得更坚实的理论支援？至少从怀疑者的角度看，"古今之争"远未到能盖棺定论之时。其二，如果承认有些个人禀赋的差异是与生俱来的，如有的人天赋善于组织领导，有的善于经营，怎样用一种既尊重其天赋发展，又维持他人批判能力的方式对待这种差异产生的结果？昂格尔主张用临时的、有条件的、分散的产权系统取代私有财产权，用教育基金和流动基金取代基于继承权的资本累积，用强制投票和大众参与取代政党政治，这些制度安排构成了对于生发性构架"非周期性干预"的制度想象，的确能够刺激被边缘化的社会群体的情感，但怎么能保证它不至于脱轨成为"不患贫，患不公"或者"反智化"的大众情绪？——当然，提出这个问题必须注意，昂格尔明确强调，他的政治立场中最鲜明的一点，在于对

---

〔1〕　See *Passion*, Introduction.

〔2〕　See *PP*, chap. 2.

〔3〕　这一点并不是没有争议，安守廉教授批判过昂格尔对传统中国法制的解释，佩里·安德森也对印度、日本历史表达过不同意见。

小资产阶级生活方式的倡导，那么，就不能简单地以现代工商社会流俗的制度和生活想象来评价他的构想。其三，法律能否被看作社会生活最核心的制度安排，如同昂格尔认为的那样，"每个社会通过它的法律反映出将人们维系在一起的那种方式的深度秘密"[1]，或者取得了"文明的理想于其中展现详细制度形式"的地位？[2]我们知道，法理学的历史文献一方面展示了法律如何摆脱神学、道德和伦理言说而获得自主地位的历程，另一方面也透露出其与经济、社会、文化、政治纠缠不清的复杂暧昧性，期望通过法制的重构而全面引发整个社会政治的变革，这种思路是否过于简单？[3]

　　本书不打算在这里尝试性地回答这些问题，而是为下一步的阅读和研究设定目标。[4]事实上，本书认为要回答这三个疑问，必须首先回到昂格尔百科全书式的思想体系中去。昂格尔是当代少有的、兼备深邃的理论思考能力与深沉现实关怀的伟大思想家，当他提出几乎同时令左、右翼知识人深感诧异的"赋能民主理论"之时，他的主旨是挑战整个源自西方智识传统的制度实践与想象。昂格尔一再说明巴西以及其他第三世界的经验中表现出的"转型性的契机"，并反复强调这些启示对于世界未来的启发性意义，可见，昂格尔既不是一个西方个人权利理念的传教士，也不会安于文化相对主义的抵抗立场，他对制度多样性以及法制在社会中的功能深信不疑，对于现代人的置身处境有着独到的见解。但是，这些见解不能限制在所谓"法理思想"的研究议程之内，如同他自己指出的，转型性的事业的学科工具至少有两门，除了法律分析之外，另一门是政治经济学。[5]从法理学说中发现的"异想天开"（例如，用后现代主义的哲学家、艺术家观念来看待法律职业主义），并不必定就是天方夜

---

[1]　*LMS*，p. 47.

[2]　*WSLAB*，p. 1.

[3]　佩里·安德森提出了这个质疑，见本书第三章。

[4]　本书附录的访谈和文章简要展现了昂格尔对上述问题的思考。另外，针对法律与神学（宗教学）、道德和伦理传统的复杂关系，以及诸种宗教的变革可能性，昂格尔在其近著《未来的宗教》（*The Religion of The Future*，2014）中有详细论述，本人已完成这部著作的翻译。

[5]　*WSLAB*，p. 22.

谭，而应该放在政治经济学的批判与重构中加以评断。

昂格尔的理论阐述，是针对更大范围的人的解放以及集体行动展开的动员。对"自我的肯定"、人的解放性力量的认可，会意识到这样一种人性哲学：无论作为个体还是集体，"人"不会依照任何既定的剧本去行为。[1]那么，昂格尔所阐释的多元现代性，实质是回归尊重人的选择和赋予人以选择的力量，这正是承认我们耳熟能详的毛主席的那句名言：人民，只有人民，才是创造世界历史的动力。与此同时，昂格尔对"必然的进步"的拒绝，还潜藏着对于以历史必然性发展的话语压抑个体能动性的高度警惕，如同他在阐释"变革性职业"（将自我价值的社会实现与变革结构性框架的努力联系起来）时强调的："一种理解本书展望的建构性社会理论的方法是将其视为一种努力，这种努力将'变革性人生使命观点'（the idea of transformative vocation）背后的关于个性和社会的观点展开到极致。我们必须仔细地研究约束，而不将其看作某种可知的、规律式的必然性的肤浅表现。我们必须描述关于自我和社会的反自然主义概念（the antinaturalist conception of self and society）是如何可能引导个人生活方案的。我们甚至试图阐明它是如何通过使自我膨胀的冲动受到控制和变得高尚来引导这些生活方案的。"[2]不可否认，这是一种充满了理想主义色彩的理论努力和改革方案，然而在我们身处当前剧烈变化的世界秩序格局之际，有识之士又怎会轻易低估这样的理想？

进一步阅读和研究昂格尔，恐怕首先必须放弃所谓理论与实践之分、学科划分、社会分工（即各种有着自然主义特性的职业和知识观念）的限制，寻找与他一起去"打碎重造"世界各种制度和思想传统的契机，寻找赋能普通劳动者群体的新方法和机会。昂格尔在《现代社会中的法律》开篇，树立了令同代学人激动不已的学问态度：勇于与大师同行，将经典著作中的未决问题视为自己的问题。更严肃、更全面地思考昂格尔，肯定也应当坚持这样的态度！

---

〔1〕 对这一点认识的阐发，参见 Roberto M. Unger, *The Religion of The Future*, Cambridge and London: Harvard University Press, 2014, p. 22.

〔2〕 *ST*, p. 35. 译文出自纪锋先生。

附　录

包容性先锋主义、供给侧结构性改革与中国的未来 *

——罗伯托·M. 昂格尔北京访谈

十九大解读与包容性先锋主义的启程

　　访谈人：您访问北京的时间，正好是中国共产党第十九次全国代表大会刚刚结束。习近平总书记在大会上的报告中提出新的论述，比如说："中国社会主要矛盾已经转化为人民日益增长的美好生活需要和不平衡不充分的发展之间的矛盾"，"我们要在继续推动发展的基础上，着力解决好发展不平衡不充分问题，大力提升发展质量和

　　* 2017 年 10 月 25 日至 29 日，哈佛大学法学院庞德法理学讲座教授罗伯托·M. 昂格尔应邀访问北京。昂格尔教授是当代著名法学家、政治学家和社会理论家，早年因在北美法学界领导一场狂飙突进的"批判法学运动"而被视为西方左翼思想界的领军人物之一。但是，昂格尔并不是一位书斋式学者，作为巴西公民，他长期深度参与巴西国内以及拉丁美洲的政治实践，曾先后两次受两任巴西总统邀请加入其政府担任战略事务部部长一职。近年，昂格尔的思考拓展至宗教理论、宇宙学等领域，致力于探讨"在必有一死的生命境况面前，如何实现人的伟大"这一解放主义命题。他关于经济社会政治变革的思想最近受到西欧多个国家政党领袖、OECD 等国际组织的高度重视。2017 年 10 月 28 日，借昂格尔教授访华之际，清华大学公共管理学院崔之元教授领导的学术团队（本书作者作为成员之一）对其进行了深度访谈，访谈内容涉及中共十九大的新论述、供给侧结构性改革以及相关的制度创新，值得各领域人士进一步讨论。访谈的一个删节版以"金融危机与知识经济时代的劳资关系"为题，发表于《文化纵横》2018 年第 3 期，全文发表于崔之元教授主持的"实验主义治理"微信公号。经崔之元老师同意，将采访的部分内容收录在这部研究昂格尔法律思想的著作中，以展现这位当代思想家近期的一些思考。

效益"。相应地，非常重要的是，也会弱化对于 GDP 目标的强调。请您谈谈对于中共这些新论述的看法。

昂格尔：我把这些新论述解释为对重新定位中国发展的两个相关任务的间接承认。弱化 GDP 目标，我认为是认识到了仅以数量方法去解决质量问题的不足。以数量的方法去解决质量问题的努力是中国直到现在的倾向，其不足之处在于简单地通过不断增加投入刺激增长，也就是说，通过数量的方法推动增长。但是，现在已经很明显了：经济增长的瓶颈只有通过结构性变革，特别是通过经济的供给侧结构性变革，才能加以克服。因此，第一项任务就是界定结构性变革的内涵，这与你所提到的那个新论述，即应对当前的增长方式与人民对更好生活的渴求之间的矛盾相关联。中国还面临着艰巨的任务：从低收入、低生产力的经济体转变成为高收入、高生产力的经济体。现在，为了理解这两大任务或者说两个论述，我们必须从理解当前国家发展的困境入手，这种困境不仅存在于中国，而且是个世界性难题。

访谈人：是的，您的思考非常有启发性。

昂格尔：当前在世界范围内指导国家发展的古典发展经济学强调，最佳的发展路径是把劳动力和资源从较低生产能力的经济部类转移至较高生产能力的部类。在实践中，这意味着劳动力和资源从农业向工业的转移。按照通常理解的工业大批量生产理论，即我们所谓的福特主义大批量生产，工业是指那种大规模生产标准化产品和服务的模式，它配备基于半熟练工人的相对刻板的机器和生产流程以及等级制和专业化劳动关系的制度环境。这种准军事化的工业生产模式不再是国家发展的可靠的基础，其原因有如下四点：

第一个原因是，它不再占据世界经济的高地。新兴的高端生产实践，我们称之为知识经济，已经崛起。生产转变为基于知识密集型经济活动的不断创新和彻底的实验主义实践，并且要求生产组织同思想及需求的活跃程度相匹配，同时要求世界范围内生产文化的变革。在这种知识经济中，生产过程的所有参与者必须有能力承担较高程度的信任和分散化的自主方案。这才是世界经济的真正的先锋队。通常理解的工业化只是一种低端的工业化。在经济学家称为无条件收敛于世界经济前沿的任何国家里，通常理解的工业化都不再有生命力了。第二个原因是，更为发达的知识密集型生产实践有能力通过竞争抑制通常理解的工业化，即以更低的成本创造出相同的世界。第三个原因是，在依赖于半熟练工人的通常理解的工业化之下，始终会出现另有一个国家可以提供更低廉的劳动力的情形，因此产生劳动力不断低廉化的"竞次"（a race to the bottom）的状况。第四个原因是，在新的生产活动模式下，不同经济部类之间的差异，特别是工业与服务业之间的差异，将日益缩小：知识密集型制造业，其主要组成部分就是具体的知识服务。所有这些因素形成的结果是，依赖于通常理解的工业化的经济增长路径不再有效。这是对我所谓困境的主要解释。

那么，替代性方案是什么？替代性方案应该是在国家经济中使新兴高端生产实践——实验主义式的、分散式的知识密集型生产活动——得以彻底化与普及化。困难之处在于，环顾世界，这种高端生产实践仅以一种"孤岛式先锋主义"的形式而存在，把绝大多数劳动生产力排除在外。这种高端生产实践并没有局限于工业领域，它也存在于服务业，即知识密集型服务业，和农业，即精密型科学农业（precision scientific agriculture）。但是在每一个部类里，它都仅处于边缘地位，仅包含一小部分人群。世界上还没有哪一个国家知道如何更广泛地和更具社会包容力地建立这种知识密集型生产实践。这类方案要求一系列大胆的制度和教育变革——我会在后面的谈话中提到。于是，困境接踵而至：依赖于通常理解的工业化的经济增长路径不再可信；但是替代性方案，即包容性知识经济，似乎又不可得。由于即使是拥有了较高教育水平人口的富裕国家也远没有建成这种包容性先锋主义（Inclusive Vanguardism），人们因此可能质疑：欠发达国家，那里的物质工具、人力工具和制度工具都更为脆弱，如何能够完成这样的任务？在我看来，这个问题仅能获得"次级的"解决，也即是说，通过将不可完成的、以社会包容形式建立知识-生产先锋主义的工作转变为一种可实现的、可实行的方案来加以解决。要做到这一点，必须去理解它的要求并且将其打碎成为可操作的片段和可行的步骤。起步工作是，赋予社会包容性经济增长这个理念在当前条件下的实际内容、反对以数量方法解决质量问题的举措，以及在供给侧进步主义式地和包容性地改革经济体。

访谈人：非常精彩的回答！习近平总书记在最近几年里也使用"供给侧改革"一词。2016 年初，习总书记在中央党校的一次讲话专门指出，我们的供给侧改革实际上应称为"供给侧结构性改革"。[1]这与您近期多次提出的"供给侧的市场经济民主化"有相通之处。

昂格尔：是的，我可以进一步说明。就讨论替代性进步主义发展方案而言，当前世界的一般状况是，进步主义者未能就供给侧的经济重构提出任何建议。他们只有需求侧的经济变革建议。大体来说，在世界多数地方，当进步主义者不再信仰马克思主义时，他们只能躲避庸俗的紧张之中。因此，例如在美国，那里没有基本的经济增长战略，仅有的修修补补的经济增长策略就是扩张性货币政策以及对债务和信贷的依赖。美国，如同世界多数经济体一样，利用世界经济的结构不均衡作为避免、逃避国内结构性改革的方法。那么，进步主义者把供给侧的任务放弃给了保守主义者，后者则将供给侧仅仅理解为一种关于市场经济的具体化的、拜物教式的观念，我们称之为市场原教旨主义。他们的理念的主题和前提，是认为市场经济仅有唯一可能的法律和制度形式，仅有在"资本主义不同变体"的标签下研究的那些极少数的变化。这种情况很糟。当今世界的进步主义者和民族主义者需要拥有关于结构侧及其发展可能性的理念。现在，我们国家的问题在于——我是以一个巴西人的身份说

---

〔1〕　参见《要弄明白供给侧改革，习近平这两次讲话必学》，载新华网，http://news.xinhuanet.com/politics/2016-06/01/c_1118966953.htm，最后访问日期：2021 年 5 月 13 日。

这话的——我们送学生到美国那些研究性大学学习经济学，他们的所学完全放弃了制度想象，甚至对于生产和替代性可能性的思考。他们回国之后作为思想殖民主义的代理人活动着。他们被看作一国之政府的顾问，而实际上，他们是这个国家系统内部的特洛伊木马，因为根据他们的理念，他们是反民族（国家）主义者，并且敌视结构性改革这项必需的任务。所以，进行结构性改革时，要将这个理念转化为实践需要的思想以及实际的工作，而且这种工作不能基于我们从当今的那些富裕经济体和它们的大学系统那里进口来的理念而得以实现。我们要求思想上的反叛，以便于实现国家的重新定位。

访谈人： 如果我们回顾中国共产党近十余年来出台的社会政策，就可以发现，早在 2003 年前后，中国共产党已经认识到了日益增大的社会不均衡的严重性，相应出台了一系列应对性政策，如加强公共医疗和教育的投入、全面取消农业税、增大向东北和西北部地区的政策倾斜等。然而，与同期出现的城市房地产热、房价大幅上涨相比，这些政策在缓解社会贫富不均方面收效不大。于是中国政府相继出台严厉的商品房限购政策以及在重庆和上海两大城市进行房产税试点等，但是似乎在抑制大城市中的贫富分化、地区间的发展不均衡方面没有收到显著效果。中共十九大明确提出主要社会矛盾发生变化的命题，那么，政府能够采取什么更为有效的政策？

昂格尔： 我们可以迂回地讨论一下。我能够说的第一个要点是，在当前，最高端的知识经济生产实践仅以"孤岛"的形式存在着，即处于每个经济部类的边缘地带，把绝大多数人口排除在外。知识经济局限于孤岛状况，也是当今世界最发达的经济体的基本状态。这是经济停滞与大规模经济不平等现象之所以出现的最为重要的原因。它是经济停滞的原因，是因为它把最具生产性的实践狭隘地局限在生产系统中的某些领域里，因此阻碍了生产力的提升；它是经济不平等的原因，是因为它加深了经济体中先锋队与落后者之间的鸿沟。这里的落后者，指的是衰落的大批量工业生产、数量众多的在技术和组织上落后的小企业，特别是相互隔绝的家庭企业——绝大多数工人处于这种境况中。我讲的第二个要点是，当我们谈及不平等时，我们必须了解，存在着两种不同的应对不平等的方法。最重要的方法是通过结构性变革，改革那些涉及经济和教育机会获取途径从而决定收入的一次分配的制度安排。这一点极为重要。我们必须把这种方案与另外一种应对不平等的措施区分开，后者是指通过累进税制和再分配性社会分红来校正因结构而导致的不平等。当然，这并不是说后面这种校正二次分配的制度举措不重要或者没有必要。它是通过经济和政治制度变革一次收入分配的主要工作的补充。现在的基本错误，即北大西洋世界那些制度保守的社会民主主义的错误，是以后者代替了前者。然而，我并不是说，中国政府和巴西政府不应该制定那些社会政策，只是这些社会政策存在的真正理由并不是它们能否消除不平等——最好的方法是改革制度，经济的和社会的制度。那些社会政策的真正作用应当在于，它们投资于人以及人的能力发展，给予人们有保障的利益和权能，从而保护他们不至于在不断变革的周遭环境中惊恐失措。因此，为实现我们创建一种创新性经济和一种收益面广泛的经济增长模式的目的，我们必须辩证地沿着两个方向前行：一方面，我们必须为包容性的高端生产实践建立基础；另一方面，我们必须为每一个公民提供基本保障，使任何人不必依赖于任何具体的工作但却享有便利的或普遍的保障。那么，我们就能够兼备彻底的灵活性与经济上的安全。

我总结一下：在政治经济领域，组织建立一种包容性先锋主义的方案极为重要。不过，它需要得到至少两个方案作为补充：一个涉及劳动与资本的关系，特别需要的是避免使绝大多数劳动者处于不稳定的雇佣关系或者彻底的经济不安全这样的抉择中；另一个涉及金融与实体经济的关系，它应当确保金融成为我们的好仆人而不是坏主人。我们可以就这些具体的方案专门讨论。

劳动关系与金融体系的制度创新

访谈人：您提到，在知识经济时代，与之前的福特主义大生产相比，工人和机器的关系将发生很大的转变，而这种工人和机器的关系将变得比单个工人或单个机器更加有力量或强大。如何理解您说的更强大？具体是指什么？

昂格尔：在说到劳资关系时，区分短期性和长期性很重要。让我们先把短期关注（short term concern）和长期关注（long term concern）区分开。我们先从长期关注开始，然后再回到短期关注。长期关注描述了一些目标，尽管我们在当前的历史环境中无法立即实现，但是它们却为我们提供了方向。孟德斯鸠说过，如果我们不知道航行的码头在哪，风对我们也没有用。因此，对劳资关系的长期关注是用知识经济的潜力，决定性地改变工人与机器的关系，这就是你问的问题。在通常的大批量生产中，工人像机器一样地工作，譬如在亚当·斯密的别针厂和亨利·福特的装配流水线，工人有高度专业化的移动，不断地重复，就像机器在切割一样。知识经济有潜力使我们从根本上改变工人与机器之间的关系，遵循下述原理。这个原理就是，我们已经学会如何用算法公式来重复和表达，并且我们能够把这些具体化在机器设备中，在此情况下，机器要做的是为我们去完成那些我们已经学会如何重复的事情，而我们就可以用我们最重要的时间资源去做那些还没有被重复的活动（我们还没有学会如何重复它们），然后我们将会变得更强大。因为随着我们学会如何重复更多的事情，我们会将这些事情分配给机器，但是操作机器的我们不是机器的简单复制，我们不是等同于机器的人类，我们胜过机器。机器变得越发灵活和复杂，但是我们的操作先于机器，我们做那些不可重复的、需要想象力的工作。这种机器化（machine）和反机器化（anti-machine）的结合是最有力量的。我们需要机器来帮我们做那些我们已经学会如何重复的事，因为如果没有机器，我们就必须自己做这些事情，但我们的时间不应该被这些可重复的事情占用。这就是机器化与反机器化结合的概念。

那么，这种情况如何发生呢？它不会发生在这样的经济体制中，劳工被买卖，占有公共资本的人为少数或私人资本以经济上依赖工资劳动（economically dependent wage labor）的形式对劳动者行使专政。19 世纪，社会主义者和自由主义者的基本信仰是经济上依赖工资劳动只是自由劳动的一种暂时而有效的形式，它将必然随着时间推移而被自由劳动的更高形式所取代，即合作（cooperation）与自我雇佣（self-employment）。到了 19 世纪晚期，作为自由劳动一种形式的工资劳动的优势被自然化，但是你们应该记得，卡尔·马克思认为资本主义的一个最典型的属性是买卖人类劳动，所以任何政权如果声称自己是社会主义的，那么解放劳动者就必须是它的方案（project）的一部分，并且创造一种经济生活形式，停止经济上依赖工资劳动作为一种自由劳动的主要形式。说比做更容易。因为代替工资劳动的自我雇佣和合作，可能只能在长期关注的意义上才能实现，通过替代性法律和制度机制的发展实现经济分散化（economic decentralization）。所以我说，这两种思考为我们提供了未来的指南，而非立即就能实现的方案。它们指明了方向，即在不同的财产和契约制度下，对工人和机器关系的改变，以及自我雇佣和合作对经济上依赖工资劳动的逐步替代。

因此，当这些长期目标不是短期性问题时，在我们的经济中，对劳资关系的短期关注的问题具有完全不同的特征。短期性问题是越来越多的劳动力成为不稳定的雇佣关系（precarious employment）和彻底的经济不安全（radical economic insecurity）。在大规模生产中，在大型的公共和私人组织的庇护下，稳定的劳动力聚集在大型生产单位中，在工厂的办公室中。但实际上，这种组织劳动力的方式只存在于一个相对较短的历史时期。从 19 世纪中期到 20 世纪中叶，它是西方发达经济体的劳动法传统形式的基础，但先于所有经济体，它在分散化的契约安排（decentralized contractual arrangements）基础上组织劳工，例如马克思在《资本论》的前面章节中描述的分包制（putting out system）。现在我们发现，一种新的分包制正在全世界建立，而且作为全球基础，劳工又一次被以这种分散的契约安排组织起来。以孤岛式知识经济为例，它意味着，例如在加州的高技术产业区，少数人发明东西、设计产品和提供服务，他们尝试将所有可以重复的生产过程和组成部分进行商品化或常规化。他们将这部分生产过程或组成部分取出，然后将其分配给世界其他地方，而这些地方的劳工能够满足要求。因此，在世界较贫困的地区，产生了一种知识经济的极度孤立与晚期的或迟来的福特主义的反常结合（perverse combination）。我们正面临着成为新全球体系的简单零件的威胁。在当代经济中，越来越多的工人被强迫从事不安全、临时性或者其他不稳定的职业，劳工力量的正在萎缩的部分是不安全就业（insecure employment）。这就是马克思主义者所说的"储藏劳动力"（reserve labor），其增加来自世界范围内数亿的不稳定就业工人。我们必须要有一个方案去阻止这种情况。伴随世界新型经济的发展，任何包容性先锋主义都必须成为经济的基础性部分，有收益回报向劳工倾斜的规定。在奴隶经济中不可能有彻底的创新，不稳定就业如同一种较轻的奴隶形式。

我们必须建立一个方案去阻止它，这个方案必须基于两个基本原则。第一个原则是，或者不稳定就业工人必须被组织起来并有自己的代表，这样他们才能为自己而战，或者在某种程度上，他们没有被组织起来和被代表，那么必须通过直接干预雇佣关系来保护他们。这就像一个不断变化的天平，组织和代表的水平越高，法律直接保护的需要就越弱，而组织和代表的水平越低，法律直接保护的需要就越强。接下来，我们进入第二个原则。第二个原则是要有一组法规来确保在不同条件下的类似劳动的价格中立（price neutrality）（即同工同酬——译者注），所以原则上，不允许给临时工更低的价格，他会被以相似的稳定形式支付。这意味着灵活性的必要性不应被用作为欺骗劳工的借口。这是另一个非常重要的方案。总的来说，经济学家并不理解这一点，所以那些"特洛伊木马"在美国的研究型大学取得了博士学位。在欧洲，人们正在接受一种经济学的形式，他们把一种看似是自然主义者的种类（species）增添到这种安排中，产生了彻底的经济不安全。第二个原则必须是国家方案的一个核心部分，如果这个国家重视用一个计划来进行经济和供给侧的进步主义变革（progressive transformation）。劳资关系是必须要面对的问题，不能默许越来越多的劳动力就业降低到不稳定的状况。这就是我说

的结构性安排的一个例子。它影响了经济利益的主要分配，与简单
地通过累进税补偿再分配和再分配社会开支来纠正社会不平等截然
相反。

访谈人：为推动产业发展，中国政府提出了"工业 4.0"和
《中国制造 2025》，希望从"制造大国"转变为"制造强国"。对此
您如何评价？在您看来，这种产业发展战略的实现，需要在工人或
劳资关系方面做出哪些改变？此外，中国当前正在进行供给侧结构
性改革，您有何建议？

昂格尔：把你的问题和这些问题联系起来将会更加清楚。当代
世界关于劳资关系的争论有三种主要观点，其中两个已经确立，第
三个仍然在发展之中。第一个已经确立的观点是，在西方发达经济
体中，传统劳工领袖和劳工运动已经由工党和社会民主党所代表，
他们实际上服务于大多数被组织起来的劳工的利益。因而，经典的
代表制和劳工保护的基础是大规模生产，一个稳定的劳工力量与大
企业大生产单位进行集体的劳资谈判。目前，在所有这些经济体中，
都存在局内人（insiders）和局外人（outsiders）的区分，也就是一
部分被组织起来和被保护的劳工力量和另外一部分典型的且更多的
没有被组织起来和被保护的劳工力量。他们理解的对劳工的防护是
对这些少数人的防护，这是第一种观点。第二种观点是所谓的新自
由主义，通常由那些不认为自己是新自由主义者的经济学家所代表。
这种观点认为，在劳动力市场上强加一系列刚性规定是经济增长不
能承受的负担，这种刚性规定阻碍创新，并增加生产成本。你们应
该记得，改变这个系统的重要机制之一是劳动力成本和劳动力价格
的下降。为应对经济衰退，不能降低的工资也必须下降，然后有一
个平衡使经济保持在一个长期不变的低经济水平。因此，经济学家
让我们开放劳动力市场。但是，开放劳动力市场在实践中意味着工
人的不稳定就业。我们从经济历史和经济逻辑来看就可以知道，如
果劳动力长期廉价，就无法进行持续的、彻底的创新，例如奴隶经
济的例子。在顶层而非在底层走出低工资、低生产率的劳工和高工

资、高生产率的劳工之间的陷阱至关重要。在顶层走出高生产率和高工资陷阱，需要维持收益回报向劳工倾斜，这意味着无论工人是否被保护或被组织起来，即使是临时工，在雇佣关系中都有直接的法律干预。而这些依赖于第三点。第三个观点在全球性争论中还没有发展起来，它认为在劳工方面应该有灵活性和创新，但我们不应该允许灵活性成为欺骗劳工的借口。

来总结一下我们的讨论。在我们的对话中，我已经指出对供给侧进行进步主义式干预有着特定内容，它不能被抽离为一个空洞的摘要（an empty abstract）。在这种替代性选择中，在政治经济方面有三个重要的方案。首先是将传统工业化过程与知识经济的生产方式从内部整合起来，在一个包容的广泛基础上，而不是以当前代表知识经济的一种孤立的先锋主义的形式。第二个方案是重塑金融和实体经济的关系，这样金融才能服务于生产性的社会，而不是服务自己。第三个方案是重塑劳资关系，以解救处在不稳定雇佣关系和贬低劳工的境遇中的多数工人。从长期来看，它是对工人和机器的关系，以及对逐渐成为自由劳动主要形式的经济上依赖工资劳动的改变。

访谈人：在您关于金融监管与改革政策框架的思考中，如何平衡金融创新、金融深化与金融监管之间的关系？对中国有何启示？

昂格尔：关键在于金融应按使之为社会生产服务的方法来组织。金融不允许自我服务。这就是我说的"让金融成为好的仆人而不是坏的主人"的意思。

在当前西方大多数市场经济体的制度安排下，金融自我膨胀。在很大程度上，公司的生产体系靠留存收入再投资进行融资。银行与股市的大部分资本与金融和生产活动仅有着怪诞疏离的关系。结果是，不论经济形势好坏，金融表现并无二致，且在经济形势差的时候更具破坏性。以此来看中国的情况。我们看到大银行与国有企业有更紧密的关系，并采取强制性投资战略，换言之，就是我说的用数量方法解决质量问题。中国很幸运拥有很高的储蓄水平。原则上，高储蓄水平是一种稀缺资源，它使得国家能够不单纯依赖金融资本的利益和青睐。然而，高水平储蓄率仅仅是必要条件而非充分条件。如果没有足够的方法贯通储蓄——延迟消费而进入生产性投资的渠道，仍然不行。这就是中国当前发生的情况。资本要么藏而不露，要么流入黑洞——影子银行体系。影子银行体系是缺乏监管的无序状态，填补了正式银行机构不足而形成的空白，尤其是在政治权威与经济特权非法地互相转换的情境中。

金融与经济之间的关系必须组织或再组织。国家应在政府与企业的中间层面进行组织，如自主管理的风投基金，以贯通庞大储蓄资本进入生产性投资的渠道，并防止其流入缺乏监管的影子银行体系。同时，政府必须推进资产市场的深化，使得企业尤其是私有企业能够获得国家资助，从而保证国家经济对国际资本市场的独立性。因此，我把重塑金融与实体经济关系的任务作为建立包容性知识经济两大基础性工作的其中一项。另一项不可或缺的工作是劳资关系的转型。

访谈人：如何在地方层面理解这一框架？地方政府与地方银行之间的关系应如何构建？

昂格尔：合宜的金融体系特征之一就是高度的去中心化。从 19 世纪美国的经验来看，立国强国的一项重要创举就是创造了全球最为高度分散化的银行体系，并把金融作为当地生产者的仆人，而不仅仅是当地消费者。但是，去中心化并不是像影子银行那样缺乏监管而无序。去中心化也必须有组织，因而是一项工程。这种金融体系应满足三个方面的要求：其一，必须专注于实体经济活动尤其是生产性活动，而不是金融交易。其二，它必须是高度去中心化。因此，它不是简单地控制在城市资本精英的手中。在全国每个地区，都有当地生产者触手可及的本地银行。其三，应以深化国内资本市场的方式发展，即中国所说的"发展多层次资本市场"，并确保对国际资本市场的独立性。

访谈人：中国正在推进"大众创业，万众创新"，那么金融应如何支持小微企业和"三农"，如何能够更好地支持创新？

昂格尔：原则上，我们不应对生产领域区别对待，即不能对某些部类另眼相待，这将给其他部类带来不利。如我之前所说，新型知识经济下，严格的部门划分被打破，我们必须"忽略"部类或部门。我们应更加着眼于信息与程序。重要的是增加资本的可及性，即普惠金融。进一步而言，我们必须理解资本的最重要作用是为新资产、新方法的创造提供融资支持。

有两种不同的创新应加以区分。一种是"效率提升型创新"。这种创新仅代表着更好或更便宜地制造现有产品，其典型特征并不是资本密集型。相反地，这类创新会降低对资本的依赖，它们在现有工厂内实施。它们并不需要外部资本，因其一般通过企业内部留存利润来进行投资。第二种创新是新资产、新方法的创新，即变革性创新。这类创新是资本密集型，资本投资极其重要，这是金融体系最应关注的领域。中国拥有大量的储蓄，尤其是家庭储蓄，然而并没有十分有效地进入社会生产投资领域，尤其是上述对推进供给侧结构性改革非常重要的进步性创新领域。这应成为今后中国金融改革更加关注的问题。

访谈人：具体到金融监管问题，美国有何经验教训可供中国借鉴？

昂格尔：美国传统的金融监管体系基于一种我称为"监管二元主义"（regulation dualism）的制度思维。强监管与弱监管的部门之间区分很大。强监管机构，如受联邦政府保险的储蓄机构。而影子银行体系，则属于弱监管机构。传统上，第二类部门不受监管的观点经金融专家或社会精英的鼓吹而深入人心，是一种自治主义论调。然而，监管二元主义导致的结果就是强监管机构下所不能做的任何事情，经过改头换面在弱监管机构下就可以大行其道。因此，弱监管机构的存在，成为逃避监管的避风港。这部分地揭示了 2007 年至

2008 年美国的金融危机爆发的原因。但这不是根本性问题。根本难题在于改革金融体系，使之能促使金融与实体经济紧密结合。当下亟须推动的就是改革监管二元主义，不应存在强监管与弱监管的区分。任何金融活动都应处于同一监管水平下。

城市化路径及政府治理体系的变革方向

访谈人：在中国，和您的祖国巴西一样，存在着地区发展不均衡、城乡发展不均衡的问题。大量农民进入城市发展，在巴西许多大城市里形成了贫民窟。而中国政府通过户籍制度等管控农民融入城市，虽然各地也出台了一些修补性的政策，譬如农民工积分入户措施等，然而，这类修补性政策反过来又强化了户籍制度这些导致城乡分隔的举措。您认为应当如何思考这种城市化进程中的难题？

昂格尔：这些问题的确无法同时加以解决，只能在发展进程中逐步地、渐进地予以处理。在各种处理方法中，有三个要素特别重要。其一，针对农村地区的大胆的社会发展方案。如果农村地区能够一点一点地发展起来，包括那里的社会保障，那么这个发展起来的地区虽然还是农村而不是城市，但已经可以帮助人们冲破人为的城乡分隔，可以开始促进人们在城乡之间流动了。其二，随着依赖于国家资源和经济增长状况的国家发展水平的提升，可以推动建立全社会普遍的权能原则。即每个人获得不依赖于具体工作的基本社会保障。当然，这方面的投入还需要视经济增长水平而定。其三，必需的措施是一国之内富裕地区向贫困地区的资源分配机制，如同需要有通过一系列财政转移支付措施推动富国向穷国实施再分配的机制一样。这里的财政转移支付措施不能是临事而制的，因为临事而制的措施易于成为政治上施惠以及腐败的借口。财政转移支付必须在一般性的规则下进行，例如，根据国民收入总值确定财政转移比例。

基本收入、教育的替代性方案与青年职业观的塑造

访谈人：目前在中国也已兴起一批基本收入（Universal Basic In-come）研究者和倡导者。您认为基本收入是一种供给侧还是需求侧的工具？

昂格尔：这在我们前面的话题中已经有所提及。我是基本收入这个理念的支持者，它应该成为每个公民资源和权能的一种基本保障，一笔普遍的社会遗产。不过基本有保障的收入只是诸多可能形式中的一个例子。还有许多其他的形式。例如，国家在每个小孩出生时为他/她建立一个储蓄账户，供其在创业、成家或者求学时使用。但是，任何此类制度都可以根据其存在的制度环境而有非常不同的意义。对于通常所谓的社会民主主义而言，没有经济供给侧的方案，基本收入制度成为结构性改革的替代物。而对于我们正讨论的那种方案来说，这类制度可以成为供给侧结构性改革的一部分。因为如我所说，彻底化的创新需要具备这样一个条件，即确保个人不至于因周遭的持续创新变化而惊恐失措。他必须有所保障，不至于为了创新而永远处于风险之中。与极少数人能从其家族继承财产不同，这项制度保证每个人都能从国家那里继承少许的财产。

访谈人：为商学院的学生提供教育，您认为关键点是什么？毕竟，他们是当前或者未来的商业领袖。

昂格尔：我并不认为存在着针对商学教育的特殊方案。我认为，根本问题就在于教育的一般特性。一般来说，首要任务不是从顶端开始，而是自下而上从初级教育做起，这是最为重要的。因此，我们可以再次回到这些理念构架的基本认识上来。我们需要三个主要的方案，即国家解放的三个主要方案。一是进步主义政治经济学，关注知识经济的实践层面，包括金融和劳动制度的改革；二是教育的替代性方案；三是治理体系的重组，即一种有能力实施改革的高能民

主。这是三个大的方案。经济方案——我们已经加以描述了——的对应物就是教育的一种替代性方向。这种方向可以从两个层面来理解：一是教育的运作制度层面；二是教育的具体内容，或者说教育所能传递的信息。这是教育学的悖论（the pedagogical paradox）。

第一个层面，关于教育的运作制度。在一个非常大而且非常不平等、通过分散化的权力加以组织的国家里，基本任务、基本实践要兼顾按国家标准实施的投入和质量规定与地方对学校的实际管理。教育的目的，是保证接受教育的年轻人不依靠其偶然的出生也能获得一定质量的教育。教育投入和质量标准一定需要是国家统一的，而实际管理则需要因地制宜。为兼顾国家标准与地方管理，需要设置三个制度工具。首先，是国家的评估体系，或者学校绩效测评体系，不仅在学生中进行考核选优，而且在学校之间开展考核比较，以便于了解具体状况以及如何实施改革。其次，是从富裕地区向贫困地区再分配资源和人才的机制。在我讨论的规则之下，这些工作不是单个进行的，也不仅是一种慈善救助。最后，是选择性干预的程序机制。当某个地方学校一再跌落到最低质量标准门槛时，应当有暂时接管这所学校、对它进行改革、重新考核的方法。这些是教育改革的实际层面。这些工作需要有机构来负责执行。不能仅依赖于政客、官僚和教育企业家多派人手。需要大量的教师参与行动，他们是国家的教育先锋队，他们应该成为国家解放方案的共同实施者。

我们再谈另一个层面，教育的内容或者它能传递出的信息，分为一般教育与技术教育两个方面。先说一般教育：其一，教育必须把培养思想能力或思想技能作为首要任务，而不是教授知识或内容。特别是综合培养技能与想象力，即思想中充满奇思妙想的部分、分析和综合的能力。其二，由于这些能力不能真空地存在着，所以需要一定的教育内容。必须有选择地进行百科全书式的拓展，围绕这些方案系统展开或组织教案，但不是围绕一本百科全书来组织教育。其三，应当倡导合作和社会性互动，即教师之间、学生之间、教师与学生之间、学校之间的合作，这是合作的主要意义。其四，我们前面已经说过，是思辨，即每一门课程都从相反的角度进行教学，这是促进思想解放的唯一方法。每门课程至少应该教授两次。这种方法不会使学生陷入混乱。以上是一般教育的远景。对于技术教育来说，必须聚焦于高端经济中的技术教育，而不是传统职业要求的工作培训和操作机器的技术。后者是德国过去的职业培训模式，全世界都照搬过来。应该关注高端能力的培养，即那些既具有通用性又具备灵活性，既有实用又有抽象概括性的能力。在旧式的一般教育和技术教育模式中，一般教育与技术教育是完全不同的。在一个阶级社会里，一般教育培养的是精英，而技术教育培养的是工匠。但是在我们的理念里，一般教育与技术教育具有共同的特质，它们是一个连续体，因为技术教育理念只是一般教育理念的拓展。因此，我们在这种新的经济社会生活中培养公民，培养有能力行动的思想。这是实验主义的道德或者心理学维度，是实验主义的彻底化和深入。这种方式不能容忍一个墨守成规的人格。它要求从一开始就培养一种高能的人格，崇尚反叛而不是服从。就此而言，这是教育的最根本的模糊性之所在：教育并非是为了使我们更有能力在既有的世界中活动，而是使我们更有能力去超越这个世界并且改变它。这是一种"赋能"（empowerment）的理念。这也是国家解放方案中最难以理解的部分。

上述方案的背景是一种国家规划理念。一个糟糕的国家方案是使国家变得强盛而个人变得孱弱。这完全不可取。一种高能的集体自决的形式，只能是以我们自下而上地创建一种高能的人格为条件。创建这种高能人格的基本工具就是教育。我们知道，我们肯定会失败，如果我们发觉自己只是墨守成规地服从长辈的年轻大众中的一员；而我们也知道，我们肯定会成功，如果我们创造出一种反抗被阶级和收入决定了的地位的人群。

访谈人：一个人在青年时期都有着伟大理想，但是却因为制度等各方面的限制，使得我们逐渐沉浸于琐碎。例如一个青年进入公务员系统，后来发现会受到这样那样的限制。如今全世界的青年，无论在中国、美国、巴西，似乎都有很强的焦虑感，他们面临一个矛盾：从事工作更多的只是为了基本的生存，为了获得面包，与改造周遭、改造世界的宏伟计划和"变革性的职业理想"渐行渐远。那么为了改变这种现状，个人意志和社会制度之间有着什么样的关系？

昂格尔：这确实是一个复杂的问题。需要从个人和制度两个层面应对。更高级的政治、经济制度环境应该让人们"参与但不屈从"（engagement without surrender），人们可以参与到制度设计中，可以挑战它，可以一点一点地、一部分一部分地改变它。这就是实验主义之所以重要的原因。但也就像你说的，现在整个世界离这种理想的标准还太远。从时间的维度上讲，等这个秩序建立起来，我们可能也都离世了。那么答案是什么呢？我们可以从个人的角度，去预设一种"参与但不屈从"的任务，我们应该既是这个社会的局内人，同时也是局外人。很普遍的情况是，一个人年轻的时候充满理想和浪漫主义情怀，但一旦当他进入精英系统，他会斩断此前所有的联系，不仅仅是斩断其中比较危险的联系，更是斩断他所有的过去。这就是所谓的"木乃伊化"。如果没有局内人和局外人的这种张力存在，那么其实我们已经在"死亡"了。而这也与"高能政治"相悖。

有时改造自己比改造国家还要困难。意志是有强大力量的，个人意志不能直接改变自己，但是意志可以间接改造自己，这种意志是把你置于一种状态中，一种可能失败和可能遗憾的环境里，你要卸下自己的甲胄，这样才会使变革成为可能。当然这种意志的实现也需要更为健全的社会环境，例如我们前面讲到的无条件的普遍性的基本收入保障、培养思考能力的教育等。

包容性先锋主义及其改革路径*

蒋余浩

【按】 昂格尔近期关注如何实现"包容性先锋主义"的问题。这个术语较为生僻，然而其触及的问题却十分现实：高科技（以硅谷和各类互联网巨头为典型）的迅猛发展一方面极大地提升了创造力；另一方面也使财富日益集中于少数技术创新翘楚手中。昂格尔希望讨论的是，如何既不遏制技术领域创新才华的发挥，又能促成更广泛的人群参与这种创新过程并且分享创新成就？2017 年，经合组织（OECD）以昂格尔和诺贝尔经济学奖得主埃德蒙·菲尔普斯（Edmund Phelps）为共同指导，制定"赋能型国家"（Empowering State）的政策框架，旨在推动各国制度创新，增进普通人自主发展的能力。昂格尔访华期间，在中央党校、清华大学、国务院发展研究中心举办的四场讲座中，系统阐述了他的"包容性先锋主义"理念（相关视频链接，见"实验主义治理"微信公众号第 200 期"哈佛大学昂格尔教授来华系列演讲视频"）。

昂格尔教授访华之际，恰逢中共十九大胜利闭幕。不可避免地，中国研究者与昂格尔教授的交谈，是以十九大传递出的新信息为起点。在昂格尔看来，社会主要矛盾发生转化的新提法和弱化 GDP 目标的论述，是对"以数量手段解决质量问题"的既有举措的反思，政策指向已经很明显：经济增长的瓶颈只有通过结构性变革，特别是通过经济的供给侧结构性变革，才能加以克服。昂格尔认为，思

---

* 本文发表于华南理工大学公共政策研究院主持出版的学术刊物《公共政策研究季刊》2018 年第 4 卷第 1 期。

考中国与世界的未来，我们必须从理解当前国家发展的困境入手，因为这种困境不仅存在于中国，而且是个世界性难题。

一、世界经济的两种先锋主义

昂格尔提出，世界经济有两种取向："孤岛式先锋主义"（Insular Vanguardism）与"包容性先锋主义"（Inclusive Vanguardism）。前者是当前世界发展困境的根源，后者要求一种供给侧结构性改革方案。昂格尔的阐述从批判主流发展经济学开始。

当前在世界范围内指导国家发展的发展经济学强调，最佳的发展路径是使劳动力和资源从低生产力的经济部门转移至高生产力的部门。在实践中，这就意味着劳动力和资源从农业向工业的转移。这种经济政策的理论基础，是劳动分工和规模生产理论，与之相配套的是福特主义大批量生产模式：工业是指那种大规模生产标准化产品和服务的模式，配备基于半熟练工人的相对刻板的机器和生产流程以及等级制和专业化劳动关系的制度环境。昂格尔指出，由于四点原因，福特主义工业生产模式不再是国家发展的可靠基础：其一，它不再占据世界经济的高地。新兴的高端生产实践，即所谓的"知识经济"已经崛起，生产转变为基于知识密集型经济活动的不断创新和彻底的实验主义实践。这要求生产组织与思想及需求的活跃程度相匹配，同时要求世界范围内生产文化的变革。昂格尔认为，这才是世界经济的真正的先锋队，之前的那种工业化只是一种"低端工业化"。其二，更为发达的知识密集型生产实践，有能力通过竞争超越旧有的工业化，即以相对较低的成本创造出相同的成果。其三，在此前的那种福特主义工业化下，对半熟练工人的依赖会导致出现另有一个国家可以提供更低廉的劳动力的情景，因此产生劳动力不断低廉化的"竞次"（a race to the bottom）现象。其四，在新的生产模式下，不同经济部门之间的差异，特别是工业与服务业之间的差异，将日益缩小。这是因为知识和创新成为所有经济部门发展的基础，如所谓知识密集型制造业（如精密制造业）、知识密集型农业（如精密农业），其主要创新源泉就是具体的知识服务。

上述四点原因导致此前理解的工业化及经济增长理论不再有效。很显然，替代性方案是在国家经济中使新兴高端生产实践——实验主义的、分散化的知识密集型生产活动——得以彻底化与普及化。然而，昂格尔马上强调，当前的困难在于，在世界范围内目前的实践中，高端生产实践仅以"孤岛式先锋主义"的形式存在，例如，虽然在工业领域有硅谷这样的网络信息行业先驱，在服务业有知识密集型服务行业，在农业中有精密型科学农业，但在任何经济部门里，这些高端生产实践都仅局限于狭隘的边缘地带，仅包含一小部分人群。即使在当今世界最发达的经济体中，"孤岛式先锋主义"也是一种常态。昂格尔指出，"知识经济"局限于孤岛状况，是当前世界经济停滞与大规模不平等得以出现的最为重要的根源：之所以是经济停滞的原因，是因为最具生产性的实践仍狭隘地局限在生产系统中的某些领域里，由此阻碍了更大范围内的生产力的提升；之所以是经济不平等的原因，是因为这种实践加深了经济的先锋队（如技术精英、创新天才）与落后者之间的鸿沟——这里的落后者，昂格尔指的是衰落的大企业的工人、技术和组织落后的小企业的雇工，包括家庭企业经营者等。

当然，昂格尔绝不是说，应当去抑制技术进步和创新才华，以一种"不患寡，患不均"的态度打压当前的知识经济实践，以便拉平不均衡。昂格尔追问的是，如何能实现迅猛的技术进步和知识创新对于多数人的全面发展都直接有利？就此而言，当今世界各国盛行的二次分配方案，如累进税制和再分配性社会分红等校正方案，由于受限于经济停滞和不平等得以产生的既有经济社会政治结构，远远不够充分。

不过，昂格尔也并不是说，那些旨在实现分配正义的社会政策方案没有意义。他要说明的是，这些社会政策方案必要但不充分：它们是需求侧结构性改革的举措，应作为供给侧结构性改革的必要补充，但不能成为后者的替代。当代西方社会民主主义的最大谬误正是，他们以二次分配的社会政策方案代替了一次分配的经济社会制度改革。二次分配的社会政策的价值不在于它们能否消除眼下的不平等，因为最有效的方法只能是改革经济和社会制度。它们的真正作用应当在于，投资于人以及人的能力发展，给予人们有保障的利益和权能，保护他们能够应对不断变革的周遭环境。只有这样，二次分配的社会政策方案才能对一种有效的经济社会改革方案产生效益，这种改革方案就是以惠及更广泛人群和更具社会包容性的方式推进高端生产实践，即建立"包容性先锋主义"。

昂格尔主张，为创建这种创新性经济和一种收益面广泛的经济增长模式，必须辩证地沿着两个方向实施改革：一方面，为包容性的高端生产实践建立基础；另一方面，为每一个公民提供基本保障，使任何人都不必依赖于任何具体的工作也能享有便利且普遍的保障。由此，我们能够兼备彻底的灵活性（选择的勇气、能力和机会）与经济上的安全（普遍的基本保障）。

二、金融与劳动制度改革

昂格尔所谓为包容性先锋主义建立基础，其制度方案主要是针对金融与劳动制度的改革。对于前者，昂格尔提出，关键在于金融应按照确保它能为社会生产服务的方法加以组织，不能允许金融为自我服务，如出现美国金融危机时的那种"金融自我肿胀症"，必须"让金融成为好的仆人而不是坏的主人"。对于后者，昂格尔指出，特别需要避免使绝大多数劳动者陷入"不稳定雇佣关系与彻底的经济不安全"的境地。

就金融制度改革来说，昂格尔认为，在当前西方市场经济的制度安排下，金融自我膨胀，这使公司的生产体系主要靠留存利润进行再投资，银行和股市中的大部分资本与生产活动没有直接关系。结果是，不论经济形势好坏，金融都不受影响，且在经济不景气的时候更具破坏性。中国的情况是，大银行与国有企业有更紧密的关系，并实施强制性投资战略——这正是昂格尔所说的"用数量方法解决质量问题"。中国很幸运地拥有很高的储蓄水平。原则上，高储蓄水平是一种稀缺资源，它使得国家能够不单纯依赖金融资本的利益。然而，高水平储蓄率仅仅是必要条件而非充分条件，因为如果没有足够的方法贯通储蓄与生产，即延迟消费且进入生产性投资的渠道，仍然不足以推动经济高质量发展。昂格尔认为，这正是中国当前发生的情况：资本要么藏而不露，要么流入影子银行体系（影子银行体系是缺乏监管的无序状态，有助于填补正式银行机构不足形成的空白，但是也加剧了金融系统的风险）。

因此，昂格尔提出，必须重新组织金融与经济之间的关系。国家应在政府与企业的中间层面进行组织，如推动建立自主管理的风投基金，以便推动庞大储蓄资本进入生产性投资的渠道，并防止其流入缺乏监管的影子银行体系。同时，政府需要推进资产市场的深化，使企业尤其是私人企业能够获得本国货币的信贷支持，从而保证国家经济相对于国际资本市场的独立性。针对金融监管体系的改革，昂格尔指出，当前欧美流行的实践是一种"监管二元主义"，即在政府保险作为担保的金融机构采取强监管措施，而对所谓市场自发形成的金融机构采取一种基于自治主义的弱监管，这就导致了市场上很容易产生逃避监管的金融机构，眼下需要改革监管二元主义。不过，昂格尔也说明，这种改革虽然紧迫，但却不是最根本的问题，根本性任务依然是前述的促使金融与实体经济紧密结合的创新举措。

就劳动制度改革而言，昂格尔认为区分长期目标和短期目标非常重要，前者为后者的努力确定一个方向。长期目标关注的是知识经济的潜力，集中体现在人与机器关系的塑造上。在以往的工业化生产中，工人只是亚当·斯密别针厂和亨利·福特装配流水线上的一个组成部分，不断地进行着重复劳动，就像机器一样。知识经济有潜力从根本上改变工人与机器之间的关系：人已经学会如何用算法公式来重复和表达，并且能够把这些公式具体化在机器设备中，因此，机器要做的工作就是为人类去完成那些人类已经学会如何重复的事情，从而使人类有可能使用他们最重要的时间资源去做那些还没有学会如何重复的工作，这样能够使人变得更为强大。昂格尔强调，人类不能被等同于机器。机器变得越来越灵活和复杂，但人类的操作先于机器，人类从事那些不可重复的、需要想象力的工作，这是将机器化和"反机器化"结合起来，这种结合是最有力量的。

昂格尔指出，上述长期目标不会在劳动力被买卖、仅有少数人能使用公共资本、私人资本以雇佣劳动的形式对劳动者行使专制的经济体制中得以实现。在 19 世纪，社会主义者和自由主义者都相信，雇佣劳动只是通往自由劳动的一种暂时而有效的过渡形式，它将必然随着时间推移而被自由劳动的更高形式所取代，即合作（cooperation）与自我雇佣（self-employment）。昂格尔提醒注意：卡尔·马克思认为资本主义的一个典型属性就是买卖人类劳动，社会主义必须把解放劳动者作为它的方案的一部分，并且创造一种经济生活形式，停止雇佣劳动作为自由劳动的主要形式。总之，要实现这种长期目标并不容易，需要财产权和合同体制的逐步变革、人与机器关系的逐步改变、合作和自我雇佣对雇佣劳动的逐步取代。

而短期目标需要特别关注这个现实问题：越来越多的劳动者陷入"不稳定雇佣关系与彻底的经济不安全"的境地。昂格尔指出，在当前世界那种孤岛式知识经济格局下，经济的先锋队有能力从事不重复的、充满想象力的工作，而把那些重复的生产过程外包给欠发展地区和国家的人们。例如，加州的高技术产业区的少数人实施发明、设计产品和提供服务，将所有可以重复的生产过程和组成部分进行商品化或常规化，然后将其分配给世界其他地方，而这些地方的劳工能够满足这种重复性、技术含量低的工作要求。昂格尔总结，作为全球经济体系中的一个简单部件，工人越来越多地被迫从事不安全、临时性的工作。必须要有一个方案去阻止这种情况，使包容性先锋主义成为经济基础的一部分，使劳动合同中增加收益回报向工人倾斜的规定。昂格尔提出，需要特别注意两项制度改革原则：其一，要么使工人组织起来产生自己的代表，要么通过法律实施直接保护，总之应避免让工人直面资本的压力；其二，建立确保同工同酬的法律制度，不得在临时工与正式工之间形成收入上的歧视。劳动制度改革最重要的关注点是，不得使越来越多的工人跌落到依附于某个具体工作的状态，这样才能为包容性先锋主义奠定基础。

三、基本收入与教育制度创新

如何为每个公民提供基本保障，使他们能积极投入建设包容性先锋主义的创新彻底化过程中？昂格尔表明，他本人是"普遍性基本收入"（Universal Basic Income）理念的支持者，应当通过制定这种制度而为每个公民提供一种资源和权能的基本保障。

基本收入理念的制度实践相当多样，例如，可以定期给予每一个公民无条件的基本收入，也可以在每个小孩出生时为他/她建立一个储蓄账户，供其在创业、成家或者求学时使用。但是，昂格尔补充道，任何此类制度都可以根据其存在的制度环境而有非常不同的意义。对于西方当今的社会民主主义而言，没有经济供给侧的结构性改革方案，因此基本收入制度成了结构性改革的替代物。而对于包容性先锋主义的建设方案而言，基本收入制度可以成为供给侧结构性改革的一个组成部分。昂格尔强调，彻底化的创新需要具备这样一个条件，即确保个人不至于因周遭的持续创新变化而失去安全感。因此，在推动彻底化的创新的进程中，每个公民都必须有所保障，不至于为了创新而永远处于风险之中。这正是基本收入制度作为供给侧结构性改革之内容对于包容性先锋主义的意义。

包容性先锋主义还要求一个创新性的教育体系。昂格尔的思考分为两个层面：教育的运作制度与教育的内容。关于教育的运作制度，昂格尔认为，在一个体量庞大的国家里，基本任务是要兼顾按国家标准实施的投入和质量规定与地方对学校的实际管理。教育的目的是，保证接受教育的年轻人不依靠其偶然的出生也能获得一定质量的教育。因此，教育投入和质量标准一定需要国家统一，而实际管理则需要因地制宜。昂格尔指出，为兼顾国家标准与地方管理，需要设置三个制度工具：一是国家的评估体系，即学校绩效测评体系，在学校之间开展考核比较，以便于了解具体问题以及推动实施改革；二是面向贫困地区的再分配制度和人才流入机制；三是选择性干预的程序机制，即当某个地方学校一再无法满足最低质量要求时，应当有暂时接管这所学校、对它进行改革的方法。这些教育改革的实际工作需要有机构来负责执行，但不能仅依赖于官僚和教育企业家，需要大量的教师参与行动——用昂格尔的话说，教师是国家的教育先锋队，他们应该成为国家解放方案的共同实施者。

关于教育的内容，昂格尔提出可以分为一般教育与技术教育两个方面。一般教育强调的是：其一，教育必须把培养思想能力或思想技能作为首要任务，而不是传授知识或内容。特别需要综合培养技能与想象力，即奇思妙想的能力与分析和综合的能力。其二，由于这些能力不能在真空中存在，所以需要一定的教育内容。必须有选择地进行百科全书式的拓展，围绕这些方案系统地组织教案。但这不是围绕一本具体的百科全书来组织教育，而是给予学生尽可能多的接触各类知识的机会。其三，应当在教育中倡导合作和社会性互动，即教师之间、学生之间、教师与学生之间、学校之间的合作。其四，在教育理念中强调思辨，即每一门课程至少应该教授两次，从正反两个角度进行教学，这是促进思想解放的唯一方法。技术教育强调的是，必须聚焦于高端经济中的技术教育，而不是传统职业所要求的工作培训和操作机器的技术。后者是从德国传播到全世界的一种旧的职业培训模式。应该关注高端能力的培养，即那些既具有通用性又具备灵活性、既有实用性又有抽象概括性的能力。昂格尔指出，在旧式的一般教育和技术教育模式中，两种教育是完全不同的理念：在阶级社会里，一般教育培养的是精英，而技术教育培养的是工匠；但是在包容性先锋主义的改革方案里，两种教育拥有共同的特质，是一个连续体，技术教育理念只是一般教育理念的拓展。因此，在这种新的经济社会生活中，教育的目的是培养人民、培养有能力行动的思想。昂格尔认为，这是实验主义道德或者心理学的维度，是实验主义的彻底化和深化。这种教育方式不能容忍一个墨守成规的人格。它要求从一开始就培养一种高能的人格，崇尚反叛而不是服从。

在此，昂格尔反复强调"教育"具有的一个最大的歧义：教育并非是为了使我们更有能力在既有的世界中活动，而是使我们更有能力去超越这个世界并且改变它。任何形式的"教育"都或多或少含有这种歧义，我们要做的是正视这种歧义，然后推动制度创新去实现其中的超越。这是一种"赋能"（empowerment）的理念。

四、结语：迈向高能的民主体制

总之，昂格尔强调，推动创新性知识经济的彻底化和普及化，即建立普惠式和包容性的先锋主义，是当今世界走出发展困境的替代性经济方案。这种方案无法通过社会政治革命的方式一蹴而就，只能在具体的问题面前，一点一点地实施制度创新。但是，这种点点滴滴的制度创新又不能蜕化成对既有制度框架的固化，于是要求一种高能的民主体制：一方面以此确保制度创新本身以培育社会和个人能力为目标，另一方面保证能够动员各方力量共同参与，不断实施创新。昂格尔一再提及，不断创新的境况容易使人产生不安全、不稳定的感觉，因此必须通过基本收入以及其他完善的社会保障体系来建立最根本的安全感，必须通过金融制度的改革给予个人参与实体经济领域的创业以有力和便利的支持，必须通过劳动制度的改革将知识经济领域的那种灵活而平等的就业理念及制度推广开来，必须通过教育体制的改革培育以创新为业的社会文化。

高能的民主体制强调上下互动和广泛参与。它不能完全依赖于市场的力量或者其他任何自发权力，而是需要以二次分配的社会政策方案来缓解收入不平等、发展不均衡的危害。它更需要加强国家在打破既得利益阻碍方面的权能：推动供给侧结构性改革，努力在一次分配上实现公平和正义；推动彻底的民主实验主义，以丰富多样的探索维护每个人的自主性和基于自愿的合作。所以，在西方社会民主主义制度不断陷入否定性政治的困境之际，有必要探索如何创新制度设计，使政治体制中的"否定点"转化成为不同利益主张和理想相碰撞进而推动制度框架发生变革的制度性契机。这个思考也就是昂格尔在他早期著作中提出的建立一种变革性宪法，"否定结构的治理结构"（constitution-denying constitution）。当前，中国在全面实施供给侧结构性改革的背景下推动国家治理体系和治理能力现代化建设，昂格尔的这些思考可以提供有益的启发。

主要参考文献

一、中文

1. ［美］布鲁斯·阿克曼：《我们人民：宪法的根基》，孙力、张朝霞译，法律出版社 2004 年版。

2. ［美］安守廉：《不可思议的西方？——昂格尔运用与误用中国历史的含义》，高鸿钧译，载高道蕴、高鸿钧、贺卫方编：《美国学者论中国法律传统》，中国政法大学出版社 1994 年版。

3. ［英］佩里·安德森：《思想的谱系：西方思潮左与右》，袁银传、曹荣湘等译，社会科学文献出版社 2010 年版。

4. ［美］安德鲁·奥尔特曼：《批判法学——一个自由主义的批评》，信春鹰、杨晓锋译，中国政法大学出版社 2009 年版。

5. ［美］昂格尔：《现代社会中的法律》，吴玉章、周汉华译，译林出版社 2007 年版。

6. ［美］昂格尔：《法律分析应当为何？》，李诚予译，中国政法大学出版社 2007 年版。

7. ［美］昂格尔：《被实现的民主——渐进性备选方案》，刘小平等译，中国政法大学出版社 2007 年版。

8. ［美］昂格尔：《知识与政治》，支振锋译，中国政法大学出版社 2009 年版。

9. ［美］丹尼尔·贝尔：《意识形态的终结——五十年代政治观念衰微之考察》，张国清译，江苏人民出版社 2001 年版。

10. ［美］亚历山大·M. 比克尔：《最小危险部门——政治法庭上的最高法院》，姚中秋译，北京大学出版社 2007 年版。

11. ［英］以赛亚·伯林：《政治理论还存在吗？》，周琪译，载［美］詹姆斯·A. 古尔德、文森特·V. 瑟斯比编：《现代政治思想》，杨淮生等译，商务印书馆 1985 年版。

12. ［美］理查德·A. 波斯纳：《法理学问题》，苏力译，中国政法大学出版社 2002 年版。

13. ［法］A. C. 德古佛雷：《革命社会学》，赖金男译，远流出版公司 1989 年版。

14. ［法］吉尔·德勒兹：《德勒兹论福柯》，杨凯麟译，江苏教育出版社 2006 年版。

15. ［美］罗纳德·德沃金：《认真对待权利》，信春鹰、吴玉章译，中国大百科全书出版社 1998 年版。

16. ［美］罗纳德·德沃金：《自由的各种价值冲突吗?》，载［美］马克·里拉、罗纳德·德沃金、罗伯特·西尔维斯编：《以赛亚·伯林的遗产》，刘擎、殷莹译，新星出版社 2006 年版。

17. ［美］邓肯·肯尼迪：《逻辑形式法律理性的"祛魅"或，韦伯关于西方法律思想现代模式系统的社会学研究》，载［美］查尔斯·卡米克、菲利普·戈尔斯基、戴维·特鲁贝克编：《马克斯·韦伯的〈经济与社会〉：评论指针》，上海三联书店 2010 年版。

18. ［美］罗伯特·威廉·福格尔：《第四次大觉醒及平等主义的未来》，王中华、刘红译，首都经济贸易大学出版社 2003 年版。

19. ［美］查尔斯·弗里德：《契约即允诺》，郭锐译，北京大学出版社 2006 年版。

20. ［意］朱塞佩·格罗索：《罗马法史》，黄风译，中国政法大学出版社 1994 年版。

21. ［法］贡斯当：《古代人的自由与现代人的自由之比较》，李强译，载刘军宁等编：《公共论丛·自由与社群》，生活·读书·新知三联书店 1998 年版。

22. ［英］哈特：《法律的概念》，张文显等译，中国大百科全书出版社 1996 年版。

23. ［德］哈贝马斯：《在事实与规范之间：关于法律和民主法治国的商谈理论》，童世骏译，生活·读书·新知三联书店 2003 年版。

24. ［德］尤尔根·哈贝马斯：《交往行为理论：行为合理性与社会合理性》（第 1 卷），曹卫东译，世纪出版集团、上海人民出版社 2004 年版。

25. ［德］尤尔根·哈贝马斯：《理论与实践》，郭官义、李黎译，社会科学文献出版社 2004 年版。

26. ［德］于尔根·哈贝马斯：《现代性的哲学话语》，曹卫东等译，译林出版社 2004 年版。

27. 贺欣：《转型中国背景下的法律与社会科学研究》，载《北大法律评论》第 7 卷第 1 辑，北京大学出版社 2006 年版。

28. ［英］霍布斯：《利维坦》，黎思复、黎廷弼译，商务印书馆 1985 年版。

29. ［美］阿莉·拉塞尔·霍赫希尔德：《故土的陌生人：美国保守派的愤怒与哀痛》，夏凡译，社会科学文献出版社 2020 年版。

30. ［美］史蒂芬·霍尔姆斯：《先定约束与民主的悖论》，载［美］埃尔斯特、［挪］斯莱格斯塔德编：《宪政与民主：理性与社会变迁研究》，潘勤、谢鹏程译，生活·读书·新知三联书店 1997 年版。

31. ［美］史蒂芬·霍尔姆斯：《言论限制法或议程排除策略》，载［美］埃尔斯特、［挪］斯莱格斯塔德编：《宪政与民主：理性与社会变迁研究》，潘勤、谢鹏程译，生活·读书·新知三联书店 1997 年版。

32. ［美］斯蒂芬·霍尔姆斯：《反自由主义剖析》，曦中、陈兴玛、彭俊军译，中国社会科学出版社 2002 年版。

33. ［美］史蒂芬·霍尔姆斯、凯斯·R.桑斯坦：《权利的成本——为什么自由依赖于税》，毕竞悦译，北京大学出版社 2004 年版。

34. ［美］莫顿·J.霍维茨：《沃伦法院对正义的追求》，信春鹰、张志铭译，中国政法大学出版社 2003 年版。

35. ［美］莫顿·J.霍维茨：《美国法的变迁：1780—1860》，谢鸿飞译，中国政法大学出版社 2004 年版。

36. ［加］威尔·金里卡：《当代政治哲学》（上），刘莘译，上海三联书店 2004 年版。

37. ［意］莫诺·卡佩莱蒂：《比较法视野中的司法程序》，徐昕、王奕译，清华大学出版社 2005 年版。

38. ［英］坎南编著：《亚当·斯密关于法律、警察、岁入及军备的演讲》，陈福生、陈振骅译，商务印书馆 1962 年版。

39. ［意］皮罗·克拉玛德雷：《程序与民主》，翟小波、刘刚译，高等教育出版社 2005 年版。

40. ［英］丹尼斯·劳埃德：《法理学》，M.D.A.弗里曼修订，许章润译，法律出版社 2007 年版。

41. 刘小枫：《现代性社会理论绪论——现代性与现代中国》，上海三联书店 1998 年版。

42. ［匈］卢卡奇：《理性的毁灭》，王玖兴等译，山东人民出版社 1988 年版。

43. ［法］卢梭：《社会契约论》，何兆武译，商务印书馆 2003 年版。

44. ［英］洛克：《政府论》（下篇），叶启芳、瞿菊农译，商务印书馆 1964 年版。

45. ［美］约翰·罗尔斯：《政治自由主义》，万俊人译，译林出版社 2000 年版。

46. 《资本论》（第 3 卷），人民出版社 1975 年版。

47. 马克思：《论离婚法草案》，载《马克思恩格斯全集》（第 1 卷），人民出版社 1971 年版。

48. 马克思、恩格斯：《德意志意识形态》（第 1 卷），载《马克思恩格斯全集》（第 3 卷），人民出版社 1971 年版。

49. 《共产党宣言》，载《马克思恩格斯全集》（第 4 卷），人民出版社 1971 年版。

50. ［意］萨尔沃·马斯泰罗内：《欧洲民主史：从孟德斯鸠到凯尔森》，黄华光译，社会科学文献出版社 1990 年版。

51. ［美］诺内特、塞尔兹尼克：《转变中的法律与社会》，张志铭译，中国政法大学出版社 2002 年版。

52. ［美］彼得·诺维克：《那高尚的梦想："客观性问题"与美国历史学界》，杨豫译，生活·读书·新知三联书店 2009 年版。

53. ［美］罗斯科·庞德：《法律史解释》，邓正来译，中国法制出版社 2002 年版。

54. ［美］乔治·萨拜因：《政治学说史：民族国家》（下卷），邓正来译，世纪出版集团、上海人民出版社 2010 年版。

55. ［德］多明尼克·萨赫森迈尔、［德］任斯·里德尔、［以］S. N. 艾森斯塔德编著：《多元现代性的反思：欧洲、中国及其他的阐释》，郭少棠、王为理译，商务印书馆 2017 年版。

56. ［美］森斯坦（Cass Sunstein）：《宪法与民主：跋》，载［美］埃尔斯特、［挪］斯莱格斯塔德编：《宪政与民主：理性与社会变迁研究》，潘勤、谢鹏程译，生活·读书·新知三联书店 1997 年版。

57. ［犹］列奥·施特劳斯：《自然权利与历史》，彭刚译，生活·读书·新知三联书店 2003 年版。

58. ［挪］朗内·斯莱格斯塔德：《自由立宪及其批评者：卡尔·施米特和马克斯·韦伯》，载［美］埃尔斯特、［挪］斯莱格斯塔德编：《宪政与民主：理性与社会变迁研究》，潘勤、谢鹏程译，生活·读书·新知三联书店

1997 年版。

59. ［英］亚当·斯密:《国民财富的性质和原因的研究》（上卷），郭大力、王亚南译，商务印书馆 1972 年版。

60. ［美］小詹姆斯·R. 斯托纳:《普通法与自由主义理论：柯克、霍布斯及美国宪政主义之诸源头》，姚中秋译，北京大学出版社 2005 年版。

61. ［法］托克维尔:《论美国的民主》，董果良译，商务印书馆 1998 年版。

62. ［德］西美尔:《金钱、性别、现代生活风格》，顾仁明译，学林出版社 2000 年版。

63. 王绍光:《民主四讲》，生活·读书·新知三联书店 2008 年版。

64. ［德］马克斯·韦伯:《学术与政治》，钱永祥等译，广西师范大学出版社 2004 年版。

65. ［德］马克斯·韦伯:《支配社会学》，康乐、简惠美译，广西师范大学出版社 2004 年版。

66. ［德］马克斯·韦伯:《法律社会学》，康乐、简惠美译，广西师范大学出版社 2005 年版。

67. ［德］马克斯·韦伯:《新教伦理与资本主义精神》，康乐、简惠美译，广西师范大学出版社 2007 年版。

68. 吴玉章:《论自由主义权利观》，中国人民公安大学出版社 1997 年版。

69. ［美］科尼尔·韦斯特:《法律在进步政治中的作用》，载［美］戴维·凯瑞斯编辑:《法律中的政治——一个进步性批评》，信春鹰译，中国政法大学出版社 2008 年版。

70. ［古希腊］亚里士多德:《政治学》，吴寿彭译，商务印书馆 1965 年版。

71. ［古希腊］亚里士多德:《尼各马可伦理学》，廖申白译，商务印书馆 2003 年版。

72. 於兴中:《法治与文明秩序》，中国政法大学出版社 2006 年版。

73. 朱景文主编:《对西方法律传统的挑战：美国批判法律研究运动》，广西师范大学出版社 2004 年版。

二、英文

1. Bruce A. Ackerman, "Foreword: Law in an Active State", *Yale Law Journal*, Vol. 92, No. 7 (June, 1983).

2. Perry Anderson, *A Zone of Engagement*, London & New York: Verso, 1992.

3. Richard Baldwin, *The Great Convergence: Information Technology and the New Glo-*

balization，Harvard：The Belknap Press of Harvard University Press，2016.

4. Jack M. Balkin，"Critical Legal Study Today"，in *On Philosophy in American Law*，edited by Francis J. Mootz Ⅲ，New York：Cambridge University Press，2009.

5. Hans Blumenberg，*The Legitimacy of the Modern Age*，Massachusetts：MIT Press，1983.

6. John J. A. Burke，*The Political Foundation of Law and the Need for Theory with Practical Value：The Theories of Ronald Dworkin and Roberto Unger*，San Francisco：Austin & Winfield，1993.

7. Crabtree，"James and Roberto Unger"，*The Future of the Left：James Crabtree interviews Roberto Unger*，in Renewal，Vol. 13，No. 2/3，2005.

8. Cui Zhiyuan，"Editor and Introduction"，*Politics Theory against Fate by Roberto Mangabeira Unger*，London & New York：Verso，1997.

9. Ronald Dworkin，*Law's Empire*，Cambridge，Mass：Harvard University，1986.

10. Ronald Dworkin，*A Matter of Principle*，Cambridge，Mass：Harvard University Press，1985.

11. Christopher L. Eisgruber，"A Comment on Jeremy Waldron's *Law and Disagreement*"，*Legislation and Public Policy*，Vol. 35，No. 6（2002）.

12. William Ewald，"Unger's Philosophy：A Critical Legal Study"，*The Yale Law Journal*，Vol. 97，No. 5（Apr.，1988）.

13. Owen M. Fiss，"The Death of the Law?"，*Cornell Law Review*，Vol. 72，No. 1（Jan.，1986）.

14. Marc Galanter，"The Modernization of Law"，in Myron Weiner ed.，*Modernization：The Dynamics of Growth*，Basic Books，Inc.，1966.

15. William A. Galston，"False Universality：Infinite Personality and Finite Existence in Unger's Politics"，in *Critique and Construction：A Symposium on Roberto Unger's Politics*，eds. by Robin W. Lovin & Michael J. Perry，New York：Cambridge University Press，1987.

16. Mary A. Glendon，*A Nation under Lawyers*，Cambridge，Massachusetts：Harvard University Press，1996.

17. H. L. A. Hart，"Between Unity and Rights"，in his *Essays on Jurisprudence and Philosophy*，Oxford：Clarendon Press，1983.

18. Russell Hardin，"Why a Constitution?"，in *The Federalist Papers and the New Institutionalism*，eds. by Bernad Grofman and Donald Wittman，New York：Agathom

Press, 1989.

19. Geoffrey Hawthorn, "Practical Reason and Social Democracy: Reflections on Unger's Passion and Politics", in *Critique and Construction: A Symposium on Roberto Unger's Politics*, eds. by Robin W. Lovin & Michael J. Perry, New York: Cambridge University Press, 1987.

20. Stephen Holmes, "Can Weak-state Liberalism Survival?", in *Liberalism and Its Practice*, eds. by Dan Avnon & Avner de-Shalit, London: Routledge, 1999.

21. Morton J. Horwitz, *The Transformation of American Law, 1870-1960: The Crisis of Legal Orthodoxy*, New York: Oxford University Press, 1992.

22. Joseph Isenbergh, "Why Law?", *The University of Chicago Law Review*, Vol. 54, No. 3 (Summer, 1987).

23. David Kairys, "Legal Reasoning", in *The Politics of Law: a Progressive Critique*, ed. by David Kairys, New York: Pantheon Books, 1983.

24. Matthew C. Klein, Michael Pettis, *Trade Wars Are Class Wars: How Rising Inequality Distorts the Global Economy and Threatens International Peace*, New Haven & London: Yale University Press, 2020.

25. Cornelius F. Murphy, Jr., *Descent into Subjectivity: Studies of Rawls, Dworkin and Unger in the Context of Modern Thought*, New Hampshire: Longwood Academic, 1990.

26. Talcott Parsons, "Review of *Law in Modern Society* by Roberto Mangabeira Unger", *Law & Society Review*, Vol. 12, No. 1 (Autumn, 1977).

27. Roscoe Pound, *The Spirit of The Common Law*, Boston: Marshall Johns Company, 1921.

28. Richard Rorty, "Unger, Castoriadis, and the Romance of a National Future", in *Critique and Construction: A Symposium on Roberto Unger's Politics*, eds. by Robin W. Lovin & Michael J. Perry, New York: Cambridge University Press, 1987.

29. Charles Sabel, "Dewey, Democracy, and Democratic Experimentalism", *Contemporary Pragmatism*, Vol. 9, No. 2 (Dec. 2012).

30. Judith N. Shklar, "Political Theory and The Rule of Law", in *The Rule of Law: Ideal or Ideology*, ed. by Hutchinson & Monahan, Carswell, Toronto, 1987.

31. Clyde Spillenger, "Elusive Advocate: Reconsidering Brandeis as People's Lawyer", *The Yale Law Journal*, Vol. 105, No. 6 (Apr., 1996).

32. Cass Sunstein, "Politics and Adjudication", *Ethics*, Vol. 94, No. 1 (Oct., 1983).

33. Cass Sunstein, "Routine and Revolution", in *Critique and Construction: A Sympo-*

sium on Roberto Unger's Politics, eds. by Robin W. Lovin & Michael J. Perry, New York: Cambridge University Press, 1987.

34. Cass Sunstein, *The Partial Constitution*, Cambridge, Massachusetts: Harvard University Press, 1993.

35. Cass Sunstein, *One Cass at a Time*, Cambridge, Massachusetts: Harvard University Press, 1999.

36. Cass Sunstein, *Legal Reasoning and Political Conflict*, New York: Oxford University Press, 1996.

37. Cass Sunstein, "Deliberative Trouble? Why Groups Go to Extremes", *The Yale Law Journal*, Vol. 110, No. 1 (Oct., 2000).

38. Gunther Teubner, "Substantive and Reflexive Elements in Modern Law", *Law and Society Review*, Vol. 17, No. 2 (1983).

39. Gunther Teubner (ed.), *Dilemmas of Law in the Welfare State*, Berlin & New York: Walter de Gruyter, 1986.

40. Roberto M. Unger, *Knowledge and Politics*, 2nd ed., New York: The Free Press, 1984.

41. Roberto M. Unger, *Law in Modern Society: Towards a Criticism of Social Theory*, New York: The Free Press, 1976.

42. Roberto M. Unger, *Passion: An Essay on Personality*, New York: The Free Press, 1984.

43. Roberto M. Unger, *The Critical Legal Studies Movement*, Harvard University Press, 1986.

44. Roberto M. Unger, *What Should Legal Analysis Become?* Verso, 1996.

45. Roberto M. Unger, *Democracy Realized: The Progressive Alternative*, Verso, 1998.

46. Roberto M. Unger, *Social Theory: Its Situation and Its Task*, Verso, 2004.

47. Roberto M. Unger, *False Necessity: Anti-Necessitarian Social Theory in the Service of Radical Democracy*, Verso, 2004.

48. Roberto M. Unger, *Plasticity into Power: Comparative-Historical Studies on the Institutional Conditions of Economic and Military Success*, Verso, 2004.

49. Roberto Unger, Cornel West, *The Future of American Progressivism: An Initiative for Political and Economic Reform*, Boston: Beacon Press, 1998.

50. Michael Walzer, "Liberalism and the Art of Separation", *Political Theory*, Vol. 12, No. 3 (Aug., 1984).

51. Jeremy Waldron, "Dirty Little Secret", *Columbia Law Review*, Vol. 98, No. 2 (Mar., 1998).

52. Jeremy Waldron, *Law and Disagreement*, New York: Oxford University Press, 1999.

53. Cornel West, "CLS and Liberal Critic", *Yale Law Journal*, Vol. 97, No. 5, (Apr., 1988).

54. Calvin Woodard, "Toward a 'Super Liberal State'", *The New York Times*, Sunday, November 23, 1986, Section 7.

图书在版编目（ＣＩＰ）数据

批判法理与多元现代性：罗伯托·昂格尔法学思想
研究初步/蒋余浩著. —北京：当代世界出版社，2022.1
ISBN 978-7-5090-1641-1

Ⅰ.①批… Ⅱ.①蒋… Ⅲ.①罗伯托·昂格尔－法哲
学－思想评论 Ⅳ.①D90

中国版本图书馆 CIP 数据核字(2021)第 233414 号

书　　名：批判法理与多元现代性：罗伯托·昂格尔
　　　　　法学思想研究初步
出版发行：当代世界出版社
地　　址：北京市东城区地安门东大街 70-9 号
邮　　箱：ddsjchubanshe@163.com
编务电话：（010）83907528
发行电话：（010）83908410
经　　销：新华书店
印　　刷：北京中科印刷有限公司
开　　本：720 毫米×960 毫米　　　1/16
印　　张：14.75
字　　数：200 千字
版　　次：2022 年 1 月第 1 版
印　　次：2022 年 1 月第 1 次
书　　号：978-7-5090-1641-1
定　　价：59.00 元
